诉讼与非诉讼实务

SUSONG YU FEISUSONG SHIWU

温丽珍　柳向阳◎主编

中国政法大学出版社

2023・北京

图书在版编目（CIP）数据

诉讼与非诉讼实务/温丽珍，柳向阳主编.—北京：中国政法大学出版社，2023.12
ISBN 978-7-5764-1263-5

Ⅰ.①诉… Ⅱ.①温… ②柳… Ⅲ.①诉讼法－研究－中国 Ⅳ.①D925.04

中国国家版本馆 CIP 数据核字(2024)第 009729 号

出版者　中国政法大学出版社
地　址　北京市海淀区西土城路 25 号
邮寄地址　北京 100088 信箱 8034 分箱　邮编 100088
网　址　http://www.cuplpress.com (网络实名：中国政法大学出版社)
电　话　010-58908586(编辑部) 58908334(邮购部)
编辑邮箱　zhengfadch@126.com
承　印　北京中科印刷有限公司
开　本　787mm×1092mm　1/16
印　张　16.75
字　数　360 千字
版　次　2023 年 12 月第 1 版
印　次　2023 年 12 月第 1 次印刷
定　价　88.00 元

活页式教材
编写说明

为适应当前法律职业教育的需要，通过新型活页式实训教材的编纂，将其作为课程改革的基础和抓手，借助能力本位教育（competency based education，CBE）的模式，和“真案真做、实境实训”的法学实训教学基本原则，打造“教、学、做、评”合一的实训课程，从而推动教学改革，特编写本教材。

一、教材适用对象

本教材是专门针对法律高职院校法律事务专业进行综合实训而编写的配套教材，旨在提高学生法律实践操作技巧和应变能力，以培养学生作为法律辅助型人才应具备的职业能力和职业素养为目标，为学生在理论学习和实践操作之间搭建一座桥梁。

二、教材编写理念

本教材编写的基本理念是：以国家职业标准为依据，以综合职业能力培养为目标，以典型工作任务为载体，以学生为中心，以能力培养为本位，让学生通过完成特定的工作任务，综合运用各门实体法及程序法；弱化传统固定教材编写模式，注重教材对学生能力的培养，将最新的行业标准有机融合到教材中，使学校、学生与岗位的连接更加紧密。

三、教材编写内容

首先，在教材体系的设定上，本教材依据诉讼工作流程与非诉讼业务要求，共设置了五个实训模块，又将这五个模块分解成 12 个典型工作任务，形成既存在内在逻辑联系，又各自独立的模块化教学体系。

其次，在教材内容的选取上，坚持“真案真做、实境实训”的实训教学原则，围绕真实案件材料，分别从“学习情境描述”“实训目标”“任务分组”“实训任务书”“实训操作要领指引”“实训操作重难点提示”“实训作业”和“实训过程评价与反馈”八个方面对每一个工作任务进行分解细化。

最后，在教材中融入“课程思政”元素，让学生在真实案件的实训操作中，感受法律的公平正义；通过观摩、模拟真实案件，培养学生的基本职业素养；通过完成设定的工作任务，增强学生的职业神圣感与职业责任感。

四、教材编写模式

本教材采取校企合作模式编写，由宁夏警官职业学院法律事务专业教学团队和国浩（银川）律师事务所行业专家团队共同组成编委会。每个工作任务都由学院教师与行业专家以“结对子”的方式，形成编写小组，共同完成编写工作。

学院教师发挥理论教学优势，主要负责每个工作任务的学习情境描述、实训目标、任务分组、实训作业、实训过程评价与反馈部分的编写工作，行业专家发挥实务技能优势，主要负责提供真实案件素材，并完成实训任务书、实训操作要领指引和实训操作重难点提示部分的编写工作。

五、教材编写具体分工（详见下表）

《诉讼与非诉讼实务》活页式教材

编委分工表

序号	编写 内容	编写小组成员	
		教学团队	行业专家团队
1	主编	温丽珍	柳向阳
2	副主编	王秀萍	杨玉君
3	工作任务一 民事诉讼立案	温丽珍 刘菲	任海权 马天雄 马树
4	工作任务二 刑事公诉立案	陡明韬 苏玲	田忠明 严文智
5	工作任务三 刑事自诉立案	陡明韬	田忠明 严文智
6	工作任务四 行政诉讼立案	马建英	尹立国 李文杰
7	工作任务五 民事一审案件的审判	王英	张莉 赵永辉 冯建军
8	工作任务六 刑事一审案件的审判	阴永进	黄兵 任思瑾 何柏晖

续表

序号	编写内容	编写小组成员	
		教学团队	行业专家团队
9	工作任务七 行政一审案件的审判	马毅	郝运清 黄恒林 马虎
10	工作任务八 常见案件的法律咨询	温丽珍 刘菲	杨玉君 高宪 王茹
11	工作任务九 合同谈判	王秀萍	杨雨潇
12	工作任务十 合同草拟	丁芳	尹佳 谢亚瑞
13	工作任务十一 合同修改	丁芳	丁钰
14	工作任务十二 综合案例研判	王秀萍 阴永进	柳向阳 马勇 郝运清 马力国

《诉讼与非诉讼实务》活页式教材内容体系图

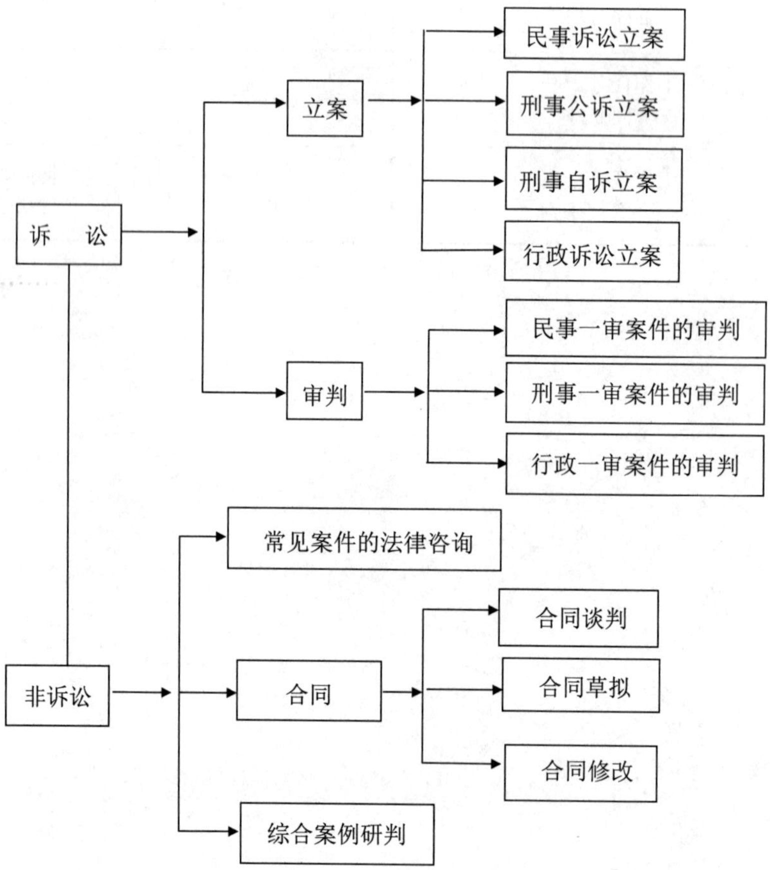

目 录 CONTENTS

第一部分 诉讼实务

第二部分 非诉讼实务

第一部分

诉讼实务

第一模块

立　案

工作任务一　民事诉讼立案

一、民事诉讼立案学习情境描述

以原告代理律师的身份，按照人民法院受理民事诉讼案件的标准，模拟完成接受委托、收集整理证据、制作起诉状等民事案件的前期立案工作，确保向法院所递交的诉讼材料符合立案条件，以达到顺利完成民事立案的工作目标。

民事案件的立案流程参照如下流程图：

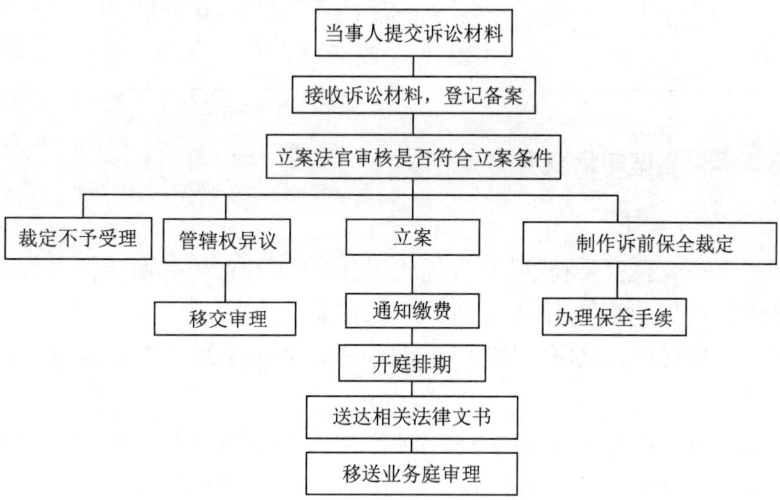

二、民事诉讼立案实训目标

通过本工作任务的实训，学生应该掌握：

（1）小组成员之间分工协作，在研究探讨中模拟完成民事立案工作过程，通过对实体案件的程序操作，提高法律应用能力。

（2）依据诉讼角色，结合案情，制作民事立案过程中常用的法律文书。

（3）对实训过程进行反思总结，养成良好的法律思维及严谨认真的工作习惯。

三、民事诉讼立案任务分组

民事诉讼立案任务分配表

<table>
<tr><td>班级</td><td colspan="4"></td><td colspan="4">组号</td><td colspan="4"></td><td colspan="4">指导老师</td><td colspan="4"></td></tr>
<tr><td>组长</td><td colspan="4"></td><td colspan="4">学号</td><td colspan="4"></td><td colspan="4"></td><td colspan="4"></td></tr>
<tr><td rowspan="5">组员</td><td colspan="5">姓名</td><td colspan="5">学号</td><td colspan="5">姓名</td><td colspan="5">学号</td></tr>
<tr><td colspan="5"></td><td colspan="5"></td><td colspan="5"></td><td colspan="5"></td></tr>
<tr><td colspan="5"></td><td colspan="5"></td><td colspan="5"></td><td colspan="5"></td></tr>
<tr><td colspan="5"></td><td colspan="5"></td><td colspan="5"></td><td colspan="5"></td></tr>
<tr><td colspan="5"></td><td colspan="5"></td><td colspan="5"></td><td colspan="5"></td></tr>
<tr><td rowspan="3">任务
分工</td><td colspan="10">建立委托代理关系
法律文件的制作</td><td colspan="10"></td></tr>
<tr><td colspan="10">诉讼证据材料的收集</td><td colspan="10"></td></tr>
<tr><td colspan="10">诉讼文书的制作</td><td colspan="10"></td></tr>
<tr><td>备注
说明</td><td colspan="20"></td></tr>
</table>

四、民事诉讼立案实训任务书

（一）实训任务布置

（1）通过填写《授权委托书》《委托代理合同》《律师事务所函件》等程序性法律文件，与案件当事人之间建立民事案件代理法律关系。

（2）根据案情材料，以原告代理人的身份提出收集整理证据的方案，并制作《证据目录》。

（3）认真研读实训材料，完成《民事起诉状》的制作工作，其中实训材料二还需完成《先予执行申请书》的制作工作，实训材料三和实训材料四还需完成《诉讼保全申请书》的制作工作。

（4）收集立案所需要的所有法律依据。

（5）完成实训总结。

（二）实训材料

实训材料一：梁某娇诉俞某平离婚纠纷案

2016 年 6 月，梁某娇与俞某平经人介绍相识，并于同年 9 月 23 日登记结婚。梁某娇述称：婚后俞某平经常上网、喝酒、打架，对家庭事务不闻不问，双方因此经常争吵。2020 年七夕节晚上，俞某平在外喝酒，听其朋友说梁某娇在外面玩，回家后便以此为理由多次殴打梁某娇，梁某娇带着孩子搬回娘家居住，至今没回家。

婚生女俞某蕊于 2018 年 5 月 1 日出生。

二人所住房屋位于某市某区良田镇某小区，该房屋登记在俞某平名下，是 2016 年 7 月 6 日，由俞某平父母支付 20 万元首付款，按揭贷款购买，婚后由夫妻二人每月偿还按揭贷款 2500 元，贷款期限是 10 年，除此之外，二人无其他债务。婚后二人购买了一辆小轿车自用，车辆登记在梁某娇名下。

梁某娇，女，1984 年 8 月 7 日出生，回族，某大型超市收银员，月收入 3500 元，住某市某区良田镇某小区，初中文化，身份证号为：××××××××××××××××××。

俞某平，男，1982 年 6 月 15 日出生，回族，某大型超市货物配送员，月收入 4000 元，住某市某区良田镇某小区，身份证号为：××××××××××××××××××。

2020 年 10 月 25 日，梁某娇来到某律师事务所，请求你作为她的代理律师，起诉办理与俞某平的离婚纠纷。

实训材料二：吴某树、杨某玲诉吴大某、吴小某赡养费纠纷案

吴某树，男，1942 年 8 月 15 日出生，回族，银川市金凤区良田镇某村村民，身份证号为：××××××××××××××××××。

杨某玲，女，1944 年 10 月 7 日出生，回族，银川市金凤区良田镇某村村民，身份证号为：××××××××××××××××××。

吴某树、杨某玲二人为夫妻关系，婚后育有两子吴大某和吴小某。现均已成家立户单独生活。因父母年事已高，吴大某和吴小某商议从 2014 年 5 月起，每人每月支付 1500 元给吴某树、杨某玲作为赡养费。该笔费用支付到 2019 年 12 月，因吴大某和吴小某皆外出打工，便再无支付。

2022 年 1 月 27 日，吴某树因脑梗、高血压在县医院住院，已花费医疗费 24 392. 58 元，后续预计还需 5 万元，夫妻二人已无力负担，遂要求二子负担医疗费，但吴大某和吴小某皆互相推诿，拒绝负担。

2022 年 3 月 8 日，吴某树和杨某玲拟提起诉讼要求吴大某和吴小某履行赡养义务，请求你作为他们的代理律师，办理起诉相关事宜，并提出因病情紧急，希望尽快支付医疗费。

实训材料三：徐某诉齐某峰、马某平民间借贷纠纷案

2020 年 9 月 21 日，齐某峰向徐某借款 20 万元，徐某通过尾号为 7777 的银行账户向齐某峰尾号为 6660 的银行账户汇款 20 万元，用于齐某峰资金周转，双方约定借款利息为月息 2 分，借款期限自 2020 年 9 月 21 日至 2020 年 12 月 21 日。该笔借款到期后，齐某峰称周转有困难，提出推迟还款，利息照付，徐某同意。

2021 年 2 月 2 日，齐某峰再次向徐某借款 15 万元，双方约定借款利息为月息 2 分，借款期限自 2021 年 2 月 2 日至 2021 年 5 月 2 日。

上述两笔借款齐某峰均向徐某出具了借条。2021 年 5 月，借款到期后，经徐某多次催款，齐某峰只清偿了 18 万元，还欠 7 万元本金及利息未能清偿。经协商，齐某峰的母亲马某平同意将自己名下的一套住房作为抵押，并同意共同承担上述欠款。为此三方签署了一份《欠款确认书》，所欠款项于 2021 年 8 月 15 日前全部还清。

2022 年 1 月 9 日，因齐某峰、马某平未能如约还款，徐某到某律师事务所，请求你作为他的代理律师，起诉办理与齐某峰、马某平的债务纠纷。

附　证据材料《欠款确认书》

欠款确认书

甲方（债权人）：徐某，男，汉族，×年×月×日出生，身份证号码：640103××××××1246，住址：宁夏银川市金凤区××号，联系电话：1999538××××。

乙方（债务人）：齐某峰，男，汉族，×年×月×日出生，身份证号码：622323××××××5515，住址：宁夏银川市金凤区××室，联系电话：1840861××××。

乙方（债务人）：马某平（系齐某峰母亲），女，汉族，×年×月×日出生，身份证号码：622323××××××5541，住址：宁夏银川市金凤区××室，联系电话：1829521××××。

第一条　甲方为债权人（出借方）；乙方为债务人（借款人），自 2020 年开始陆续向甲方借款。

第二条　双方确认第一笔借款情况为：乙方于 2020 年 9 月 21 日，向甲方借款 200 000 元（大写：贰拾万元整），甲方通过尾号为 7777 的银行账户向乙方尾号为 6660 的银行账户汇款 200 000 元（大写：贰拾万元整），用于乙方资金周转使用，借款利息为月息 2 分即 4000 元，借款期限自 2020 年 9 月 21 日至 2020 年 12 月 21 日。

第三条　乙方收到甲方第一笔借款后，及时向甲方清偿了三个月的利息 12 000 元。还款期限届满后，乙方于 2020 年 12 月 24 日清偿后三个月利息 12 000 元，借款期限展期三个月，利息约定不变。

第四条　双方确认第二笔借款情况为：乙方于 2021 年 2 月 2 日，向甲方借款 150 000 元（大写：壹拾伍万元整），甲方通过尾号为 7777 的银行账户向乙方尾号为 2972 的银行账户汇款 150 000 元（大写：壹拾伍万元整），借款期限自 2021 年 2 月 2 日至 2021 年 5 月 2 日。

第五条　乙方收到上述两笔借款后，第一笔借款自 2021 年 3 月 21 日到期后再未清偿利息，第二笔借款至今未清偿利息。

第六条　甲方、乙方经核对借款本金及利息，截至本欠款确认书签订之日，乙方已经清偿借款本金 280 000 元，下欠借款本金 70 000 元。两笔借款产生的未清偿利息整体估算为 30 000 元。乙方下欠甲方借款本息共计 100 000 元（大写：壹拾万元整），乙方应于 2021 年 8 月 15 日前全部清偿完毕。

第七条　如乙方逾期不能清偿借款本息 100 000 元（大写：壹拾万元整），甲方有权要求乙方按照全国银行间同业拆借中心公布的一年期贷款市场报价利率 3.85%计算迟延履行期间的债务利息，并承担由此给甲方造成的包括但不限于维权律师费、诉讼费、交通费等合理经济损失。

第八条　如乙方逾期不能清偿借款本息 100 000 元（大写：壹拾万元整），甲方有权查封乙方名下房产（宁夏银川市金凤区×××室）用于抵偿借款本息及第七条约定的违约金、甲方经济损失。

第九条　甲方、乙方完全知晓、清楚、理解本确认书每一条款内容及可能产生的法律后果，均系各方真实意思表示，各方均完全认可、不持异议。

第十条　如甲方、乙方因上述借款清偿事宜发生法律争议，双方可以协商解决，协商不了的，向宁夏银川市金凤区人民法院起诉解决。

第十一条　本确认书自甲乙双方签字摁手印之日起生效，一式三份，具有同等法律效力，甲方执两份，乙方执一份。

甲方：徐某　　　　　　　　　　　　　　乙方：齐某峰、马某平

确认时间：2021 年 8 月 13 日

实训材料四：固原荣某光交通设施有限公司与宏某达工程有限公司建设工程施工合同纠纷案

固原荣某光交通设施有限公司，法定代表人：张某陆，该公司董事长。住所地：固原市原州区某路某号。

宏某达工程有限公司，法定代表人：李某庆，该公司董事长。住所地：固原市原州区某路某号。

2018 年 10 月 9 日，固原荣某光交通设施有限公司（以下简称“荣某光公司”）与宏某达工程有限公司（以下简称“宏某达公司”）签订了《固张公路一标段交安施工合同》，双方建立建设工程施工合同法律关系，约定荣某光公司从宏某达公司处承包固原至张易公路第一合同段交安工程，负责承建公路标线、标志牌、波形护栏安装及施工工作。合同约定涉案工程为固定总价承包合同，总价为 258 万元。

2019 年 7 月 24 日，双方又签订了《交安工程补充协议》，约定荣某光公司承包的工程于 2019 年 8 月 9 日竣工验收合格后 40 日内，宏某达公司付清工程款的 95%，剩余 5%按《固张公路一标段交安施工合同》算作质保金，一年保修期满后付清。

工程整体于 2020 年 8 月 21 日通过交工验收，验收结论为合格，宏某达公司、监理

单位、设计单位、项目发包方均同意交工验收结论并签章确认，验收合格的文件有：关于送达《固原至张易公路工程交工验收报告》的通知、固原至张易公路工程交工验收报告、计量支付审批单、中期支付证书、中期支付申请表、调取证据现场照片等。

验收合格后，宏某达公司就涉案工程向发包方申请付款，发包方审批通过并付款，宏某达公司已收到工程款。荣某光公司向宏某达公司开具了工程款发票，并收到部分工程款，有开票金额及回款明细 1 份，及银行流水 1 份（共 13 张）予以证明。具体开票金额为：合同外加零时标线、砂石，增加工程款 25 400 元、3000 元，与合同总价合计 2 608 400 元。被告已经支付了 2 318 143. 94 元（分别为：2019 年 1 月 2 日支付 988 153. 94 元，2019 年 1 月 15 日支付 100 000 元，2019 年 2 月 1 日支付 80 000 元，2019 年 5 月 17 日支付 100 000 元，2019 年 6 月 17 日支付 200 000 元，2019 年 7 月 24 日支付 100 000 元，2019 年 10 月 25 日支付 200 000 元，2019 年 11 月 25 日支付 250 000 元，2019 年 12 月 10 日支付 50 000 元，2020 年 12 月 31 日支付 100 000 元，2020 年 1 月 20 日支付 49 990 元，2020 年 5 月 25 日支付 50 000 元，2020 年 5 月 29 日支付 50 000 元），还剩款项 290 256. 06 元未予支付。

经多次催要，宏某达公司均以各种理由拒绝支付剩余工程款，荣某光公司法定代表人到某律师事务所，请求你作为他公司的代理律师，起诉办理与宏某达公司的建设工程纠纷。

五、民事诉讼立案实训操作要领指引

（一）与当事人建立委托代理关系的法律文件

1. 签订委托代理合同

委托代理关系属于合同关系。委托代理关系建立的过程，实际上是委托人与被委托人之间的洽商过程。律师应当与委托人就委托事项的代理范围、代理内容、代理权限、代理费用、代理期限等进行讨论，经协商达成一致后，由律师事务所与委托人签署委托代理协议。同时，律师还应当谨慎、诚实、客观地告知委托人拟委托事项可能出现的法律风险。

请根据实训任务中当事人的情况，参照如下格式草拟《委托代理合同》。

委托代理合同

委托人（以下简称“甲方”）：

法定地址：______________________________

法定代表人/身份证号：______________ 电话：__________

受托人（以下简称“乙方”）：__________律师事务所

法定地址：______________________________

负责人：____________________ 电话：__________

甲方因________________（注：此处概括表述委托事项）法律事务，经与乙方协商，现委托乙方指派律师担任代理人。为此，双方本着平等协商的原则，根据《合同法》《律师法》等相关法律、法规的规定订立本合同，以资双方共同遵照执行。

第一条 委托代理事项

1. 委托代理内容：______________________________

2. 委托代理权限：以甲方签署的《授权委托书》为准。

3. 委托代理期限：从本合同签署之日起至______________止。

第二条 指派代理律师乙方接受甲方的委托，并经甲方同意指派律师担任甲方本合同项下法律事务的委托代理人。

第三条 代理律师的职责

1. 诚实守信，勤勉尽责，按照法律、法规和律师行业的执业规定，尽力维护甲方合法权益；

2. 尊重甲方的知情权，及时向甲方通报代理情况；对甲方提出的有关意见建议，代理律师应当认真听取并妥善处理；

3. 保守在代理过程中所获悉的甲方商业秘密或个人隐私；

4. 严格依据甲方的授权为代理行为，不得有损害甲方利益的越权代理或无权代理行为。

5. 不得利用提供法律服务之便利，非法牟取本合同项下法律事务所指向的甲方利益。

6. 谨慎保管甲方提供的证据和其他法律文件，保证其不遭受灭失。

第四条 事实陈述和证据提交

1. 甲方应向代理律师陈述涉及本合同项下法律事务的全部事实，并按《证据材料提交通知》的要求提供有关证据材料和/或证据线索。如果甲方未按该通知要求的时间和内容提交证据材料和/或证据线索，由此产生的不利于甲方的后果，应归责于甲方。

2. 甲方向代理律师提交的有关证据材料为原件的，双方经办人应当办理交接签字手续；若是复印件，应由甲方指定的签字人在证据材料上签名确认。

第五条 律师服务费及其支付方式

1. 根据《律师服务收费管理办法》的规定，甲乙双方经过协商确定，甲方应向乙方支付律师服务费______元（大写：____________________）差旅费________元。

2. 付款方式：______________________________

3. 付款时间：______________________________

第六条 违约责任

1. 乙方违反本合同第三条之约定，其所收律师服务费（不含已实际发生的差旅费）应在甲方要求退费后全部退还甲方。

2. 甲方未按本合同第五条、第六条之约定向乙方支付律师服务费和/或差旅费的，乙方有权随时中止或终止代理服务，由此所造成的一切后果均由甲方承担。

第七条 争议解决

双方因履行本合同发生纠纷，应尽量协商解决。协商不成，任何一方均可向有管辖权的人民法院提起诉讼。

第十一条　合同生效

除非本合同另有约定，本合同经双方签署即生效。本合同一式二份，甲方执一份，乙方执一份。

第十二条　合同附件

本合同附件包括《授权委托书》《律师服务质量征求意见表》《委托事项法律风险告知书》《证据材料提交通知》，在本合同签订时由甲方一并签收；前两项为待填文书，由甲方填制后送交乙方。

甲方（盖章）：　　　　　　　　　　乙方（盖章）：

授权代表（签名）：　　　　　　　　授权代表（签名）：

开户银行：　　　　　　　　　　　　开户银行：

账号：　　　　　　　　　　　　　　账号：

本合同签订时间：

2. 当事人出具授权委托书

根据《民事诉讼法》[1]第62条第1款、第2款的规定，委托他人代为诉讼，必须向人民法院提交由委托人签名或者盖章的授权委托书。授权委托书必须记明委托事项和权限。请根据实训任务中当事人的情况，参照如下格式出具《授权委托书》：

例1　授权委托书（自然人授权）

授权委托书

委托人姓名：____，性别____，民族____，身份证号______________，住址 ______________，电话 _________。

受委托人姓名：_________，工作单位：___________电话_________。

根据《民事诉讼法》第52条之规定，兹委任_______律师事务所_______律师在我方与_______________的_________纠纷（案由）案中，作为我方代理人。

授予代理权限为：按下列第（　　）种方式。

（1）一般代理。

（2）特别授权：代为承认、放弃、变更诉讼请求，进行和解，提起反诉或者上诉。

（3）其他。

委托人：　　　　　　　　　　　　受委托人：

（签名捺印）

年　　月　　日　　　　　　　　　年　　月　　日

[1]《民事诉讼法》，即《中华人民共和国民事诉讼法》。为表述方便，本书中涉及我国法律文件直接使用简称，省去“中华人民共和国”字样，全书统一，后不赘述。

例2　授权委托书（法人授权）

授权委托书

委托人：________________

住所地：__________________________

法定代表人：_______________　　电话：_______

受委托人姓名：______________　　电话：_______

工作单位：_________律师事务所

根据《民事诉讼法》第52条之规定，兹委任_______律师事务所_____律师在我方与______________的_________纠纷案中，作为我方代理人。

授予代理权限为：按下列第（　　）种方式。

（1）一般代理。

（2）特别授权：代为承认、放弃、变更诉讼请求，进行和解，提起反诉或者上诉。

（3）其他。

委托人：　　　　　　　　　　　　受委托人：

（法定代表人签章）

（法人公章）

年　　月　　日　　　　　　　　　年　　月　　日

3. 律师事务所出具相关函件

律师事务所函是律师事务所向公安机关、人民检察院、人民法院等部门出具的，证明律师代理人或辩护人真实身份情况的书面函件。律师参与民事案件代理常用的函件有：

（1）《律师参加诉讼函》。在民事案件的代理中，律师事务所接受委托人的委托，指派律师担任代理人，应向人民法院提交律师事务所的相关函件，以证实代理律师的资格身份。

（2）《律师调查函》。根据《律师法》第35条的规定，受委托的律师根据案情的需要，可以申请人民检察院、人民法院收集、调取证据或者申请人民法院通知证人出庭作证。律师自行调查取证的，凭律师执业证书和律师事务所证明，可以向有关单位或者个人调查与承办法律事务有关的情况。

（3）《申请调查令》。当事人在民事诉讼中因客观原因无法自行取得需要的证据，代理律师可依法向人民法院申请调查令，当事人可以申请人民法院调查收集证据。

请根据实训任务中案情需求，参照如下格式出具《律师参加诉讼函》《律师调查函》《调查令申请书》。

例 1 律师参加诉讼函格式

________律师事务所
律师参加诉讼函

[ ] ×律字第 号

____________人民法院：

根据《律师法》《民事诉讼法》的规定，本所接受__________ 的委托，指派______律师担任贵院办理的_________诉_________ 案件中_________的诉讼代理人。

特此函告。

律师事务所（章）
年 月 日

例 2 律师调查函格式

律师事务所
调查专用介绍信

[ ] 第 号

___________：

根据《律师法》第 35 条之规定，特指派本所律师___________赴你处调查事宜，请依法予以协助。

调查事项：

律师事务所（章）
年 月 日

例 3 调查令申请书格式

调查令申请书

申请人：
律师执业证号：
请求事项：

请求贵院依法开具调查令，以便申请人能够持令前往________处调查并复制________________。

事实与理由：

原告____诉被告________________纠纷一案，已被贵院受理（案号）。上述证据对本案审理具有重要作用。基于客观条件限制，原告无法自行收集上述证据。因此，特申请贵院依法开具调查令收集上述证据。

此致

××××人民法院

××律师事务所
律师：
年 月 日

（二）诉讼证据材料的收集

1. 确定诉讼证据收集的方向

（1）诉讼主体方面的证据材料。如企业的营业执照、个人的身份证或居住证等。

（2）收集反映双方法律关系形成、发展的证据材料。如合同书、验货单、付款凭证、有双方签字的会议纪要、附有邮寄回执单和投妥证明的往来文件资料、借条、收条、对方签收的文件等。

（3）收集反映存在违约事实或者损害事实的证据材料。如对方违约证据材料、权益受到损害的证据材料、医疗病历本、证明存在损害事实的鉴定报告、报案回执单、记录损害事实发生时的照片、录音录像等。

（4）收集已遭受经济损失情况的材料。如医疗发票、不符合质量标准的货物、质量不达标的工程造价凭证、付款的发票等。

2. 确定诉讼证据收集的方法

（1）应该采取合法手段收集证据材料。

（2）应积极主动及时地收集证据材料。

（3）应尽量收集原始证据。

（三）证据目录的制作要点

1. 证据目录的基本要素

（1）标题；（2）证据编号；（3）证据名称；（4）证明目的；（5）证据数量；（6）证据种类；（7）提供人及提供时间；（8）证据来源。

2. 依待证事项进行证据编组、组内证据依证明效力完成证据排序

证明同一待证事项的证据归为一组。对同一组内的不同证据，应将具有最高证明力的证据作为核心证据，排在同组证据的首位，其他的作为辅助证据位列其后。证明力判断标准具体如下：

（1）国家机关、社会团体依职权制作的公文书证的证明力一般大于其他书证；（2）档案、鉴定结论、勘验笔录或者经过公证、登记的书证，其证明力一般大于其他

书证；(3) 证人提供的对与其有亲属或者其他密切关系的当事人有利的证言，证明力一般小于其他证人证言；(4) 原始证据的证明力一般大于传来证据；(5) 直接证据的证明力一般大于间接证据。

3. 根据个案情况，选择一定的逻辑顺序对证据组进行编排

(1) 为尽可能还原事实原貌，采用时间顺序编排证据组；(2) 为引导法官关注重点事实，将证明最重要事实的证据组排在最前；(3) 为帮助法官厘清复杂事实，根据涉及的法律关系排列证据。

4. 精准表述证明目的

证据目录中的证明目的是还原事实并证明己方的主张成立，也可通过说明、提示待证事实与法律适用之间的关系，阐明该项证据存在的必要性。

请根据实训任务中案情需求，按照如下证据目录的范文，制作实训任务书中的证据目录。

陈某诉高某离婚后财产纠纷一案的
证据目录

证据数量：共两组5份6页

证据明细：

第一组证据：

1. 证据名称：

(1) 离婚证

(2)《离婚协议》

(3) 某县富春山居××室不动产证

2. 种类：书证

3. 证据来源：原告提供

4. 证明目的：

(1) 原被告已经于2018年协议离婚。

(2) 某县富春山居××室原为夫妻共同财产。

(3) 离婚前涉诉房屋登记在被告名下，离婚协议约定该房屋的产权归男方，贷款由男方偿还。

第二组证据：

1. 证据名称：

(1) 原告偿还房贷《银行转款明细》

(2) 原告向农业银行提前还款《凭证》

2. 种类：书证

3. 证据来源：中国农业银行某县支行

4. 证明目的：原告已经按照离婚协议的约定偿还了全部按揭贷款，房屋已经具备过户条件。

证据提交人：原告陈某

提交时间：2022 年 5 月 16 日

（四）起诉状的制作

1. 民事起诉主体的确定

诉讼主体，又称案件的当事人，是指因民事权利义务关系发生纠纷，以自己的名义进行诉讼活动，并受法院裁判约束的利害关系人。作为起诉主体必须满足：

（1）与案件有直接的利害关系。如借贷纠纷案件的诉讼主体是债权人、债务人或与债权债务有利关系的第三人。

（2）以自己的名义进行诉讼。凡是不以自己的名义进行诉讼的人，如诉讼代理人等都不是民事诉讼的主体。

（3）受法院裁判的拘束。法院裁判的结果对当事人具有强制执行力，但对其他诉讼参与人则没有，如证人虽然以自己的名义参加诉讼，但诉讼结果对其不产生约束力。

2. 诉讼请求的提出

诉讼请求直接反映了原告维护自身的合法权益具体主张，也是法院开展诉讼活动的核心。提出诉讼请求应考虑如下因素：

（1）全面列举。在全面详尽分析案情，综合考虑各类影响因素的基础上，全面罗列所有可能提出的诉讼请求。

（2）准确筛选。逐项分析所列全部诉讼请求，依据案件事实、证据材料、当事人要求、合理合法性等，筛选出明确、具体、可行的诉讼请求。

（3）层次关系。在案件可能提出多个诉讼请求的情况下，要考虑诉讼请求之间是否存在逻辑上的递进关系及语言表达上的连接关系。同时，还应从宏观上考虑诉讼请求与诉状事实的行文脉络与证据罗列是否协调对应。

例如，一起原告因被告严重违约致使不能实现合同目的，而诉请解除合同并要求违约赔偿的案件，在诉状事实、证据罗列及诉讼请求的设置上，都应遵循如下逻辑顺序排列：

（4）法言法语。诉讼请求应规范使用法律语言。

3. 事实理由的制作

事实是提起诉讼、实现诉讼请求的基本和依据，也是人民法院进行裁决的基础和依据。陈述事实应当注意两点：一是要实事求是地反映事情真相，不能隐瞒或者歪曲事实；二是要围绕诉讼请求写明事实，既要反映案件的全貌，又要突出重点。

理由是对事实的概括与评说，应以事实为依据，抓住重点，同时依法论理，准确地引用法律条款。

事实与理由都应切合诉讼请求，三者要保持前后一致，相互照应，相辅相成。

4. 诉状尾部的制作

准确判断管辖法院，按照诉状制作的基本要求，制作诉状尾部。

请根据实训任务中案情需求，参照如下民事起诉状的范文，制作实训任务书中的民事起诉状。

民事起诉状

原告陈某，男，汉族，身份证号（略），住址（略），电话（略）。

被告高某，女，汉族，身份证号（略），住址（略），电话（略）。

案由：离婚后财产纠纷。

诉讼请求：1. 请求依法判令被告协助原告办理盐池县富春山居×号楼×单元×室房产的过户登记；2. 本案诉讼费用由被告承担。

事实和理由：原、被告原系夫妻关系，2018年8月27日，双方签订《离婚协议》，并依法办理了离婚登记。《离婚协议》约定共同财产位于盐池县富春山居×号楼×单元×室的产权归男方，男方给女方5万元现金作为补偿。房屋贷款15万元由男方偿还，其他所有外债均由男方偿还。离婚后，原告于2020年11月4日将购房按揭贷款连本带息127 861.95元一次性还清。因该房屋的主贷款人是被告，故原告多次要求配合办理过户手续，但被告一直推诿不办。

综上所述，原、被告之间所签署的《离婚协议》合法有效，被告依法应当协助原告办理涉案房屋的过户手续。现根据《民事诉讼法》第122条的规定，诉至贵院，望判如所请。

此致

某县人民法院

起诉人：
年　月　日

附：本诉状副本及证据材料各一份。

（五）制作先予执行申请书

先予执行，是指人民法院在受理案件后、终审判决作出之前，根据一方当事人的申请，裁定对方当事人向申请一方当事人给付一定数额的金钱或其他财物，或者实施或停止某种行为，并立即付诸执行的一种程序。

请根据实训任务中当事人的情况，参照如下范文制作《先予执行申请书》。

先予执行申请书

申请人张×，女，汉族，其他情况（略）。

被申请人李×，男，汉族，其他情况（略）。

请求事项：请求人民法院裁定被申请人先予给付申请人1800元赡养费。

事实及理由：申请人与被申请人系母子关系。申请人年事已高，由于地处农村，没有其他生活来源，而被申请人是申请人唯一的子女，应负担起赡养申请人的义务，但被申请人一直不履行上述义务，从未向申请人支付过任何赡养费。近年来，由于申请人身体状况逐渐变差，每年要支付医药费就超过1000元，同时生活费用也没有着落。而被申请人有固定工作，收入稳定。申请人多次向被申请人催要赡养费，但被申请人一直没有支付。为此，×年×月×日，申请人已向贵院提起诉讼，要求被申请人履行赡养义务，并支付相应的赡养费。

综上所述，因申请人近期病情加重，急需支付医疗费，现特依据《民事诉讼法》第109条的规定，按照当地的生活水平，请求人民法院先予执行上述请求，以解决申请人的困难。

此致

×省×市×区人民法院

申请人：张×

××年××月××日

（六）制作诉讼保全申请书

诉讼保全分为财产保全和行为保全两种。

财产保全是指法院审理案件作出判决前为防止被告转移、隐匿、变卖财产，依申请或依职权对财产做出的保护措施，以保证将来判决生效后能顺利执行。具体措施包括查封、扣押、冻结。财产保全一般由原告申请，由人民法院审查决定是否采取财产保全措施；对原告没有提出申请的，但争议的财产可能有毁损、灭失或其他危险的，法院也可依职权采取保全措施。

行为保全，是指为了避免当事人、利害关系人的利益受到不应有的损害或者进一步的损害，人民法院根据当事人、利害关系人的申请，裁定被申请人为一定行为或者不为一定行为的强制性措施。如离婚案件中，因被告有家庭暴力的恶习，原告在起诉后向法院申请的人身保护令就是行为保全。

请根据实训任务中当事人的情况，参照如下范文制作《诉讼保全申请书》。

例1 《诉讼保全申请书》

诉讼财产保全申请书

申请人：刘某某，男，汉族，×××年××月××日出生，住某市某区某镇×号。

被申请人：王某某，男，汉族，×××年××月××日出生，住某市某区某小区×号楼×单元×号。

申请事项：立即冻结被告银行存款人民币×××元或查封、扣押被申请人相当于人民币×××元的其他财产。

事实及理由：申请人已就申请人与被申请人借款合同纠纷争议向贵院提起诉讼。为了防止被申请人在诉讼期间转移财产，根据《民事诉讼法》第103条等相关规定，特申请贵院对被申请人采取冻结其银行存款人民币×××元或查封、扣押相当于人民币×××元财产的保全措施。如因采取保全措施不当造成被申请人财产损失的，由申请人承担责任。

财产线索：被申请人房产（位于某市某区某小区×号楼×单元×号，房产证号：×××135600）。

此致

某市某区人民法院

申请人：

年　月　日

例2 《人身保护令申请书》

人身保护令申请书

申请人：张某某，女，汉族，×××年××月××日出生，住某市某区某镇×号。

被申请人：王某某，男，汉族，×××年××月××日出生，住某市某区某小区×号楼×单元×号。

申请事项：请求人民法院依法签发人身安全保护令。

1. 禁止被申请人接触、殴打、威胁、跟踪申请人及申请人的亲属（禁止被申请人实施家庭暴力）；

2. 责令被申请人迁出申请人住所。

事实与理由：申请人已以被申请人为被告，于某年某月某日向贵院提起了离婚诉讼。因被申请人长期对申请人实施家庭暴力，申请人提起离婚诉讼后，被申请人更是恼羞成怒，于某年某月某日再次在家中对申请人实施了殴打，导致申请人脸部受伤就医，报警后，被民警制服。

综上所述，被申请人的言行对申请人造成了严重的人身损害及威胁，申请人依据《反家庭暴力法》等相关法律之规定，特向人民法院申请上述人身保护令。请求贵院依法批准！

此致

××区人民法院

申请人：

年 月 日

六、民事诉讼立案实训操作重难点提示

（一）签订委托代理合同实训操作重难点提示

引导问题 1：签订《委托代理合同》的主体是律师和当事人，还是律师事务所和当事人？律师事务所、律师和委托人之间的关系应当如何表述？

律师事务所与当事人签署委托合同，由律师事务所指派律师为当事人提供法律服务。具体关系如下图所示：

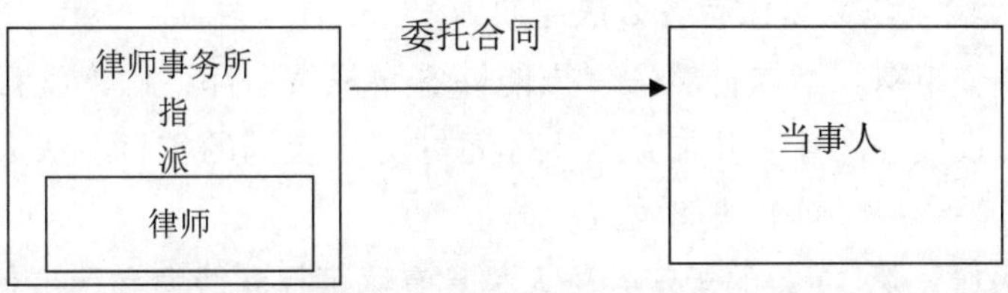

引导问题 2：代理权限有哪几种？

代理权限包括一般代理和特别授权代理两种。

一般代理主要是指不涉及处分被代理人实体权利的诉讼代理行为。如代理委托人起诉、应诉、参加法庭调查、调解、提供有关证据、代为陈述以及发表辩论意见等。

特别授权代理主要是指代理人享有处分委托人实体权利的诉讼代理行为。比如代为承认、放弃、变更诉讼请求，代为和解以及提起反诉或上诉等。这些都属于被代理人的特别授权代理范畴。特别授权代理必须经过委托人的明确授权。

引导问题 3：特别授权代理权限应当如何表述？

诉讼代理人代为承认、放弃、变更诉讼请求，进行和解，提起反诉或者上诉，必须有委托人的特别授权。上述权限在授权委托书中必须明确表明，否则视为无权代理，授权委托书仅写“全权代理”而无具体授权的，也视为无权代理。

引导问题 4：实训任务一案件中，律师能否为原告梁某娇提供特别授权代理？

我国《民事诉讼法》第 65 条规定：“离婚案件有诉讼代理人的，本人除不能表达意思的以外，仍应出庭；确因特殊情况无法出庭的，必须向人民法院提交书面意

见。”离婚案件属于涉及身份关系的诉讼，当事人必须亲自到庭，委托代理人只能行使一般代理权限。对不涉及身份关系的诉讼，当事人不必亲自到庭，经当事人特别授权，委托代理人可以行使特别代理权限。

引导问题 5：应如何表述委托事项？

（1）表述方式：原告姓名+诉+被告姓名+案由+纠纷。

（2）案由请参照最高人民法院《关于印发修改后的〈民事案件案由规定〉》的通知》（法［2020］347 号）。

引导问题 6：法人授权委托代理人代为办理民事法律事务时，如何审核该授权委托的真实性、合法性和有效性？

首先应要求法人组织提供以下材料，审核该法人组织授权委托的真实性、合法性和有效性的：（1）法人营业执照和组织机构代码证；（2）该法人法定代表人身份证明及身份证复印件；（3）受托代理人身份证和其他证件复印件（如受托人为本单位职工，需提供劳动合同），上述材料均需加盖法人印章。

其次，在签署授权委托书时，由法定代表人在合同上签字并加盖该法人的印章是最佳的方式。若该法人授权委托其内部员工代为办理委托事项的，应谨慎审核其授权委托的真实性、合法性和有效性，最大化规避法律风险。

引导问题 7：法人公章有什么法律效力？

法人作为一个组织，不像自然人一样能够签字或按手印，法人签订合同时需要法定代表人或者授权代理人签字并加盖法人印章才完成合同的签订。法人的印章如同自然人的签字或按手印一样具有法律效力。

根据《民法典》第 57 条的规定，法人是具有民事权利能力和民事行为能力，依法独立享有民事权利和承担民事义务的组织。法人公章是法人行使权利的象征，对企业而言具有最高效力，需要严格规范其使用方法，严格遵守领导批准制度。

引导问题 8：自然人授权委托书中，委托人签名捺印应注意哪些情况？

（1）签名应当由委托人本人亲自完成。

（2）捺印应当用右食指平压在纸面上，以保证指纹的完整性。如下图所示：

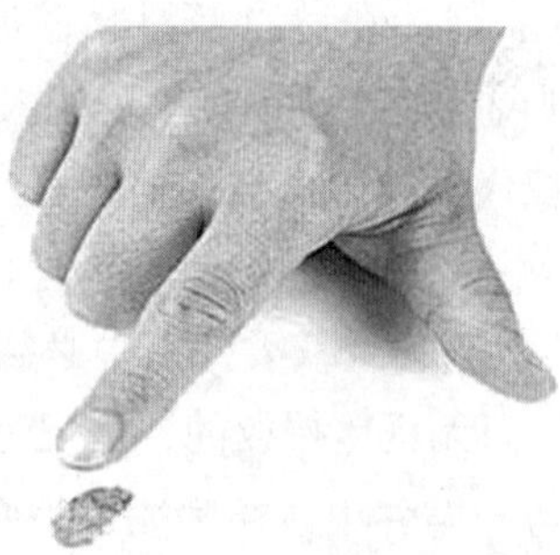

引导问题9：律师作为民事案件的代理人，代理立案时，应当向法院提交哪些材料证明委托代理关系？

代理律师应当向法院提交如下材料，证明委托关系：

（1）授权委托书，证明与当事人之间形成委托代理关系。

（2）律师事务所参加诉讼函，证明律师与律师事务所之间的指派关系。

（3）律师执业证出示原件提交复印件，证明律师执业资格。

引导问题10：调查函中的调查事项应当如何表述？

律师调查函中调查事项的表述必须明确、具体，否则会导致需调查内容与实际调取内容不一致。

表述方式：请求调取+被调查主体名称+具体内容。例如：请求调取××公司的工商档案信息。

（二）制作证据目录实训操作重难点提示

引导问题1：作为民事案件的代理人，向当事人收集证据时是否应该收取当事人证据原件？

代理律师在向当事人收集证据时，面对当事人提供的证据原件，无特殊情况，只需核对原件无误后留存复印件，待诉讼案件正式开庭时通知当事人携带需要的证据原件出庭即可。避免证据原件留存于代理律师手中发生毁损或丢失，有效降低代理律师执业风险。

引导问题2：应当如何向法院提交证据？

按照《证据目录》的编排顺序，标明证据编号并装订成册，向法院提交。通常应当提交与原件无异的复印件，如法院特别要求提交证据原件的，应当提交证据原件。

引导问题3：证据目录的制作中，证据种类如何划分？

根据《民事诉讼法》第66条的规定，证据共包括：（1）当事人的陈述；（2）书证；（3）物证；（4）视听资料；（5）电子数据；（6）证人证言；（7）鉴定意见；（8）勘验笔录。应根据所收集证据的性质，按照法定种类进行分类。

（三）起诉状制作实训操作重难点提示

引导问题1：无民事行为能力、限制民事行为能力人能否作为诉讼主体？

《民事诉讼法》第60条规定："无诉讼行为能力人由他的监护人作为法定代理人代为诉讼。法定代理人之间互相推诿代理责任的，由人民法院指定其中一人代为诉讼。"可知无民事行为能力、限制民事行为能力人作为无诉讼行为能力人可作为诉讼主体，但必须由他的监护人作为法定代理人代为诉讼。如无民事行为能力、限制民事行为能力人致人损害的赔偿案件，以致害人为被告，同时应列其父母等监护人为共同被告。无民事行为能力、限制民事行为能力人受到损害的赔偿案件，以受害人为原告，列其父母等监护人为法定代理人。

引导问题2：被告身份信息如何确定？

（1）要求原告提供被告的主体身份信息材料，如企业的营业执照、个人的身份证或居住证等。

（2）代理律师持有调查函、律师证、授权委托书等材料前往公安机关调取被告身份信息。

引导问题 3：作为代理律师提出诉讼请求时，应考虑哪些因素？

（1）案件的基本事实和证据。诉讼请求是无法脱离案件事实和证据而独立存在的，事实和证据决定了当事人之间的法律关系，应在梳理案件事实和证据及分析法律关系的基础上，提炼加工确定诉讼请求。

（2）委托人的预期和需求。应充分听取委托人的需求及目的，确定符合委托人预期的诉讼请求，实现其合法权益的最大化。

（3）法院认可的概率及诉讼攻防的难度。充分考虑诉讼成功的概率，考虑法院接受的可能性及未来如何有效应对对方当事人的抗辩，从而最大限度地说服法院，驳倒对方当事人的主张，实现受托人的利益诉求。

（4）甄别诉讼的性质。理论上民事诉讼分为确认之诉、给付之诉与形成之诉。每一种诉讼所对应的诉讼请求均不相同。在确定诉讼请求时，应先甄别诉讼性质，因为其影响请求权基础是否合理合法，制定的诉讼策略是否行之有效，决定证据的梳理、证据清单的编撰、法律文书的撰写、开庭呈现等活动。

引导问题 4：事实理由的描述是不是越详细越好？

起诉状中应在真实反映案件事实的基础上，详略得当地描述事实理由。对于不确定或不利于己方的事实，可以省略或模糊描写，避免因事实理由描述过于详尽，造成“言多必失”的情形发生，从而产生自认的法律效果。对于支持诉讼请求的关键事实，应当详细描述，突出重点。

（四）先予执行申请的实训操作重难点提示

引导问题 1：什么情况下可以申请先予执行？

先予执行的着眼点满足权利人的迫切需要，因此根据《民事诉讼法》第 109 条的规定，只有三种情况下可以申请先予执行：（1）追索赡养费、扶养费、抚育费、抚恤金、医疗费用的；（2）追索劳动报酬的；（3）因情况紧急需要先予执行的。

引导问题 2：先予执行申请需要满足什么条件才会被法院支持？

根据《民事诉讼法》第 110 条第 1 款的规定，先予执行必须满足两个条件：（1）当事人之间权利义务关系明确，不先予执行将严重影响申请人的生活或者生产经营；（2）被申请人有履行能力。

（五）诉讼保全申请的实训操作重难点提示

引导问题 1：什么情况下可以申请财产保全？

（1）案件必须是给付之诉。

（2）案件已经立案，且未作出生效判决。

（3）由案件当事人提出申请，或法院依照职权作出。

（4）应当提供担保。

引导问题 2：财产保全的范围有哪些？

根据《民事诉讼法》第 105 条的规定，保全限于请求的范围，或者与本案有关的财物。

引导问题 3：财产保全的方法有哪些？

根据《民事诉讼法》第 106 条第 1 款的规定，财产保全采取查封、扣押、冻结或者法律规定的其他方法。人民法院保全财产后，应当立即通知被保全财产的人。

引导问题 4：财产保全如何解除、变更或撤销？

法院裁定采取保全措施后，除作出保全裁定的人民法院自行解除或者其上级人民法院决定解除外，在保全期限内，任何单位不得解除保全措施。

七、民事诉讼立案实训作业

（一）实训作业清单

（1）作业封面。

（2）目录。

（3）任务分配表。

（4）解决实训任务所依据的法律法规。

（5）选取的实训任务。

（6）委托代理法律文件。

（7）民事起诉状。

（8）证据目录。

（9）其他法律文书。

（10）实训总结。

（二）实训作业要求

（1）作业封皮：标明案由、委托方、受委托方、完成日期。

（2）案卷目录：具备序号、内容、页码、备注等目录的基本要素。

（3）实训书面总结：对实训过程进行反思，对真实收获与不足进行总结，全面体现所有小组成员的心得。

要求：观点鲜明、条理清晰、文字简练，力戒空话、套话、大话、假话，字数在 1500 字以内。

八、民事诉讼立案实训过程评价与反馈

民事立案考核标准

序号	项目	考核标准	分值	得分
1	委托手续	代理人相关手续齐全，填写规范	10	

续表

<table>
<tr><th>序号</th><th>项目</th><th>考核标准</th><th>分值</th><th>得分</th></tr>
<tr><td rowspan="2">2</td><td rowspan="2">证据目录</td><td>证据目录制作要素齐全</td><td>10</td><td rowspan="2"></td></tr>
<tr><td>证明目的表述精准</td><td>10</td></tr>
<tr><td rowspan="5">3</td><td rowspan="5">起诉状及其他法律文书</td><td>文书格式规范</td><td>5</td><td rowspan="5"></td></tr>
<tr><td>诉讼请求、申请事项明确具体</td><td>10</td></tr>
<tr><td>事实叙述清晰完整</td><td>10</td></tr>
<tr><td>理由概括精准</td><td>10</td></tr>
<tr><td>适用法律正确</td><td>5</td></tr>
<tr><td>4</td><td>实训总结</td><td>观点鲜明、条理清晰、文字简练</td><td>10</td><td></td></tr>
<tr><td rowspan="4">5</td><td rowspan="4">作业形式</td><td>作业要素齐全</td><td>5</td><td rowspan="4"></td></tr>
<tr><td>写作格式规范，校对仔细，无错别字</td><td>5</td></tr>
<tr><td>封面、目录制作规范</td><td>5</td></tr>
<tr><td>装订规范</td><td>5</td></tr>
<tr><td colspan="2">组别</td><td></td><td>100</td><td></td></tr>
</table>

工作任务二　刑事公诉立案

一、刑事公诉立案学习情境描述

以刑事公诉案件被害人及其代理人的身份，就犯罪嫌疑人的犯罪行为向公安机关提出控告；再以公安机关侦查人员的身份，按照公安机关办理刑事案件的程序规定，接受控告，从而模拟完成刑事公诉案件的控告、立案流程，确保各诉讼主体明确其工作任务、熟悉工作流程，以达到顺利完成刑事公诉案件立案的工作目标。刑事公诉案件控告流程参照如下流程图：

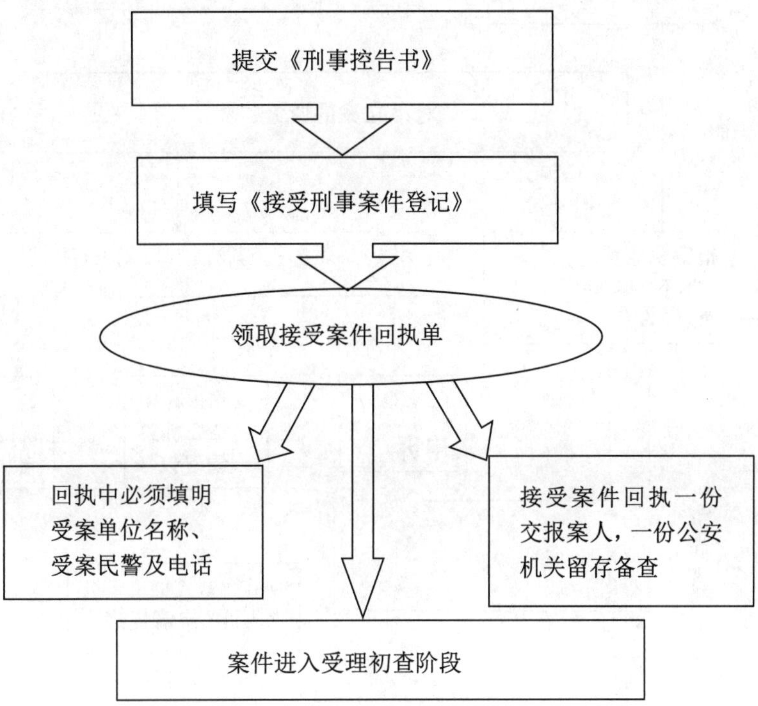

刑事公诉案件立案流程参照如下流程图：

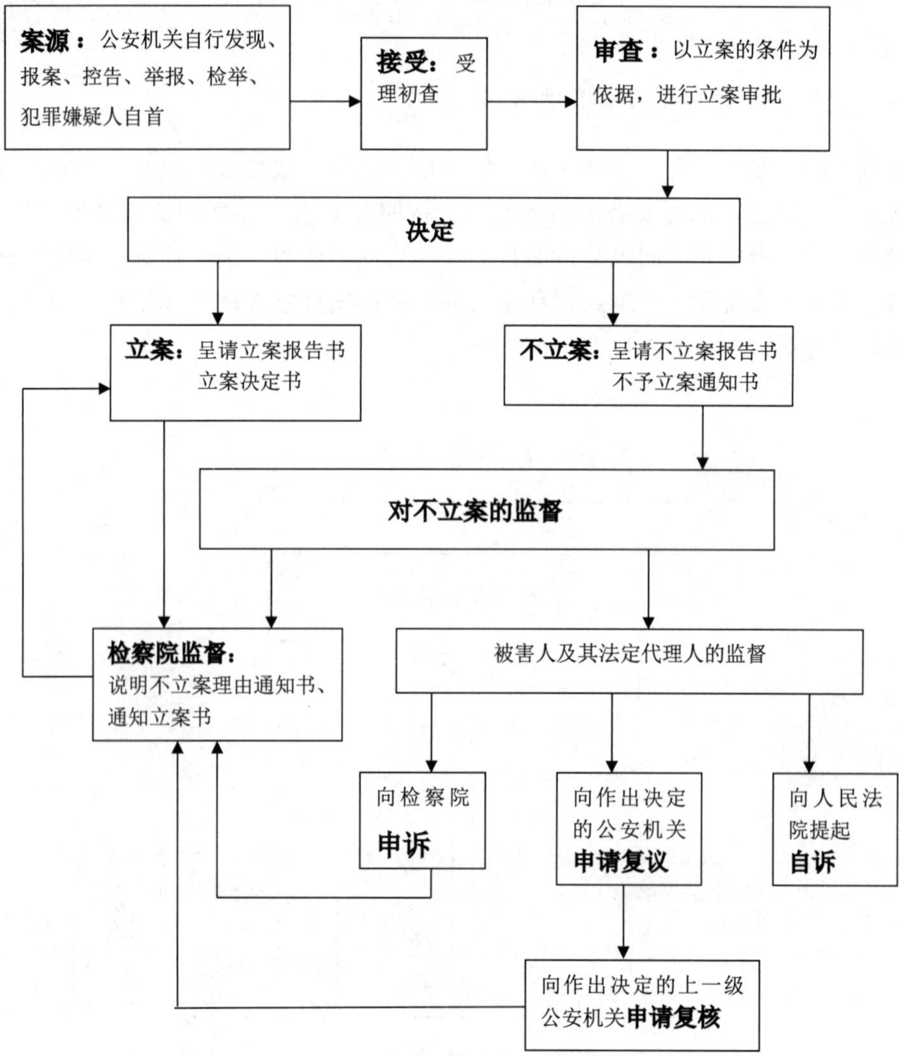

二、刑事公诉立案实训目标

通过本工作任务的实训，学生应该能够掌握：

（1）小组成员之间分工协作，在研究探讨中模拟完成刑事公诉案件的立案工作过程，通过对实体案件的程序操作，提高法律应用能力。

（2）依据诉讼角色，结合案情，制作刑事公诉立案过程中常用的法律文书。

（3）对实训过程做出反思总结，养成良好的法律思维及严谨认真的工作习惯。

三、刑事公诉立案任务分组

刑事公诉任务分配表

<table>
<tr><td>班级</td><td colspan="2"></td><td>组号</td><td></td><td>指导老师</td><td></td></tr>
<tr><td>组长</td><td colspan="2"></td><td>学号</td><td colspan="3"></td></tr>
<tr><td rowspan="5">组员</td><td>姓名</td><td>学号</td><td colspan="2">姓名</td><td colspan="2">学号</td></tr>
<tr><td></td><td></td><td colspan="2"></td><td colspan="2"></td></tr>
<tr><td></td><td></td><td colspan="2"></td><td colspan="2"></td></tr>
<tr><td></td><td></td><td colspan="2"></td><td colspan="2"></td></tr>
<tr><td></td><td></td><td colspan="2"></td><td colspan="2"></td></tr>
<tr><td rowspan="2">任务
分工</td><td>控告组</td><td colspan="5"></td></tr>
<tr><td>接受控告
立案组</td><td colspan="5"></td></tr>
<tr><td>备注
说明</td><td colspan="6"></td></tr>
</table>

四、刑事公诉立案实训任务书

（一）实训任务布置

第一，控告组完成如下任务：

（1）通过填写《授权委托书》《委托代理合同》《律师事务所函件》等程序性法律文件，与案件控告人建立刑事案件代理法律关系，代理控告人报案。

（2）根据实训材料，制作控告所需要的证据目录、控告书，向公安机关报案。

第二，接受控告立案组完成如下任务：

（1）通过模拟初查，熟悉刑事立案前期准备工作。

以公安机关侦查员身份，掌握刑事初查中笔录制作、证据调取等基本技能；完成《受理案件登记表》（回执）、《调取证据通知书》《协助查询银行存款通知书》《询问笔录》（至少针对一份证据和一名证人或当事人各制作一份）。

（2）根据案情材料，掌握刑事立案审批工作流程。

以公安机关侦查员身份，完成《呈请立案报告》《呈请不立案报告》《立案决定书》《不立案决定书》等文书的制作任务。

第三，小组完成实训总结。

（二）实训材料

实训材料一：天堂工程有限公司控告钟某某案

1. 基本案情

钟某某，男，1975年×月×日出生，身份证号码××××××××××××××××××，汉族，大学文化，群众，天堂工程有限公司股东、副董事长，户籍所在地S市A区，住S市A区×小区×号。无犯罪前科。

2015年至2018年期间，钟某某利用担任天堂工程有限公司副董事长并分管物资采购的职务便利，指使采购员张三与公司合作方串通，以虚增采购价格的手段，侵吞公司采购款330万元。后因钟某某没有兑现给予张三“提拔为公司采购部经理”的承诺，张三向公司董事会检举了钟某某。2018年9月，该公司召开股东会决定罢免钟某某副董事长职务，并通知公司法律顾问组织收集材料，就钟某某的犯罪行为进行报案。

经公安机关初查查明：

（1）2015年10月，钟某某指使公司采购部张三，与合作方大海建材公司串通签订一份采购合同，将每立方米水泥单价比照公司采购计划增加100元，合同总价款增加了100万元。大海建材公司收到水泥款后，将其中80万元转账给张三，张三分5次取现交给钟某某。

（2）2016年3月，钟某某指使公司采购部张三，与合作方天空建材公司串通签订一份采购合同，将每立方米水泥单价比照公司采购计划增加80元，合同总价款增加了120万元。天空建材公司收到水泥款后，将其中110万元转账给张三，张三分9次取现交给钟某某。

（3）2016年4月，钟某某指使公司采购部张三，与合作方磐石建材公司串通签订一份采购合同，将每立方米水泥单价比照公司采购计划增加70元，合同总价款增加了30万元。磐石建材公司收到水泥款后，将其中25万元转账给张三，张三分2次取现交给钟某某。

（4）2018年5月，钟某某指使公司采购部张三，与合作方大海建材公司串通签订一份采购合同，将每立方米水泥单价比照公司采购计划增加100元，合同总价款增加了153万元。大海建材公司收到水泥款后，将其中115万元转账给张三，张三分13次取现交给钟某某。

2. 实训操作提示

（1）控告组实训操作提示：

①作为天堂工程有限公司的法律顾问，你代为向公安机关提起控告，应当向公安机关提供哪些法律文件证明控告人的主体资格？

②从律师的角度分析，你认为钟某某的行为是否构成犯罪、构成何种犯罪？

③本案提起控告，就犯罪事实应当收集哪些证据？

（2）接受控告立案组实训操作提示：

①作为侦查人员，你接受了当事人的控告后，应当从哪些方面展开初查工作？

②哪些证据是本案的重要证据，应当如何取得？

③本案是否达到立案的条件，应当如何定罪？

实训材料二：贾某岗控告李某案（一）

1. 基本案情

（1）案件背景材料。

某县富兴砖厂，住所地：某县某镇马场井村。

法定代表人：贾某岗，该厂厂长。

李某，男，1976年×月×日出生，身份证号码××××××××××××××××××，汉族，某县某镇马场井村村民。无犯罪前科。

富兴砖厂成立于2002年，是由蔡某有租赁马场井村村民李某所承包的草场96亩（租期20年，租金为每年6万元，每年的1月1日支付）开办的乡镇企业。租赁当年蔡某有便投资40万元，盖起了26门土建砖窑，购买了一套砖机设备，投入了生产。

2012年1月1日，贾某岗从蔡某有处以180万元的价款受让了富兴砖厂，继续经营。砖厂转让后，蔡某有告知李某，2012年及以后的土地承包费就由贾某岗向他支付，但没有明确告知李某砖厂已经转让，土地租赁合同也没有进行变更。2012年至2016年的土地承包费都是由贾某岗向李某支付的。

2016年12月，因砖厂环保不达标，被县环保局责令停产整顿，至此砖厂一直处于停产停业状态，贾某岗和砖厂也就再没有向李某支付2017年及之后的承包费。

（2）被控告及查出的事实材料。

2020年10月，因政府同意将李某所承包的草场转化为耕地，李某决定向砖厂收回土地自用，但寻找贾某岗未果。为了不耽误来年耕期，2020年10月6日，李某雇用两辆铲车，将砖窑全部推倒，先行平整了土地，为耕种做准备。在推倒砖窑的过程中，贾某岗到现场阻止，被李某告知："砖窑不推也行，把欠的承包费拿来，我也要生活，不种地我生活不了。"

贾某岗阻止未果，于2020年10月7日向当地公安机关提出控告，称李某故意损毁砖厂的生产设备，并向公安机关提供了租赁合同、责令停产整顿决定书、砖窑被推倒前的照片等证据。

经公安机关初查，李某承认推倒了砖窑，但辩称该砖窑建造已经将近20年，从2016年就一直处于废弃状态，早就破烂不堪，无法正常使用。"砖厂欠我4年的承包费一直不给，我找贾某岗，他都躲着不见，我没办法了，我再没有任何经济来源了，我要种地生活。"公安机关委托某县价格鉴定委员会对被推倒的砖窑进行价格鉴定，价格鉴定委员会以"实物已经不存在，砖窑除了一张照片，没有任何建造技术资料，鉴定资料不足"为由，拒绝进行价格评估。

2. 实训操作提示

（1）控告组实训操作提示：

①作为富兴砖厂的代理人，你代为向公安机关提起控告，应当向公安机关提供哪些法律文件证明控告人的主体资格？

②从律师的角度分析，你认为李某的行为是否构成犯罪、构成何种犯罪？

③本案提起控告，就犯罪事实应当收集哪些证据？

（2）接受控告立案组实训操作提示：

①作为侦查人员，你接受了当事人的控告后，应当从哪些方面展开初查工作？

②哪些证据是本案的重要证据，应当如何取得？

③本案是否达到立案的条件，应当如何定罪？

实训材料三：贾某岗控告李某案（二）

1. 基本案情

（1）案件背景材料。

案件背景材料与实训材料二相同。

（2）被控告及初查的事实材料。

2020 年 10 月，在推倒砖窑、平整土地的过程中，没有挪动放置在土地上的砖机设备（占地约 1 亩），也没有拆除放置砖机零碎设备的机房。只是先行平整了土地，为耕种做准备。

2021 年 3 月 5 日，李某在耕种时，发现砖机设备放在地里影响耕种，而且砖机设备下有一个深坑，担心过往人畜会掉进去，又考虑砖厂从 2017 年就没有支付过承包费，便找来收购废品的杨某军和马某平，以 3 万元的价格将所有的砖机设备卖给他们。因设备太大，杨、马二人找来切割机，将砖机设备现场拆分后，运到废品收购站。李某填平深坑后，在地上耕种了玉米。

2021 年 3 月 8 日，贾某岗到公安机关提出控告，称听马场井村村民李某宽（砖厂之前雇用的保安，停产后一直在家务农）打电话向其报告，说李某偷卖了砖厂价值 8 万元的砖机设备。贾某岗到砖厂后，发现砖机设备确实不见了，于是委托某律师前去报案，并向公安机关提供了租赁合同、责令停产整顿决定书、购买砖机设备的发票、使用说明书及照片等证据。

经公安机关初查，从杨某军和马某平的废品收购站追回被切割的砖机设备，包括三套铰刀，十台 2000 瓦的电机和一个机口。经委托某县价格鉴定委员会对上述设备进行价格鉴定，确定该设备在价格基准日的认定价格为人民币 48 238. 8 元。后公安机关将此设备发还给贾某岗，李某将所收 3 万元退还给杨某军和马某平。

2. 实训操作提示

（1）控告组实训操作提示：

①作为富兴砖厂的代理人，你代为向公安机关提起控告，应当向公安机关提供哪

些法律文件证明控告人的主体资格？

②从律师的角度分析，你认为齐某的行为是否构成犯罪、构成何种犯罪？

③本案提起控告，就犯罪事实应当收集哪些证据？

（2）接受控告立案组实训操作提示：

①作为侦查人员，你接受了当事人的控告后，应当从哪些方面展开初查工作？

②哪些证据是本案的重要证据，应当如何取得？

③本案是否达到立案的条件，应当如何定罪？

实训材料四：俞某某控告奇某案

1. 基本案情

齐某，女，汉族，19××年×月×日出生，身份证号码（略），住银川市××区××××，联系电话（略）。

俞某某，男，汉族，19××年×月×日出生，身份证号码（略），住银川市××区××××，联系电话（略）。

俞某某与齐某系朋友关系。

齐某多次向俞某某宣称认识××区政府领导且关系很好，能通过领导帮俞某某拿到××项目，需要100万元用于承揽项目。2019年9月6日，俞某某按齐某要求通过手机银行分4次向齐某转账100万元。

齐某又称其与某市委某领导的秘书（现已退休）很熟，俞某某可以找其承揽工程。俞某某便按照齐某的要求，于2019年12月3日转了180万元到齐某指定的账户上。后经俞某某与该秘书核实，并未收到过齐某的上述款项，齐某也未找自己去找项目做。俞某某发现自己被骗，于是向公安机关提起控告。

经公安机关初查，获取有银行取款凭条、银行客户回单、银行交易明细、俞某某与齐某的微信聊天记录、俞某某与齐某的短信聊天记录、齐某与领导合影照片、××文件等证据。

通过对齐某询问得知，从俞某某处收到的280万元，其中150万元偿还了其欠刘某某的借款，100万元缴纳了其购买某小区某楼盘的首付款，目前账上还有30万元。齐某称其与俞某某是男女朋友关系，钱是俞某某自愿给的。

2. 实训操作提示

（1）控告组实训操作提示：

①作为俞某某的代理人，你代为向公安机关提起控告，应当向公安机关提供哪些法律文件证明控告人的主体资格？

②从律师的角度分析，你认为齐某的行为是否构成犯罪、构成何种犯罪？

③本案提起控告，就犯罪事实应当收集哪些证据？

（2）接受控告立案组实训操作提示：

①作为侦查人员，你接受了当事人的控告后，应当从哪些方面展开初查工作？

②哪些证据是本案的重要证据，应当如何取得？

③本案是否达到立案的条件，应当如何定罪？

五、刑事公诉立案实训操作要领指引

（一）控告阶段的主要工作

控告是开启刑事诉讼程序的方式之一，还包括报案、举报及公安机关在工作中自行发现等方式。控告阶段的主要工作有如下几项：

1. 被害人与代理人充分沟通，建立委托代理关系

在此环节与民事案件建立委托关系相似，律师应当与委托人就委托事项的代理范围、代理内容、代理权限、代理费用、代理期限等进行讨论，经协商一致后，由律师事务所与委托人签署委托代理协议。同时，律师还应当谨慎、诚实、客观地告知委托人拟委托事项可能出现的法律风险，尤其是诬告陷害的法律风险。

请根据实训任务中当事人的情况，参照如下格式建立与刑事案件被害人的委托关系。

例 1　刑事案件代理委托协议

刑事案件代理委托协议

委托人____________与______事务所协商，达成如下协议：

一、______事务所指派_______________律师为_____________________案的诉讼代理人。

二、委托律师代理权限（略）。

三、根据《律师业务收费办法》的规定，委托人向________事务所缴纳委托费______________元。

四、本委托协议有效期限自双方签订之日起至________止。

五、本委托协议如需要变更，另行协商。

委托人：　　　　　　　　　　受托方：

（律师事务所章）

年　　月　　日

注：本协议书一式两份，委托人、律师事务所各持一份，用于刑事公诉、刑事自诉、刑事附带民事案件。

例 2 刑事案件授权委托书

授权委托书

编号：×××

委托人__________根据法律规定，特聘请_____事务所_________律师为__________案件的诉讼代理人。

委托律师代理权限：

本委托书有效期自即日起至________止。

委托人：

年 月 日

注：本委托书一式三份，由委托人、律师事务所各持一份，交公安机关、检察机关或法院一份，用于刑事公诉、刑事自诉、刑事附带民事诉讼案件。

例 3 刑事案件律师参加诉讼函

______律师事务所
律师参加诉讼函

[ ]×律字第 号

________公安局：

根据《律师法》《刑事诉讼法》的规定，本所接受__________的委托，指派________律师担任贵院办理的___________控告___________案件中__________的诉讼代理人。

特此函告。

律师事务所（章）

年 月 日

2. 梳理案件事实，整理证据

首先，应充分听取被害人对案件事实的陈述，并以笔录的形式记录，便于梳理。一方面，对照犯罪构成要件，固定其中的关键事实；另一方面，排除与犯罪无关的事实。

其次，按照一定的逻辑顺序，围绕关键事实搜集整理证据。被害人手中如果有现成的证据，可以直接提取，如果需要通过一定的调查方式才能取得的证据，律师可以依法调取。

证据收集时，要制作《证据目录》，便于证据的整理。《证据目录》的制作请参照工作任务一民事诉讼立案中所提供的范文制作。

3. 确定控告罪名

在对案件事实和证据进行梳理后，即可分析确定刑事控告的罪名。确定罪名时，可以通过对构成要件分析、法律检索、案例检索等方式。

4. 制作刑事控告书

刑事控告书是指被害人及其近亲属或诉讼代理人，对侵犯被害人合法权益的违法犯罪行为，依法向司法机关告发，要求予以惩处时，向公安机关提交的书面文书。

文书的首部应当列明文书名称，即“刑事控告书”，以及控告人与被控告人的基本情况。正文部分是刑事控告书的主体部分，包括控告的请求和事实理由。尾部需要依次写明致送公检法机关的名称、控告人签章、时间和附件名称。

请根据实训任务的案情，参照如下范文制作刑事控告书。

刑事控告书

控告人：××××有限公司，住所地：贵州省×区×路×号。

法定代表人：张×，职务：总经理。

被控告人：吴××，男，汉族，住址：贵州省×区×路××号，身份证号码：××××××××××××××××，电话：×××××××。

控告请求：1. 请求对被控告人的诈骗行为立案侦查，依法追究其刑事责任。

2. 责令被控告人返还其诈骗行为所得的财产。

3. 责令被控告人赔偿控告人因此所造成的损失。

事实和理由：控告人××××有限公司是一家从事煤炭贸易的国有企业，于2021年5月10日与××××有限公司签订煤炭供应合同。合同约定由控告人向××××有限公司提供无烟煤，控告人履行完供煤义务后，由××××有限公司支付煤款。

被控告人吴××知道该情况后，私自刻造控告人公司行政公章，伪造《委托书》，谎称我公司委托其领取承兑汇票事宜，领走价值100万元的银行承兑汇票。被控告人又私自刻造我公司财务专用章，制造虚假收据。控告人在与××××有限公司核对账目时，了解到上述情况，就及时联系被控告人吴××，他承诺退还，但之后就下落不明，无法联系，亦没有归还价值100万元的银行承兑汇票。

被控告人吴××诈骗公私财物，数额达到100万元。此种行为已经严重损害了控告人的利益。控告人认为，被控告人的诈骗行为已经侵害了控告人的财产利益，其行为触犯了《刑法》第266条之规定，其行为已经构成诈骗罪，应当依法追究其刑事责任，恳请公安机关依法立案侦查。

此 致

________公安局

控告人：××××有限公司

______年______月______日

附：证据材料一份。

5. 正式提出控告

需要注意的是，刑事控告不同于民事立案，从公安机关的角度来看，控告应体现犯罪事实的真实性和完整性。由于律师并非案件的亲身经历者，因此一般不能直接代替控告人向公安机关说明案件事实的具体情况，而是陪同控告人到现场，协助提起控告。

（二）公安机关初查阶段的主要工作

初查是公安机关接收案件材料后，对案件事实进行的初步调查活动，以确定是否存在控告材料中所述的犯罪事实，初步确定案件犯罪嫌疑人，为决定是否立案侦查提供事实依据。

1. 发出受理案件通知书

根据《公安机关办理刑事案件程序规定》第 171 条的规定，公安机关收到控告人的控告材料后应当制作受案登记表，并向控告人出具受案回执单。受案回执单的出具就标志着刑事案件进入初查程序。

受案回执单请参照如下范文制作：

某县公安局

受理案件登记表（回执）

<table>
<tr><td rowspan="3">报案人</td><td>姓名</td><td>张三</td><td>性别</td><td>男</td><td>出生日期</td><td>1978.9.18</td></tr>
<tr><td>住址</td><td colspan="3">×市×区×路×号×小区×号楼×单元×室</td><td>案件来源</td><td>张三控告</td></tr>
<tr><td>工作单位</td><td colspan="3">无</td><td>电话</td><td>139××××××</td></tr>
<tr><td colspan="2">移送单位</td><td>无</td><td>承办人</td><td>王某</td><td>电话</td><td>0951××××××</td></tr>
<tr><td colspan="7">报案内容（案发时间、地点、简要过程、涉案人基本情况，受害情况）：
报案情况详见控告人张三提交的《刑事控告书》。</td></tr>
<tr><td colspan="2">办案单位意见</td><td colspan="5">建议受理初查。</td></tr>
<tr><td colspan="2">领导意见</td><td colspan="5">同意受理初查。</td></tr>
</table>

2. 收集相关证据材料

案件进入初查程序后，公安人员对被害人、知情人进行询问制作询问笔记，也可以向有关单位发出《调取证据通知书》《协助查询银行存款通知书》等文书调取有关证据。询问笔录、调取证据通知书参照如下格式或范文完成：

例 1　询问笔录

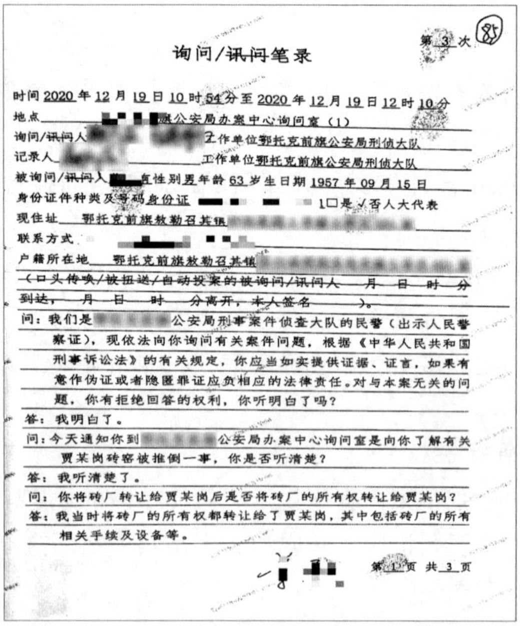

第 3 次

询问/讯问笔录

时间 2020 年 12 月 19 日 10 时 54 分至 2020 年 12 月 19 日 12 时 10 分

地点 [illegible]旗公安局办案中心询问室（1）

询问/讯问人 [illegible] 工作单位鄂托克前旗公安局刑侦大队

记录人 [illegible] 工作单位鄂托克前旗公安局刑侦大队

被询问/讯问人 [illegible] 性别男年龄 63 岁生日期 1957 年 09 月 15 日

身份证件种类及号码身份证 [illegible] 1□是 √否人大代表

现住址 鄂托克前旗敖勒召其镇[illegible]

联系方式 [illegible]

户籍所在地 鄂托克前旗敖勒召其镇[illegible]

~~（口头传唤/被扭送/自动投案的被询问/讯问人 月 日 时 分到达， 月 日 时 分离开，本人签名 ）。~~

问：我们是[illegible]公安局刑事案件侦查大队的民警（出示人民警察证），现依法向你询问有关案件问题，根据《中华人民共和国刑事诉讼法》的有关规定，你应当如实提供证据、证言，如果有意作伪证或者隐匿罪证应负相应的法律责任。对与本案无关的问题，你有拒绝回答的权利，你听明白了吗？

答：我明白了。

问：今天通知你到[illegible]公安局办案中心询问室是向你了解有关贾某岗砖窑被推倒一事，你是否听清楚？

答：我听清楚了。

问：你将砖厂转让给贾某岗后是否将砖厂的所有权转让给贾某岗？

答：我当时将砖厂的所有权都转让给了贾某岗，其中包括砖厂的所有相关手续及设备等。

第 1 页 共 3 页

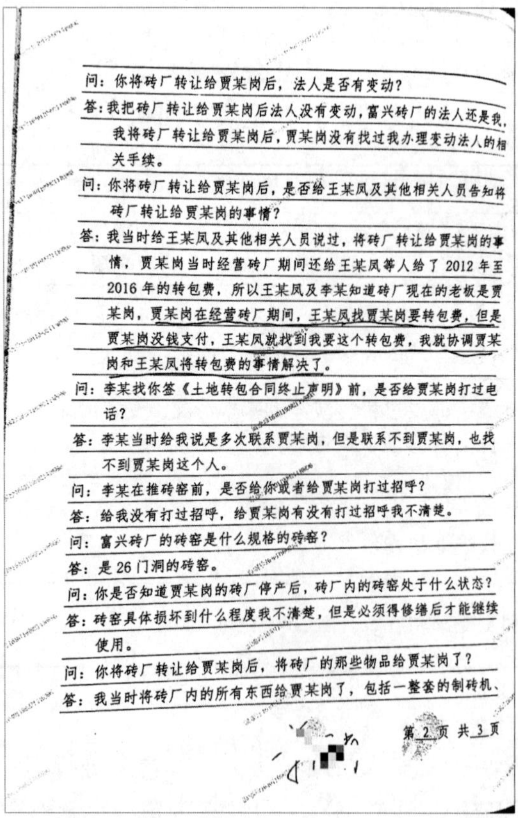

问：你将砖厂转让给贾某岗后，法人是否有变动？

答：我把砖厂转让给贾某岗后法人没有变动，富兴砖厂的法人还是我，我将砖厂转让给贾某岗后，贾某岗没有找过我办理变动法人的相关手续。

问：你将砖厂转让给贾某岗后，是否给王某凤及其他相关人员告知将砖厂转让给贾某岗的事情？

答：我当时给王某凤及其他相关人员说过，将砖厂转让给贾某岗的事情，贾某岗当时经营砖厂期间还给王某凤等人给了 2012 年至 2016 年的转包费，所以王某凤及李某知道砖厂现在的老板是贾某岗，贾某岗在经营砖厂期间，王某凤找贾某岗要转包费，但是贾某岗没钱支付，王某凤就找到我要这个转包费，我就协调贾某岗和王某凤将转包费的事情解决了。

问：李某找你签《土地转包合同终止声明》前，是否给贾某岗打过电话？

答：李某当时给我说是多次联系贾某岗，但是联系不到贾某岗，也找不到贾某岗这个人。

问：李某在推砖窑前，是否给你或者给贾某岗打过招呼？

答：给我没有打过招呼，给贾某岗有没有打过招呼我不清楚。

问：富兴砖厂的砖窑是什么规格的砖窑？

答：是 26 门洞的砖窑。

问：你是否知道贾某岗的砖厂停产后，砖厂内的砖窑处于什么状态？

答：砖窑具体损坏到什么程度我不清楚，但是必须得修缮后才能继续使用。

问：你将砖厂转让给贾某岗后，将砖厂的那些物品给贾某岗了？

答：我当时将砖厂内的所有东西给贾某岗了，包括一整套的制砖机、

第 2 页 共 3 页

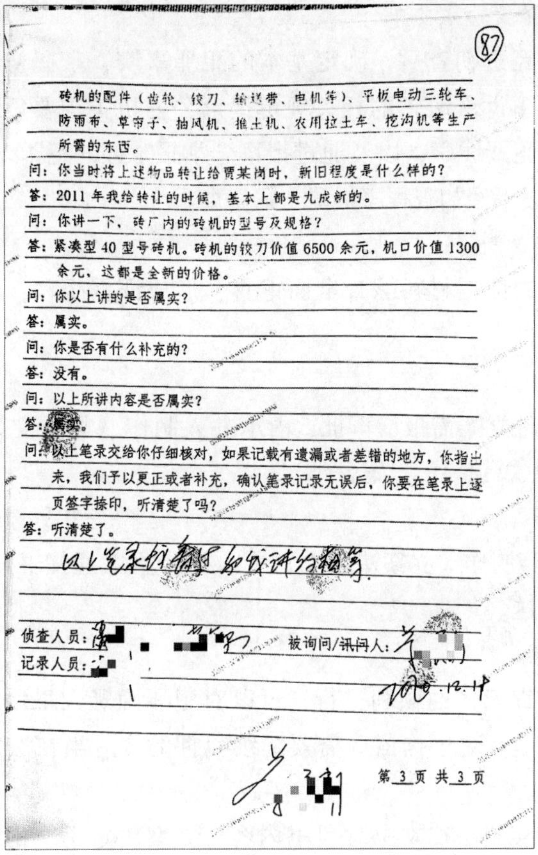

87

砖机的配件（齿轮、铰刀、输送带、电机等）、平板电动三轮车、防雨布、草帘子、抽风机、推土机、农用拉土车、挖沟机等生产所需的东西。

问：你当时将上述物品转让给贾某岗时，新旧程度是什么样的？

答：2011 年我给转让的时候，基本上都是九成新的。

问：你讲一下，砖厂内的砖机的型号及规格？

答：紧凑型 40 型号砖机。砖机的铰刀价值 6500 余元，机口价值 1300 余元，这都是全新的价格。

问：你以上讲的是否属实？

答：属实。

问：你是否有什么补充的？

答：没有。

问：以上所讲内容是否属实？

答：属实。

问：以上笔录交给你仔细核对，如果记载有遗漏或者差错的地方，你指出来，我们予以更正或者补充，确认笔录记录无误后，你要在笔录上逐页签字捺印，听清楚了吗？

答：听清楚了。

以上笔录我看过和我讲的相符

侦查人员：　　被询问/讯问人：

记录人员：

第 3 页 共 3 页

例 2　调取证据通知书

<table>
<tr>
<td>______公安局
调取证据通知书
（存根）
字［　］号
案件名称：____________
案件编号：____________
证据持有人：______，男/女，____岁
住址：____________
调取证据：____________
批准人：____________
批准时间：____________
办案人：____________
办案单位：____________
填发时间：____________
填发人：____________</td>
<td>______公安局
调取证据通知书
（副本）
字［　］号
________：
根据《刑事诉讼法》第 43 条之规定，现调取你处与我局正在侦查的________案的关的下列证据：________。
伪造证据、隐匿证据或者毁灭证据的，将受到法律追究。
（公安局印）
年　月　日
本通知书已收到
证据持有人：
年　月　日</td>
</tr>
</table>

（三）立案审批阶段的主要工作

立案是公安机关经过初查后，确定基本的犯罪事实，掌握初步犯罪证据，确定犯罪嫌疑人后，按《刑事诉讼法》的相关规定提请公安机关主要负责人批准立案。对公安机关工作中发现的犯罪线索，以及通过报案、举报掌握的犯罪线索，在能够基本认定犯罪事实的情况下可以不经初查程序报请立案侦查。

1. 全面审查证据材料

对初查阶段收集的证据材料综合全面审查，形成证据闭环，确定犯罪事实的存在是立案侦查的必备条件。

2. 全面汇报案情

公安机关刑事案件立案需报请审批，由承办人制作《呈请立案报告》或《呈请不立案报告》，全面向上级领导汇报案件情况。

3. 制作立案文书

领导审批后，应当制作《立案决定书》或《不予立案通知书》，建立案件卷宗，并在侦查终结后随案移送。

4. 采取强制措施

为保证立案后侦查工作的顺利进行，可以对犯罪嫌疑人采取拘留、取保候审、监视居住等刑事强制措施。对于拘留后需要继续羁押的，应当在法定期限内报请检察机关批准逮捕。

呈请立案报告请参照法律文书教科书内容，立案决定书、拘留证、拘留通知书请参照如下范文完成：

例 1　立案决定书

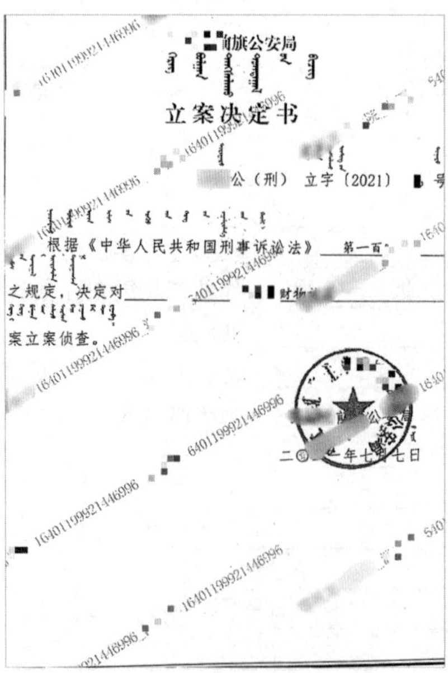

旗公安局

立案决定书

公（刑）立字〔2021〕　号

根据《中华人民共和国刑事诉讼法》第一百

之规定，决定对　　财物

案立案侦查。

二〇　年七月七日

例 2　拘留证

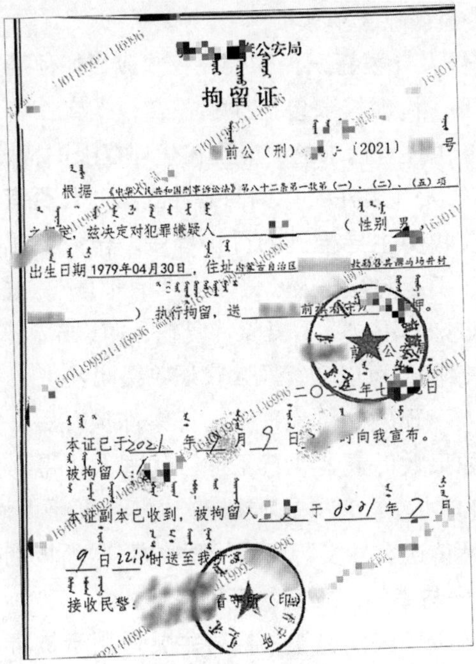

公安局

拘留证

前公（刑）　（2021）　号

根据《中华人民共和国刑事诉讼法》第八十二条第一款第（一）、（二）、（五）项之规定，兹决定对犯罪嫌疑人＿＿＿＿（性别男，出生日期1979年04月30日，住址内蒙古自治区＿＿＿＿＿＿）执行拘留，送＿＿＿＿羁押。

二〇　年　　日

本证已于2021年7月9日　时向我宣布。

被拘留人：

本证副本已收到，被拘留人＿＿于2021年7月9日22:18时送至我所。

接收民警：　　看守所（印）

例 3　拘留通知书

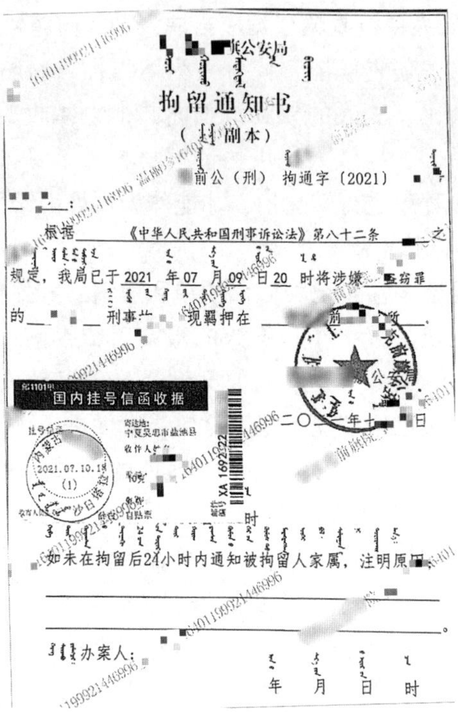

旗公安局

拘留通知书

（副本）

前公（刑）拘通字〔2021〕　号

＿＿＿：

根据《中华人民共和国刑事诉讼法》第八十二条＿＿之规定，我局已于2021年07月09日20时将涉嫌＿＿药罪的＿＿＿刑事拘留，现羁押在＿＿＿＿所。

二〇　年十　日

国内挂号信函收据

如未在拘留后24小时内通知被拘留人家属，注明原因：

＿＿＿＿＿＿＿＿＿＿＿＿＿＿

＿＿＿＿＿＿＿＿＿＿＿＿＿＿。

办案人：

年　月　日　时

六、刑事公诉立案实训操作重难点提示

（一）控告阶段的实训操作重难点提示

引导问题 1：控告人（委托人）的委托权限应当如何确定？

在一般代理的情况下，代理权限包括提起控告，提交控告书。若在控告的过程中需要代为承认、放弃、变更控告请求的，应当在代理权限中特别说明。

引导问题 2：控告人（委托人）询问案件立案“是否有把握”，如何回答？

刑事诉讼是以国家公权力主导推进的诉讼程序。作为委托律师，只能就已掌握的案件情况提出专业意见，不能向委托人承诺立案“有把握”，并说明是否立案应当由公安机关经审查后决定，告知其不立案后复议、复核、向检察机关申诉的救济途径。

引导问题 3：刑事案件可以实行风险代理收费吗？

风险代理是指委托人不预先支付代理费，待案件执行后，代理人按照执行标的额的一定比例获取报酬，如果败诉或者执行不能，代理人将得不到任何回报的一种代理方式。《律师服务收费管理办法》第 12 条规定：“禁止刑事诉讼案件、行政诉讼案件、国家赔偿案件以及群体性诉讼案件实行风险代理收费。”所以刑事案件禁止风险代理。

引导问题 4：控告与举报、报案的区别是什么？

控告与报案、举报的主要区别在于：控告主要适用于被害人知道明确的加害人的情况；报案适用于被害人或其近亲属不知道加害人只知道加害事实的情况；举报适用于被害人及其近亲属以外的人知道他人涉嫌犯罪事实的情况，向公安机关告发的行为。

引导问题 5：控告人自行收集证据应当注意哪些问题？

收集证据属于公安机关侦查职能，控告人为增强控告材料的可信度可以自行收集相关证据，但不能超越公民、法人的权利范围向其他主体收集证据，仅能向公安机关提供有关证据的线索。另外，控告人提供的证据材料并不具备刑事诉讼证据能力，需要公安机关根据刑事诉讼程序进行转化后，才能作为刑事诉讼的证据使用。

（二）初查环节实训操作重难点提示

引导问题 1：《受理案件登记表》回执单和呈请立案报告有什么区别？

立案回执单是指公安机关接受了报案人的报案后给报案人出具的回单。立案回执单上主要记载报案人信息、案件类型、简要案情、受理案件人员、联系电话以及立案时间等内容，表明公安机关已经接受了报案材料，案件进入了公安机关的初查程序。

呈请立案报告则是公安机关接受案件后，案件的承办人员经过初查程序，认为符合《刑事诉讼法》规定的立案条件，而向上级领导提交的申请同意正式立案的报告。二者的产生有先后顺序，即先进行立案登记，初查后再做出呈请立案报告。

引导问题 2：初查阶段，公安人员能否接触被控告人？

根据案件性质和特点，在书证、物证已基本收集完毕、确定犯罪嫌疑人的情况下，可以通知被控告人接受询问。但应当注意，首先不能以询问、配合调查的名义限制被控告人人身自由，其次应当对接触被控告人后，被控告人泄露案情或毁灭、隐匿证据

的风险及后果进行细致评估。

引导问题 3：初查阶段调取的材料能否作为刑事诉讼证据提交法庭？

初查阶段按《刑事诉讼法》相关规定调取的书证、物证，形成的勘验检查笔录、鉴定意见，可以作为刑事诉讼证据提交法庭。但初查阶段收集的被控告人的言词证据，应当在立案侦查后按有关法律规定重新收集。

引导问题 4：询问证人、被害人时，应当注意哪些问题？

（1）询问证人、被害人前，应当了解证人、被害人的身份，证人与被害人、被控告人之间的关系，可以拟出询问提纲，做到心中有数。

（2）询问时，办案人员应当告知证人、被害人应如实地提供证据、证言，应当原样提供自己掌握的物证、书证及其他证据，不能隐匿不交或者销毁、涂改。应当实事求是地书写或陈述自己所了解的案件事实及有关情况，既不能夸大，也不能缩小。同时，应告知证人、被害人有关法律规定，使其了解案件知情人的作证义务及有意作伪证或者隐匿罪证要负的法律责任。

（3）办案人员应当问明证人、被害人提供的证言的来源和根据，但不得向证人、被害人泄露案情或者表示对案件的处理意见，也不能进行有倾向性的暗示发问，不能对证人、被害人施加压力或采取威胁、引诱、欺骗、暴力方法取证。

引导问题 5：案件进入初查后，多久可以正式立案？

刑事立案期限一般是 7 日以内。重大、复杂线索，经县级公安机关负责人批准，立案审查期限可延长至 30 日。特别重大、复杂线索，经地（市）级公安机关负责人批准，立案审查期限可延长至 60 日。

（三）立案审批阶段实训操作重难点提示

引导问题 1：呈请立案报告书与立案决定书的区别？

二者都是公安机关在立案时必须制作的法律文书，都服务于公安机关立案活动，但还是存在如下区别：

（1）性质不同。刑事呈请立案报告书是公安机关侦查人员报请领导审批立案侦查所使用的内部法律文书；刑事立案决定书是公安机关向犯罪嫌疑人、被害人宣布立案决定的外部法律文书。

（2）作用不同。刑事呈请立案报告书具有从实体上确定案件、指导侦查活动的作用；刑事案件立案决定书则侧重在程序上表明公安机关已经立案，案件进入侦查阶段。

引导问题 2：审查证据材料应注意哪些问题？

证据是刑事诉讼的根本。审查证据时，需注意如下问题：

（1）注意审查证据的来源。对来源不合法的证据，应当及时补正，确保证据形式的合法性。若无法补正，则应当按照非法证据排除规则予以排除，不应作为认定案件的依据。

（2）注意审查证据的真实性。结合待证事实、书证、物证形成的方式判断书证、物证的真实性，尽量取得证据的原件以排除伪造的可能，书证原件不便取得的，应当制作复印件，并注明原件存放处、保管单位、复制件是否一致、提供人、提取人、提取时间等。结合书证、物证判断言词证据的真实性，并综合考虑证人提供证言的动机、证人了解相关事实的能力（可能性）。

（3）注意审查证据之间是否逻辑严密，能否相互印证。实践中，很多案件中多先取得言词证据，并以言词证据提供的线索渠道，取得书证、物证。受多种因素影响，有时会出现言词证据与实物证据不能完全印证的情况。此时，应当重新收集相关言词证据，并要求提供言词证据者就其言论与客观实际不符的原因作出合理解释；不能合理解释的，应当重新对现有证据和案件事实进行分析评估。

引导问题3：如何汇报具体案情？

汇报案情时，应当善于提炼案件主要事实，言简意赅、抓住重点。从构成犯罪和不构成犯罪两方面全面汇报，不能带有倾向性地选择汇报。另外，每个案件事实都要有证据予以证实，而不能在没有证据支撑的情况下进行推测、猜测。

引导问题4：立案审批后的工作应当注意哪些事项？

立案获批后，应当及时向犯罪嫌疑人、被害人等送达立案决定书，并及时通知其家属和所在单位，有控告人、报案人、举报人的也应当及时告知。立案后，已经确定犯罪嫌疑人的，应当及时采取强制措施，防止嫌疑人脱管、外逃或自杀、自残，防止犯罪嫌疑人妨害证人作证、毁灭、隐匿、伪造证据。

引导问题5：对于公安机关不予立案的，应如何救济？

公安机关不予立案的，控告人可以申请本级公安机关进行复议；复议维持不立案决定的，可以向上一级公安机关申请复核；仍然维持的，可以向检察机关申诉，申请检察机关立案监督；有证据足以证明犯罪事实存在的，也可以直接向人民法院提起刑事自诉。

七、刑事公诉立案实训作业

（一）实训作业清单

（1）作业封面。

（2）目录。

（3）任务分配表。

（4）选取的实训任务。

（5）解决实训任务所依据的法律法规。

（6）控告法律文件。

（7）初查法律文件。

（8）立案审批法律文件。

（9）实训书面总结。

（二）实训作业要求

（1）作业封皮：标明案由、委托方、受委托方、完成日期。

（2）案卷目录：具备序号、内容、页码、备注等目录的基本要素。

（3）实训书面总结：对实训过程进行反思，对真实收获与不足进行总结，全面体现所有小组成员的心得。

要求：观点鲜明、条理清晰、文字简练，力戒空话、套话、大话、假话，字数在1500字以内。

八、刑事公诉立案实训过程评价与反馈

刑事立案考核标准

序号	项目	考核标准	分值	得分
1	控告	委托手续制作规范	5	
		收集证据全面，证据目录制作规范	5	
		制作《控告书》格式规范、行文流畅、逻辑清晰	10	
2	初查	调取书证、物证程序合法 调取证据通知书制作规范	5	
		询问证人、被控告人程序合法，紧扣待证事实全面发问，且接触时机恰当，询问笔录制作规范	10	
		全面分析证据材料、总结案件事实形成完整的证据链条	10	
3	立案审批	撰写《呈请立案报告》叙述清楚简练、表述准确，适用法律正确	10	
		立案文书制作规范	10	
		采取强制措施合法、履行程序全面	5	
4	实训总结	观点鲜明、条理清晰、文字简练	10	
5	作业形式	作业要素齐全	5	
		写作格式规范，校对仔细，无错别字	5	
		封面、目录制作规范	5	
		装订规范	5	
组　别			100	

工作任务三　刑事自诉立案

一、刑事自诉立案学习情境描述

以自诉人及代理律师的身份，按照人民法院受理自诉案件的标准，模拟完成接受委托、收集整理证据、制作自诉状等刑事自诉案件的前期立案工作，确保向法院递交的诉讼材料符合立案条件，以达到顺利完成刑事自诉立案的工作目标。

刑事自诉案件的立案流程参照如下流程图：

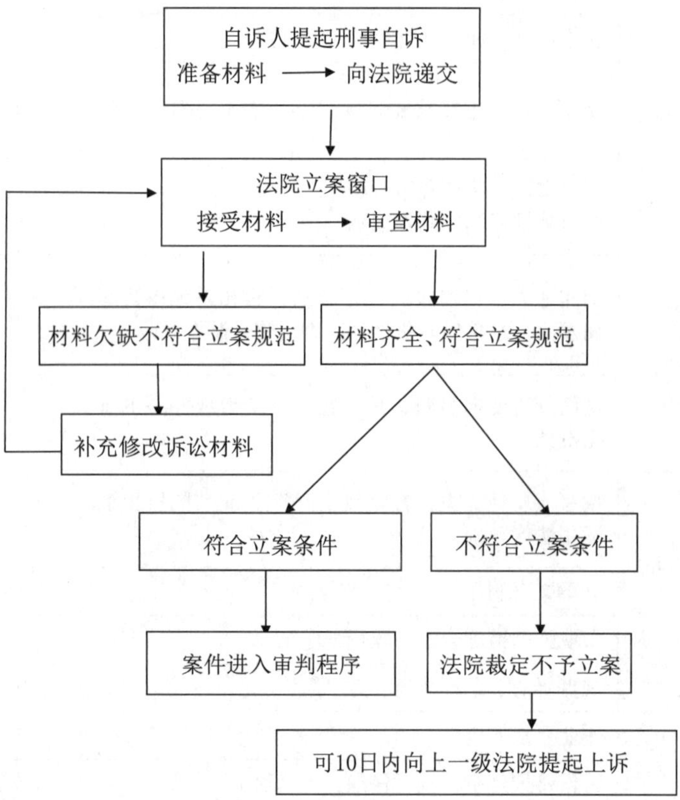

二、刑事自诉立案实训目标

通过本工作任务的实训，学生应该能够掌握：

（1）小组成员之间分工协作，在研究探讨中模拟完成刑事自诉立案工作过程，通过对实体案件的程序操作，提高法律应用能力。

（2）依据诉讼角色，结合案情，制作刑事自诉立案过程中常用的法律文书。

（3）对实训过程进行反思总结，养成良好的法律思维及严谨认真的工作习惯。

三、刑事自诉立案任务分组

刑事自诉任务分配表

<table>
<tr><td>班级</td><td></td><td>组号</td><td></td><td>指导老师</td><td></td></tr>
<tr><td>组长</td><td></td><td>学号</td><td></td><td></td><td></td></tr>
<tr><td rowspan="5">组员</td><td>姓名</td><td>学号</td><td>姓名</td><td colspan="2">学号</td></tr>
<tr><td></td><td></td><td></td><td colspan="2"></td></tr>
<tr><td></td><td></td><td></td><td colspan="2"></td></tr>
<tr><td></td><td></td><td></td><td colspan="2"></td></tr>
<tr><td></td><td></td><td></td><td colspan="2"></td></tr>
<tr><td rowspan="3">任务
分工</td><td colspan="2">建立委托代理关系
法律文件的制作</td><td colspan="3"></td></tr>
<tr><td colspan="2">诉讼证据材料的收集</td><td colspan="3"></td></tr>
<tr><td colspan="2">诉讼文书的制作</td><td colspan="3"></td></tr>
<tr><td>备注
说明</td><td colspan="5"></td></tr>
</table>

四、刑事自诉立案实训任务书

（一）实训任务布置

（1）通过填写《授权委托书》《委托代理合同》《律师事务所函件》等程序性法律文件，与刑事案件自诉人建立刑事自诉案件代理法律关系。

（2）根据案情材料，以自诉人代理人的身份提出收集整理证据的方案，并制作《证据目录》。

（3）认真研读案件实训材料，完成《刑事自诉状》的制作工作。

（4）收集本案所需要的所有法律依据。

（5）完成实训总结。

（二）实训材料

实训材料一：张某义诉刘某情虐待案的立案任务

张某义（女）和刘某情（男）于2008年结婚，感情尚好，育有子女各一名。2016年，刘某情与女徒工黄某花通奸，张某义知道后，曾多次向刘某情单位反映，要求领导制止刘某情的不道德行为，由于种种原因，问题未能解决，这使张某义精神上受到了极大的刺激，患了精神分裂症（有医院证明）。

刘某情为了达到与张某义离婚而与女徒工黄某花结婚的目的，对张某义在精神、肉体上加以虐待。2019 年春节期间的一天夜里，刘某情用剪刀狠扎张某义，因张某义大声喊叫，并用右手将剪刀尖攥住，邻居戴某进屋帮助夺下剪刀，张某义才幸免于难。但张某义右手被扎伤四处，缝合六针，至今还留有伤疤（邻居戴某、王某均可证明）。2019 年 3 月之后，刘某情开始不负担子女生活费。

张某义：女，39 岁，汉族，住××省××市××县××乡××村，身份证号码为××××××××××××××××××，电话号码：139××××××××。

刘某情：男，40 岁，汉族，住××省××市××县××乡××村，身份证号码为××××××××××××××××××，电话号码：139××××××××。

2020 年 10 月 25 日，张某义来到某律师事务所，请求你作为她的代理律师，提起刑事自诉，依法追究刘某情的刑事责任。

实训材料二：凌某诉张某诽谤案的立案任务

张某系凌某（2003 年至 2008 年）的博士研究生，因没有通过博士论文答辩，仅获得硕士学位，自此对自诉人产生不满。工作后也不如意，于 2018 年被辞退。2019 年起，张某多次到凌某工作的医院滋事，要求凌某为其解决工作问题，未果。

2019 年至 2020 年 9 月期间，张某利用其新浪微博账号发布《某专家教授有学术诚信和师风师德方面的要求吗?》等文章，散布凌某骚扰张某，以学位、工作“逼其就范”“大搞权色交易”等谣言，对凌某人格进行侮辱，造成凌某精神受创，无法继续工作，导致全国预约的病人 400 余人次退号，给医院造成了负面影响。张某还利用多个账号在新浪微博、天涯社区、百度、网易、搜狐、豆瓣等网站分别发表各类诽谤文章达 30 余篇，经某公证处公证，截至 2020 年 9 月 21 日，累计转发 4079 次、评论 6701 次，点击浏览 21 402 次。

凌某，男，1957 年 7 月 12 日出生于××省××县，身份证号码××××××××××××××××××，博士生导师，系第××××大学附属×××中医院院长，户籍所在地××××××××××。

张某，女，1970 年 8 月 16 日出生于××省××市，身份证号码××××××××××××××××××，硕士文化程度，无业，户籍所在地×××××××××××。

2020 年 10 月 25 日，凌某来到某律师事务所，请求你作为他的代理律师，提起刑事自诉，依法追究张某的刑事责任。

实训任务三：张某诉曹某侮辱罪案的立案任务

曹某与张某原系连襟关系。2019 年 6 月 19 日，曹某与李某办理离婚手续。曹某自认为其婚姻破裂，经济、精神均受到严重损害是张某一家所致。自 2020 年 4 月 9 日起，曹某多次使用抖音账号“×××”建立名为“掏聊聊鬼张某全家火化大会”的聊天群；

使用抖音账号"×××"建立名为"活埋张某、李大某（李某之姐）、张某李大某儿女"的聊天群；使用抖音账号"×县西门外李大某"建立名为"掏聊聊鬼张某全家火化"的聊天群；使用抖音账号"×××"建立名为"×县西门外的李大某和他的三个女儿死下了"的聊天群；使用抖音账号"×××"通过添加与张某相识的好友创建名为"李大某烂货不死不算完"的聊天群；通过发消息，配文字，发图片、视频等方式，合成传播张某之妻李大某的不实黄色图片、短视频，多次给张某及其尚健在的家人制作立牌位祭祀短片，泄露李大某的手机号及个人信息，虚构事实、使用污言秽语辱骂、诋毁张某及其家人。

张某，男，××年××月××日出生，汉族，高中文化，职业×××，身份证号码：×××，户籍所在地：××县，现住××省××市。

曹某，男，××年××月××日出生，汉族，初中文化，身份证号码：×××，户籍所在地：××县。

2020 年 5 月 25 日，张某来到某律师事务所，请求你作为他的代理律师，提起刑事自诉，依法追究曹某的刑事责任。

实训任务四：杨某诉李某侵占罪案的立案任务

2019 年 5 月，杨某为解决资金周转问题，经人介绍与××公司签订红木家具购买合同及退款协议，约定由李某配合杨某办理银行贷款进行过账，即在平安银行将贷款划入李某浦发银行账户后，李某应立即将钱再转回杨某的银行账户。后杨某以购买私家电器为由向平安银行办理个人抵押贷款合同，贷款金额为 75 万元，并以妻子罗某名下的位于本市××路××弄××号××室房产作为抵押，同时，杨、罗二人向银行出具付款授权书，授权平安银行将贷款自杨某平安银行账户直接划至李某浦发银行账户。2019 年 5 月 21 日，平安银行依合同发放了 75 万元贷款。李某在获得钱款后，并未依约将钱款转至杨某账户，而是用于归还个人债务、赌博等，后失联。2019 年 8 月 20 日，××公安局××分局经杨某报案后以李某涉嫌诈骗罪立案，2020 年 4 月 8 日，李某被××市公安局××分局刑事拘留，同月 29 日，××市××检察院批准逮捕，并告知杨某应以侵占罪向人民法院提起控告。

杨某，男，××年××月××日出生，汉族，高中文化，职业×××，身份证号码：×××，户籍所在地：××县，现住××省××市。

李某，男，××年××月××日出生，汉族，初中文化，身份证号码：×××，户籍所在地：××县。

2020 年 5 月 7 日，杨某来到某律师事务所，请求你作为他的代理律师，提起刑事自诉，依法追究李某的刑事责任。

五、刑事自诉立案实训操作要领指引

（一）把好收案关

刑事自诉案件的自诉人委托代理人的时间，一般是在法院受理案件之前。在这种情况下，是否接受自诉人的委托，首先要认真听取委托人对案件的叙述，查看有关证据，分析被告人的行为是否构成犯罪，是否属于应当提起刑事自诉的范围，然后根据不同情况决定是否接受代理，或者告知其到有管辖权的部门去控告或起诉。根据《刑事诉讼法》第210条和相关司法解释的规定，自诉案件包括以下三类：

第一，告诉才处理的案件。告诉才处理的案件，是指只有被害人及其法定代理人提出控告和起诉，人民法院才予以受理的案件，被害人及其法定代理人没有告诉或者告诉后又撤回的，人民法院不予追究。

根据我国《刑法》的相关规定，告诉才处理的案件包括以下几种：

（1）侮辱、诽谤案（《刑法》第246条的规定，但是严重危害社会秩序和国家利益的除外）。

（2）暴力干涉婚姻自由案（《刑法》第257条第1款的规定，但是致人死亡的除外）。

（3）虐待案（《刑法》第260条第1款的规定，但是致人重伤或死亡的除外）。

（4）侵占案（《刑法》第270条的规定）。

告诉才处理的案件，通常案情比较简单，无需专门机关进行侦查就能查明事实，可由人民法院直接受理。

第二，被害人有证据证明的轻微刑事案件。根据法律规定，被害人有证据证明的轻微刑事案件必须符合三个条件：一是诉讼主体必须是被害人；二是必须是轻微刑事案件；三是被害人自身必须有相应的证据证明被告人有罪。此类案件具体包括：

（1）故意伤害案（《刑法》第234条第1款）。

（2）非法侵入住宅案（《刑法》第245条）。

（3）侵犯通信自由案（《刑法》第252条）。

（4）重婚案（《刑法》第258条）。

（5）遗弃案（《刑法》第261条）。

（6）生产、销售伪劣商品案（《刑法》分则第三章第一节，但是严重危害社会秩序和国家利益的除外）。

（7）侵犯知识产权案（《刑法》分则第三章第七节，但是严重危害社会秩序和国家利益的除外）。

（8）属于《刑法》分则第四章、第五章规定的，对被告人可能判处3年有期徒刑以下刑罚的案件。

以上八类案件，被害人直接向人民法院起诉的，人民法院应当依法受理。对于其中证据不足、可由公安机关受理的，或者认为对被告人可能判处3年有期徒刑以上刑事处罚的，应当移送公安机关立案侦查。被害人向公安机关控告的，公安机关应当受理。

第三，被害人有证据证明对被告人侵犯自己人身权利、财产权利的行为应当依法追究刑事责任，而公安机关或者人民检察院不予追究被告人刑事责任的案件。

（二）与当事人建立自诉案件委托代理关系的法律文件

刑事自诉立案代理律师与当事人建立委托代理关系的法律文件与民事诉讼立案的内容基本相同，请参照本教材工作任务一民事诉讼立案实训操作要领指引中相关内容进行实训操作。

（三）证据材料的收集

刑事自诉立案证据材料的收集与民事立案大致相同，可参照本教材工作任务一民事诉讼立案实训操作要领指引中相关内容进行实训操作。但因刑事自诉案件的特殊性，在收集证据时，还需注意如下问题：

第一，注意收集视听资料证据。如虐待、暴力干涉婚姻自由等案件多发生在家庭成员之间，侵害行为虽长期存在，但缺乏第三方证人，这就需要被害人树立维权意识，尽量以录音录像等方式记录固定侵害过程。

第二，注意寻找证人。如侮辱、诽谤等案件，侵害行为需要在一定社会范围内造成影响，情节严重的才构成犯罪。所以一定会有间接乃至直接知道侮辱、诽谤内容或案件经过的证人，证人证言往往是这类案件的重要证据，能对案件的关键情节起到证明作用。

第三，注意收集第三方出具的相关证明文件。例如医生开具的伤情证明、病历等是家庭暴力类犯罪的有力证明，应妥善保存。在知识产权案中，与出版社签订的合同、向专利局递交的申请或专利资格证等，是证明被害人拥有该知识产权的直接证据。

第四，注意收集其他证据。如“公诉转自诉”案件需提交公安机关或人民检察院作出的书面决定书，以证明案件属于法定的自诉案件范围。

（四）证据目录的制作

刑事自诉案件证据目录在内容和形式上与民事案件基本相同，可参照本教材工作任务一民事诉讼立案实训操作要领指引中相关内容进行实训操作。

（五）刑事自诉状的制作

第一，诉状名称要规范。刑事自诉状不能简称为“自诉状”，而应使用全称“刑事自诉状”。如果同时提起了附带民事诉讼，诉状的名称则应变更为“刑事附带民事自诉状”。

第二，刑事自诉主体包括被害人及其法定代理人近亲属。根据最高人民法院《关于适用〈中华人民共和国刑事诉讼法〉的解释》第 317 条的规定，如果被害人死亡、丧失行为能力或者因受强制、威吓等无法告诉，或者是限制行为能力人以及因年老、患病、盲、聋、哑等不能亲自告诉，其法定代理人近亲属告诉或者代为告诉的，人民法院应当依法受理。被害人的法定代理人、近亲属告诉或者代为告诉的，应当提供与被害人关系的证明和被害人不能亲自告诉的原因的证明。

如同时提起附带民事诉讼，自诉人的称谓应表述为“自诉人（附带民事诉讼原告人）”，被告人的称谓应表述为“被告人（附带民事诉讼被告人）”。

第三，自诉案由和诉讼请求要明确具体。应按照《刑法》分则的规定，写明控告被告人的罪名，请求人民法院依法追究被告人的刑事责任，但不必写具体的刑罚。如果同时提起附带民事诉讼，在诉请中还应写明要求被告人赔偿损失的项目和具体的数额。

第四，自诉事实与理由要围绕犯罪构成要件。事实部分应写明被告人犯罪的时间、地点、原因、情节、手段、结果等内容。若由于被告人的犯罪行为而遭受物质、经济损失，还应写明其损失的实际情况。在理由中，应写明被告人行为的性质和社会危害性，并引用有关法律条款，指控被告人已构成犯罪，应当依法追究刑事责任，或者同时承担民事责任等。

第五，自诉状尾部要素要齐全。应写明受诉法院名称、附件的名称和件数、自诉人签名或者盖章、起诉日期等。

请根据实训任务中案情需求，参照如下刑事自诉状的范文，制作实训任务书中的民事起诉状。

刑事自诉状

自诉人赵某，女，34岁，汉族，××市××县××乡××村农民。被告人刘某，男，35岁，汉族，××市××县××乡××村农民。

案由：虐待家庭成员。

诉讼请求：请求追究被告人刘某犯虐待罪的刑事责任。

事实和理由：自诉人和被告人于2010年结婚，婚后生有一女。2012年，被告人去外地出差时与他人发生了不正当关系，自诉人知道后，曾多次要求其停止不道德的行为，但被告人不仅不听劝告，还多次打骂自诉人，逼着自诉人与其离婚。自诉人不肯离婚，被告人就对自诉人在精神、肉体上加以虐待。

2016年8月9日夜间，二人又发生口角，被告人趁自诉人睡觉之际，将破损的电线连接到自诉人的脚部，致使自诉人差点送命。2017年12月某日晚，被告人用水果刀狠扎自诉人，因自诉人大声呼救并用右手将刀攥住，邻居孙某进屋帮夺下水果刀，自诉人才幸免于难，但自诉人右手无名指的筋骨被割断，后住院多日，从其腕部取筋才将手指的筋接上，此事有医院证明为据，邻居孙某、王某、周某均可作证。

综上，被告人刘某为了达到离婚目的，长期对自诉人进行精神和肉体上的折磨，情节恶劣，根据《刑法》第260条之规定，已构成虐待罪，请人民法院依法追究被告人的刑事责任。

此致

××市××县人民法院

自诉人：赵某

2018年3月9日

附：

1. 本诉状副本 1 份。

2. 相关证据复印件 1 份。

六、刑事自诉立案实训操作重难点提示

（一）把好收案关的实训操作重难点提示

引导问题 1：刑事自诉案件有哪些特点？

（1）与公诉案件相比，诉讼程序相对简单。可由被害人或者其法定代理人直接到人民法院起诉，无须经过公安机关侦查、检察机关提起公诉程序。

（2）可以调解、和解，自诉人也可以撤诉。根据我国《刑事诉讼法》第 212 条第 1 款的规定，人民法院对自诉案件，可以进行调解；自诉人在宣告判决前，可以同被告人自行和解或者撤回自诉。但《刑事诉讼法》第 212 条第 3 项规定的案件不适用调解。由于被害人有证据证明对被告人侵犯自己人身、财产权利的行为应当依法追究刑事责任，而公安机关或检察院没有追究的这类案件本质上属于公诉案件，所以不适用调解。

（3）被告人可以提出反诉。所谓反诉，就是被告人作为被害人控告自诉人实施与本案有联系的犯罪行为，要求人民法院进行审判。

引导问题 2：人民法院受理刑事自诉案件，收取诉讼费吗？

目前，我国的刑事自诉案件是不向当事人收取诉讼费用的。本质上，刑事自诉案件和公诉案件一样，都是解决严重危害社会的犯罪问题，因此产生的费用全部由国家承担，包括提起附带民事诉讼部分，也不收取诉讼费。

（二）与当事人建立委托代理关系实训操作重难点提示

代理律师与当事人建立委托代理关系的法律文件与民事诉讼立案的内容基本相同，请参照本教材工作任务一民事诉讼立案实训操作重难点提示部分的相关内容进行实训操作。

（三）证据材料收集的实训操作重难点提示

引导问题 1：自诉人收集证据应当注意哪些问题？

告诉才处理的自诉案件中，没有公安机关介入，需要自诉人自行收集证据。自诉人自行收集证据与提出刑事控告相同，应当是力所能及地收集自有的相关材料，不能超越公民、法人的权利范围向其他主体收集证据。如确因客观原因无法自行收集证据，可依法申请人民法院收集证据。不得在收集证据过程中使用暴力、胁迫等手段获取证据，也不能以引诱、贿赂的方式获取证据。

被害人有证据证明的轻微刑事案件提起自诉时，公安机关、检察机关收集的证据以及程序性文书，自诉人因客观原因未收集的，可以申请人民法院依法调取。

引导问题 2：刑事自诉案件证据如何向法庭出示？

与民事诉讼相同，自诉案件中在出示证据时，应写明证据名称、证据种类、证据

形式、证据来源，并明确说明证明目的，以达到自行指控犯罪的目的。

（四）证据目录制作的实训操作重难点提示

刑事自诉案件证据目录制作的实训操作重难点提示可参照本教材“工作任务——民事诉讼立案的实训操作重难点提示”中相关内容进行实训操作。

（五）刑事自诉状制作的实训操作重难点提示

引导问题 1：法人可以成为自诉案件的主体吗？

实践中刑事自诉案件的自诉人和被告人以自然人居多，但法律并没有明确禁止法人成为自诉案件的主体。从刑事诉讼法规定的三类自诉案件的范围来看，第一类告诉才处理的案件多以公民个人为侵害对象，而第二类自诉案件中的侵犯知识产权案，生产、销售伪劣商品案等，法人有可能成为自诉的主体。第三类自诉案件，即原属于公诉案件但是公安机关或检察机关不予追究的案件中，自诉主体也包括法人或其他组织。

引导问题 2：刑事自诉状的诉讼请求书写重点是什么？

刑事自诉状的诉讼请求应当紧扣刑事自诉的目的、特点，写明被告人涉嫌的罪名并请求追究其刑事责任。应当根据刑法及司法解释的规定准确认定罪名。应注意，要求追究刑事责任不同于对被告的具体量刑，量刑权属于人民法院，量刑幅度由刑法规定，不以自诉人的意愿为准，故写明“追究刑事责任”即可。

引导问题 3：刑事自诉状的事实理由书写重点有哪些？

刑事自诉状的事实理由应当明确、具体、详尽，并且紧扣所诉罪名的犯罪构成要件加以阐述。对于与犯罪构成要件无关的事实可以省略，言简意赅、突出重点。应当遵循罪刑法定原则分析犯罪构成要件，紧扣法条及司法解释的规定，逻辑清晰、论证充分。

七、刑事自诉立案实训作业

（一）实训作业清单

（1）作业封面。

（2）目录。

（3）任务分配表。

（4）解决实训任务所依据的法律法规。

（5）选取的实训任务。

（6）委托代理法律文件。

（7）刑事自诉诉状。

（8）证据目录。

（9）实训总结。

（二）实训作业要求

（1）作业封皮：标明案由、委托方、受委托方、完成日期。

（2）案卷目录：具备序号、内容、页码、备注等目录的基本要素。

（3）实训书面总结：对实训过程进行反思，对真实收获与不足进行总结，全面体现所有小组成员的心得。

要求：观点鲜明、条理清晰、文字简练，力戒空话、套话、大话、假话。字数在1500字以内。

八、刑事自诉立案实训过程评价与反馈

刑事自诉立案考核标准

序号	项目	考核标准	分值	得分
1	委托手续	代理人相关手续齐全，填写规范	10	
2	证据目录	证据目录制作要素齐全	10	
		证明目的表述精准	10	
3	刑事自诉状	刑事自诉状格式规范	5	
		诉讼请求明确具体	10	
		事实叙述清晰完整	10	
		理由概括精准	10	
		适用法律正确	5	
4	实训总结	观点鲜明、条理清晰、文字简练	10	
5	作业形式	作业要素齐全	5	
		写作格式规范，校对仔细，无错别字	5	
		封面、目录制作规范	5	
		装订规范	5	
组别			100	

工作任务四　行政诉讼立案

一、行政诉讼立案学习情境描述

以原告代理律师的身份，按照人民法院受理行政诉讼案件的标准，模拟完成接受委托、收集整理证据、制作起诉状等行政诉讼案件的前期立案工作，确保向法院递交的诉讼材料符合立案条件，以达到顺利完成行政诉讼立案的工作目标。行政案件的立案流程参照如下流程图：

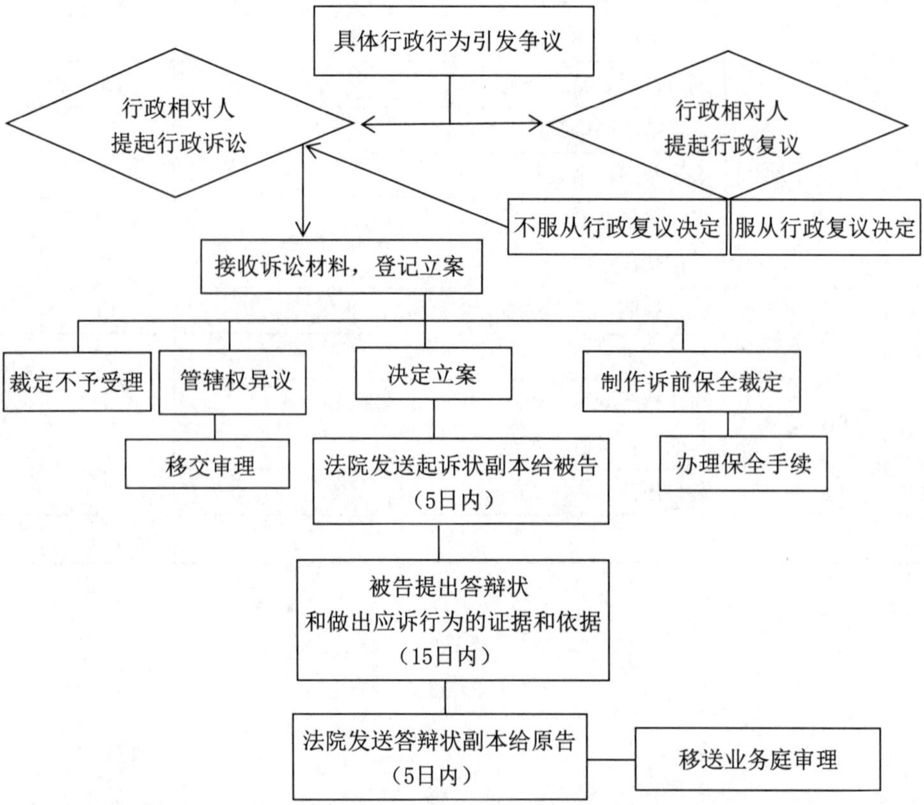

二、行政诉讼立案实训目标

通过本工作任务的实训，学生应该能够掌握：

（1）小组成员之间分工协作，在研究探讨中模拟完成行政诉讼立案工作过程，通过对实体案件的程序操作，提高法律应用能力。

（2）依据诉讼角色，结合案情，制作行政诉讼立案过程中常用的法律文书。

（3）对实训过程进行反思总结，养成良好的法律思维及严谨认真的工作习惯。

三、行政诉讼立案任务分组

行政诉讼立案任务分配表

<table>
<tr><td>班级</td><td colspan="2"></td><td>组号</td><td></td><td>指导老师</td><td></td></tr>
<tr><td>组长</td><td colspan="2"></td><td>学号</td><td></td><td></td><td></td></tr>
<tr><td rowspan="5">组员</td><td>姓名</td><td colspan="2">学号</td><td colspan="2">姓名</td><td>学号</td></tr>
<tr><td></td><td colspan="2"></td><td colspan="2"></td><td></td></tr>
<tr><td></td><td colspan="2"></td><td colspan="2"></td><td></td></tr>
<tr><td></td><td colspan="2"></td><td colspan="2"></td><td></td></tr>
<tr><td></td><td colspan="2"></td><td colspan="2"></td><td></td></tr>
<tr><td rowspan="3">任务
分工</td><td colspan="2">建立委托代理关系
法律文件的制作</td><td colspan="4"></td></tr>
<tr><td colspan="2">诉讼证据材料的收集</td><td colspan="4"></td></tr>
<tr><td colspan="2">诉讼文书的制作</td><td colspan="4"></td></tr>
<tr><td>备注
说明</td><td colspan="6"></td></tr>
</table>

四、行政诉讼立案训任务书

（一）实训任务布置

（1）通过填写《委托代理合同》《授权委托书》《律师事务所函件》等程序性法律文件，与案件原告之间建立行政诉讼案件的代理法律关系。

（2）根据案情材料，以原告代理人的身份提出收集整理证据的方案，并制作《证据目录》。

（3）认真研读《实训任务书》的相关材料，完成《行政起诉状》的制作工作。

（4）收集本案所需要的所有法律依据。

（5）完成实训总结。

（二）实训材料

实训材料一：某印刷公司诉C县国土资源局行政登记纠纷案

2002年，某印刷公司经A市郊区人民政府、A市郊区国土资源局许可，获得了A市郊区B乡20亩土地使用权。同年，A市郊区人民政府为某印刷公司办理了《国有土地使用权证》两本，证号分别为银郊国用［2002］字第7××号、银郊国用［2002］字第7××号，土地使用权证证载面积分别为3883平方米、9333.8平方米。某印刷公司因自身原因于2014年遗失了上述两本《国有土地使用权证》。

由于行政区划调整，前述两份《国有土地使用权证》所涉土地划归C县管理，属于C县行政区域内。某印刷公司因证件遗失向C县国土资源管理部门申请补办，被C县国土资源局告知，所涉土地使用权被办理在某置地有限公司名下，土地使用权证号为国用［2015］字第60×××号。

该印刷公司认为，上述两处土地已由其合法取得使用权，C县国土资源局给某置地公司办理土地使用权证侵犯了其合法权益，遂于2015年10月来到宁夏某律师事务所，请求你作为该公司的代理律师，起诉办理与C县国土资源局的行政登记纠纷。

实训材料二：陈某诉A市B区住房和城乡建设局不履行房屋登记法定职责纠纷案

曹某（陈某父亲）拥有A市B区双龙大道南方花园房屋一套。2011年5月23日，曹某亲笔书写遗嘱，将该房产及一间储藏室（8平方米）以及曹某名下所有存款、曹某住房中的全部用品无条件赠给女儿陈某。后曹某于2011年6月22日在医院去世。2011年7月22日，陈某经A市某公证处作出公证，声明接受其父曹某的全部遗赠。2011年8月3日，陈某携带曹某的遗嘱、房产证、公证书等材料前往A市B区住房和城乡建设局下设的房地产交易中心办理房屋所有权转移登记，但被拒绝。2011年10月10日，陈某向A市B区住房和城乡建设局提出书面申请要求依法为其办理房屋所有权转移登记，该住房和城乡建设局于2011年10月27日书面回复，以“遗嘱未经公证，又无‘遗嘱继承公证书’，不符合司法部、建设部《关于房产登记管理中加强公证的联合通知》的规定”为由不予办理遗产转移登记。陈某认为A市B区住房和城乡建设局强制公证的做法，与我国《继承法》《物权法》《公证法》等多部法律相抵触，该种强制公证的要求严重侵害了其合法权益，遂至律师事务所寻求帮助，要求提起行政诉讼。

实训任务三：沙某诉B市C区人民政府房屋强制拆除行政赔偿案纠纷案

2011年12月5日，A省人民政府作出A政地［2011］××号《关于B市2011年第35批次城市建设用地的批复》，批准征收B市C区某街道范围内农民集体建设用地10.04公顷用于城市建设。2011年12月23日，B市人民政府作出2011年《B市人民政府征收土地方案公告》，将A省人民政府的批复内容予以公告，并载明征地方案由C区人民政府实施。沙某名下的花山区霍里镇丰收村民组××房屋在本次征收范围内。

在实施征迁过程中，征地单位分别制作了《B市国家建设用地征迁费用补偿表》《B市征迁住房货币化安置（产权调换）备案表》，对案涉房屋及地上附着物予以登记补偿，沙某的丈夫领取了安置补偿款。2012年初，B市C区人民政府组织相关部门将沙某房屋及地上附着物拆除，但在拆除前C区人民政府既没有作出责令沙某交出土地的决定，也没有申请人民法院强制执行，沙某在该房屋内的所有设施均在未转移的情形下就被强制拆除毁损，沙某认为B市C区人民政府非法拆除上述房屋，侵犯了其合法财产权，故至某律师事务所寻求帮助，要求起诉B市C区人民政府赔偿房屋内家具物品（包括手机、床、沙发、衣柜、电视、冰箱）损失约10万元、装修损失约15万元，共计约25万。

实训任务四：罗某不服A省B市公安局交通警察支队三大队道路交通事故责任认定案

2000年9月5日21时25分左右，罗某之子罗甲驾驶农用车由隆昌向B市方向行至泸隆路41千米施工地段，为躲避某施工单位的路面堆放物（炭渣）驶出松滩桥面并翻于桥下，罗甲和乘车人李某当场死亡。后A省B市公安局交通警察支队三大队（以下简称“交警队”）出具《道路交通事故责任认定书》，认定罗甲因紧急措施处置不当而翻车，违反了《道路交通管理条例》第7条第2款的规定。依照《道路交通事故处理办法》第19条的规定，认定罗甲负此次事故全部责任，李某不负此事故责任。罗甲之父罗某认为交警队未将事故路面施工单位追加为交通事故的责任人，就以《道路交通事故责任认定书》认定驾驶员罗甲负交通事故全部责任，该认定与交警队的现场勘查笔录、询问笔录中载明的事故路面施工现场上无任何标志牌、防围设施，值勤人员提前下班等事实相矛盾。最重要的是该责任认定显失公允且使得罗某失去向路面施工单位索赔的机会，遂至某律师事务所寻求帮助。

五、行政诉讼立案实训操作要领指引

（一）与当事人建立委托代理关系的法律文件

行政诉讼立案代理律师与当事人建立委托代理关系的法律文件与民事立案的内容基本相同，请参照本教材工作任务一民事诉讼立案实训操作要领指引中相关内容进行实训操作。

（二）常见行政案件立案证据材料清单

通常行政诉讼原告仅需要提供符合法定起诉条件的证据，即自己是适格的原告、有明确的被告、有具体的诉讼请求和事实依据、属于法院的受案范围和管辖。常见的行政案件立案需要的证据清单如下：

1. 强制拆除房屋或者设施案件

（1）房屋所有权证、建房审批表、土地使用证等可以证明原告主体资格的证明材料。

（2）证明强制拆除行为系被诉行政机关实施的证明材料。

（3）确认强制拆除行为违法的证明材料。

2. 不履行行政职责案件

（1）向行政机关提出的申请，行政机关收到该申请或者行政机关明确拒绝履行职责的答复。

（2）行政机关负有该项职责，同时在法定期限内不履行的初步证据。

（3）行政机关应当主动履行的，可以不提供已经申请的证据，但应提供该行政机关有相应的职权证据。

（4）能够支持原告诉讼请求的其它证据材料。

3. 工伤保险资格或者待遇认定案件

（1）认定或不予认定工伤决定书。

（2）对认定或不予认定决定书内容有异议及其正当理由等支持原告诉讼请求的证明材料。

4. 政府信息公开案件

（1）政府信息公开申请表、政府信息公开答复书等被告收到申请后未予答复的证据材料。

（2）一方行政违法等支持原告诉讼请求的证明材料。

5. 撤销行政协议案件

（1）行政协议。

（2）支持原告请求撤销行政协议的证明材料。

6. 罚款

（1）行政处罚决定书。

（2）证明行政处罚决定违法的证明材料。

7. 行政处罚

（1）行政处罚决定书。

（2）证明行政处罚决定违法的证明材料。

8. 行政确认

（1）行政确认书。

（2）一方行政违法等支持原告诉讼请求的证明材料。

9. 征收或者征用房屋案件

（1）房屋所有权证、建房审批表、土地使用权证等可以证明诉讼主体资格的证明材料。

（2）房屋征收决定、征收补偿方案等证明行政行为的证明材料。

（3）一方行政违法等支持原告诉讼请求的证明材料。

（三）行政起诉状的制作

1. 诉讼主体的确定

关于原告的确定，根据《行政诉讼法》第 25 条的规定，原告分为两类，一类是行政行为的相对人，一类是其他与行政行为有利害关系的公民、法人或其他组织。

关于被告的确定，根据《行政诉讼法》的规定，行政机关不得作为行政案件原告，被告一定是行政机关，但具体如何列明被告，分为以下几类情形：

(1) 未经行政复议的案件，作出具体行政行为的行政机关为被告。

(2) 经行政复议的案件，如复议机关决定维持原行政行为的，作出原行政行为的行政机关和复议机关可列为共同被告，经行政复议的案件，如复议机关改变原行政行为，则列复议机关为被告。

(3) 行政复议案件中，复议机关在法定期限内未作出复议决定，针对原行政行为起诉时，应将作出原行政行为的行政机关列为被告；针对复议机关不作为的，则列复议机关为被告。

(4) 两个以上行政机关作出同一行政行为的，共同作出行政行为的行政机关列为共同被告。

(5) 行政机关委托的组织所作的行政行为，委托的行政机关是被告。

2. 诉讼请求的提出

根据最高人民法院《关于适用〈中华人民共和国行政诉讼法〉的解释》（法释［2018］1号）第68条的规定，行政案件诉讼请求包括：

(1) 请求判决撤销或者变更行政行为。

(2) 请求判决行政机关履行特定法定职责或者给付义务。

(3) 请求判决确认行政行为违法。

(4) 请求判决确认行政行为无效。

(5) 请求判决行政机关予以赔偿或者补偿。

(6) 请求解决行政协议争议。

(7) 请求一并审查规章以下规范性文件。

(8) 请求一并解决相关民事争议。

(9) 其他诉讼请求。

当事人应根据作出具体行政行为的行政机关的违法情形是否可以采取补救措施，并结合损害后果提出适当的诉讼请求。

3. 事实理由的表述

行政起诉状中事实的描述必须客观真实、起诉理由有理有据，尽可能用简练的语言概括出案件事实，同时明确指出行政机关的行政违法行为，如行政机关处罚的证据不足，行政机关在适用法律法规方面存在错误，超越职权、违反程序等。此外，就该违法行为给自身造成的损失进行表述。

4. 诉状尾部的制作

准确判断管辖法院，按照诉状制作的基本要素，制作诉状尾部。在判断管辖时，既要考虑级别管辖问题，也要考虑地域管辖问题。

(1) 行政诉讼中的级别管辖：

我国《行政诉讼法》以列举的方式对中级人民法院管辖的第一审行政案件作出了明确的规定，包括对国务院部门或者县级以上地方人民政府所作的行政行为提起诉讼的案件，海关处理的案件，本辖区内重大、复杂的案件，其他法律规定由中级人民法院管辖的案件。

对高级人民法院和最高人民法院管辖的案件，只是原则性地规定为本辖区内重大、复杂的第一审行政案件。其余案件均由基层人民法院管辖。

（2）行政诉讼中的地域管辖：

行政案件由最初作出行政行为的行政机关所在地人民法院管辖。经复议的案件，也可以由复议机关所在地人民法院管辖。

对限制人身自由的行政强制措施不服提起的诉讼，由被告所在地或者原告所在地人民法院管辖。因不动产提起的行政诉讼，由不动产所在地人民法院管辖。

两个以上人民法院都有管辖权的案件，原告可以选择其中一个人民法院提起诉讼。原告向两个以上有管辖权的人民法院提起诉讼的，由最先立案的人民法院管辖。

请根据实训任务中案情需求，参照如下行政起诉状的范文，制作实训任务书中的行政起诉状。

例 1　《行政起诉状》（确认行政行为违法）

行政起诉状

原告：陈某，女，55 岁，汉族，1997 年 5 月 12 日出生，身份证号：××××××××××××××××××××，住 A 省 B 市牡丹园小区××号，联系电话：177××××××××。

被告：A 市 B 区住房和城乡建设局，住所地：某省 A 市 B 区东山街道天元东路××号，联系电话：××××××××。

法定代表人：王某，系该局局长。

诉讼请求：1. 请求法院确认被告拒为原告办理房屋所有权转移登记的行为违法。

2. 责令被告就该涉案房屋为原告办理房屋所有权转移登记。

3. 本案诉讼费由被告承担。

事实与理由：曹某（原告父亲）拥有 A 市 B 区双龙大道南方花园××号房屋一套。2011 年 5 月 23 日，曹某亲笔书写遗嘱，将该房产及一间储藏室（8 平方米）以及曹某名下所有存款、曹某住房中的全部用品无条件赠给原告。后曹某于 2011 年 6 月 22 日在医院去世。2011 年 7 月 22 日，原告经 A 市某公证处作出公证，声明接受其父曹某的全部遗赠。2011 年 8 月 3 日，原告携带曹某的遗嘱、房产证、公证书等材料前往 A 市 B 区住房和城乡建设局下设的房地产交易中心办理房屋所有权转移登记被拒绝。2011 年 10 月 10 日，原告向 A 市 B 区住房和城乡建设局提出书面申请要求依法为其办理房屋所有权转移登记，该住房和城乡建设局于 2011 年 10 月 27 日书面回复，以“遗嘱未经公证，又无‘遗嘱继承公证书’，不符合司法部、建设部《关于房产登记管理中加强公证的联合通知》的规定”为由不予办理遗产转移登记。

原告认为 A 市 B 区住房和城乡建设局强制公证的做法，与我国《继承法》《物权法》《公证法》等多部法律相抵触，且司法部、建设部《关于房产登记管理中加强公证的联合通知》是由司法部和建设部联合发布的政府性规范文件，不属于法律、行政法规、地方性法规或规章的范畴，被告行使行政职能时必须符合法律规定，行使法律赋予的行政权力，其不能在有关法律法规规定之外创设新的权力来限制或剥夺原告的合法权利，被告强制公证的要求严重侵害了原告合法权益。因此，为维护原告合法权益，特诉至贵院，望判如所请！

此致

×××人民法院

起诉人：

年　月　日

附：本诉状副本一份，证据材料一份

例2　行政起诉状（撤销行政决定）

行政起诉状

原告：罗某，男（其他信息略）。

被告：A省B市公安局交通警察支队三大队（其他信息略）

诉讼请求：1. 请求撤销第×号《道路交通事故责任认定书》。

2. 请求判令被告重新对2000年9月5日发生在泸隆路41千米处的重大交通事故做出认定。

3. 本案诉讼费由被告承担。

事实与理由：2000年9月5日21时25分，罗某之子罗甲驾驶农用车，由隆昌向B市方向行至泸隆路41千米施工地段处，为躲避某施工单位的路面堆放物（炭渣），驶出松滩桥面，翻于桥下，罗甲和乘车人李某当场死亡。后被告出具×号《道路交通事故责任认定书》认定罗甲负此次事故全部责任。

因事故发生路段当时正在施工，施工单位既未在施工现场放置警示标志牌，也无防围设施，更无专人看守，对此次事故负有重要责任，被告单方面认定原告儿子罗某负事故全部责任，存在明显错误，使得原告失去向路面施工单位要求损害赔偿的权利。

综上所述，为维护原告合法权益，根据《行政诉讼法》第44条的规定，特诉至贵院，望判如所请！

此致

×××人民法院

起诉人：

年　月　日

六、行政诉讼立案实训操作重难点提示

(一) 与当事人建立委托代理关系的实训操作重难点提示

代理律师与当事人建立委托代理关系的法律文件与民事诉讼立案的内容基本相同，请参照工作任务一民事诉讼立案实训操作重难点提示部分的内容进行实训操作。

(二) 常见行政案件立案证据材料清单的实训操作重难点提示

引导问题 1：证据目录是否越全面越好？

证据目录要求简明扼要，避免重复，除证据编号、证据名称、来源、证据内容和证明目的等要素外，尽量简洁。若证据材料所呈现的事实复杂，可以对证据内容进行归纳整理，便于审判员在短时间内充分了解案情与争议焦点。

引导问题 2：原告在提起行政诉讼时，非因本人原因，无法收集部分证据时应如何处理？

与本案有关的下列证据，原告或者第三人不能自行收集的，可以申请人民法院调取：(1) 由国家机关保存而须由人民法院调取的证据；(2) 涉及国家秘密、商业秘密和个人隐私的证据；(3) 确因客观原因不能自行收集的其他证据。

如果认为确有必要，人民法院也可以主动向有关行政机关以及其他组织、公民调取证据。但是，不得为证明行政行为的合法性，调取被告作出行政行为时未收集的证据。

引导问题 3：如原告在起诉时无法举证具体损失，是否需要承担举证不能的不利法律后果？

根据《行政诉讼法》第 38 条第 2 款的规定，在行政赔偿、补偿的案件中，原告应当对行政行为造成的损害提供证据，因被告的原因导致原告无法举证的，由被告承担举证责任。故在因被告的原因导致原告无法举证证明其具体损失的情况下，原告仅需要提供初步证据，证明其确实遭受了损失，人民法院可以根据符合生活常理的原则判决被告具体应当承担的损害赔偿数额。

引导问题 4：提起行政诉讼前，如何判断诉讼是否已经超过诉讼时效？

具体行政行为作出后，如相对人对具体行政行为不服，向人民法院起诉，受如下时效的限制：

(1) 向复议机关申请复议的，复议机关逾期不作决定的，申请人可以在复议期满之日起 15 日内向人民法院起诉。

(2) 不服复议决定的，可以在收到复议决定书之日起 15 日内向人民法院起诉。

(3) 直接向人民法院提出起诉的，应当在知道作出具体行政行为之日起 3 个月内提出。法律另有规定的除外。

引导问题 5：提起行政诉讼前，必须先申请行政复议吗？

不一定。一般情况下，当事人既可以选择先行政复议，对复议决定不服的，再提起行政诉讼，也可以直接提起行政诉讼。但也有例外情况，对法律明确规定必须先进

行行政复议的案件，则不能直接提起行政诉讼，这类案件统称“复议前置案件”，主要包括如下几类：

（1）认为行政行为侵害了自然资源所有权和使用权权属纠纷案件。

（2）一般纳税争议案件。

（3）对反垄断机构部分决定不服的案件。

（4）对价格处罚决定不服的案件。

（5）对驳回专利申请不服的案件。

（三）行政起诉状制作的实训操作重难点提示

引导问题 1：行政诉讼中，哪些主体是“适格的原告”？

我国行政诉讼的适格原告主体主要包括：

（1）行政行为的相对人。

（2）与行政行为有利害关系的其他公民、法人或其他组织。

（3）有权提起诉讼的公民死亡的，其近亲属可以提起诉讼。

（4）有权提起诉讼的法人或者其他组织终止，承受其权利的法人或者其他组织可以提起诉讼。

（5）人民检察院有权提起行政公益诉讼。针对生态环境和资源保护、食品药品安全、国有财产保护、国有土地使用权出让等领域的行政机关违法行使职权或者不作为，致使国家利益或者社会公共利益受到侵害的，人民检察院有权提起行政公益诉讼。

引导问题 2：行政诉讼中，哪些主体是“适格的被告”？

（1）通常情况下，作出具体行政行为的行政机关。

（2）经行政复议程序的，复议机关维持原具体行政行为的，以作出原具体行政行为的行政机关为被告。

（3）复议机关改变了原具体行政行为，复议机关为被告。

（4）复议机关在法定期间内不作复议决定，当事人对原具体行政行为不服提起诉讼的，应以作出原具体行政行为的行政机关为被告。

（5）复议机关在法定期间内不作复议决定，当事人对复议机关不作为不服提起诉讼的，应当以复议机关为被告。

（6）行政机关委托的组织作出具体行政行为的，委托的行政机关是被告。

（7）具体行政行为的作出或者生效需要上级行政机关批准的，被告应是在生效行政处理决定书上署名的机关。

（8）如果派出机构没有得到法律、法规、规章的授权，以派出机构所在机关为被告。

（9）派出机构得到法律、法规、规章的授权，原则上，派出机构具有行政主体资格，以派出机构为被告。但是在越权方面要分两种情况：若超越了授权幅度，以派出机构为被告；若超越了授权种类，以派出机构所在机关为被告。以派出所为例，其职权为 500 元以下罚款和警告，如派出所作出了罚款 1 万元的决定，派出所为被告。如派出所作出了拘留决定，公安局为被告。

引导问题 3：原告立案后发现诉讼请求错误怎么办？是否可以变更？

最高人民法院《关于适用〈中华人民共和国行政诉讼法〉的解释》第 70 条规定："起诉状副本送达被告后，原告提出新的诉讼请求的，人民法院不予准许，但有正当理由的除外。"所以作为原告，若需变更诉讼请求，需在法院将起诉状副本送达被告前联系法院进行诉请变更，如果起诉状副本已经送达被告，原则上不予准许变更，特殊情况除外。

引导问题 4：在行政诉讼中，诉讼请求大致分为几类？

行政诉讼的诉讼请求是法定的，目前的诉讼请求主要包括：

（1）撤销之诉。

（2）确认之诉。

（3）责令履行法定职责之诉。

（4）变更之诉。

（5）赔偿之诉。

作为原告在确定诉讼请求时一定要提出正确的诉讼请求，如果诉讼请求不恰当，或超出法院职权范围，将会产生败诉的法律风险。

引导问题 5：行政起诉状的事实与理由的表述是否越详尽、细致越好？

事实与理由的描述在整个起诉状中十分关键，但并不是越详细、细致越好，在事实与理由的描述中重点把握三点，即：行政机关存在什么行政违法行为、该行为给原告造成了哪些损害或危害、支持原告诉请的相关法律依据。切忌长篇大论，尽量以最简练精确的语言表述案件事实。

引导问题 6：行政起诉状的附项应当如何表述？

附项属于行政起诉状尾部的内容，是行政起诉状不可缺少的部分，一般包含如下内容：

（1）起诉状正本一份，副本若干（根据被告人数提供）。

（2）证据目录若干（具体份数为被告人数+1 份）。

（3）证据复印件若干（具体份数为被告人数+1 份）。

（4）原告是个人的，出具身份证复印件；原告为单位的，出具营业执照副本复印件加盖公章、组织机构代码证复印件加盖公章、法定代表人身份证明加盖公章。

七、行政诉讼立案实训作业

（一）实训作业清单

（1）作业封面。

（2）目录。

（3）任务分配表。

（4）选取的实训任务。

（5）解决实训任务所依据的法律法规。

（6）委托代理法律文件。

（7）行政起诉状。

（8）证据目录。

（9）实训书面总结。

（二）实训作业要求

（1）作业封皮：标明案由、委托方、受委托方、完成日期。

（2）案卷目录：具备序号、内容、页码、备注等目录的基本要素。

（3）实训书面总结：对实训过程进行反思后，对真实收获与不足进行总结，全面体现所有小组成员的心得。

要求：观点鲜明、条理清晰、文字简练，力戒空话、套话、大话、假话。字数在1500字以内。

八、行政诉讼立案训过程评价与反馈

行政诉讼立案考核标准

序号	项目	考核标准	分值	得分
1	委托手续	代理人相关手续齐全，填写规范	10	
2	证据目录	证据目录制作要素齐全	10	
		证明目的表述精准	10	
3	行政起诉状	文书格式规范	5	
		诉讼请求、申请事项明确具体	10	
		事实叙述清晰完整	10	
		理由概括精准	10	
		适用法律正确	5	
4	实训总结	观点鲜明、条理清晰、文字简练	10	
5	作业形式	作业要素齐全	5	
		写作格式规范，校对仔细，无错别字	5	
		封面、目录制作规范	5	
		装订规范	5	
总分			100	

第二模块

审判程序

工作任务五　民事一审案件的审判

一、民事审判学习情境描述

分别以审判员、当事人及其代理律师的身份，按照人民法院审理第一审民事案件的程序规定，根据实训任务书的要求，模拟完成开庭、法庭调查、法庭辩论、法庭调解、评议和宣判等民事一审审判流程，确保各诉讼主体明确其工作任务、熟悉工作流程，综合应用民事法律知识、裁判思维（请求权思维）参与庭审，完成民事审判的实训目标。

民事一审审判流程（普通程序）如下图所示：

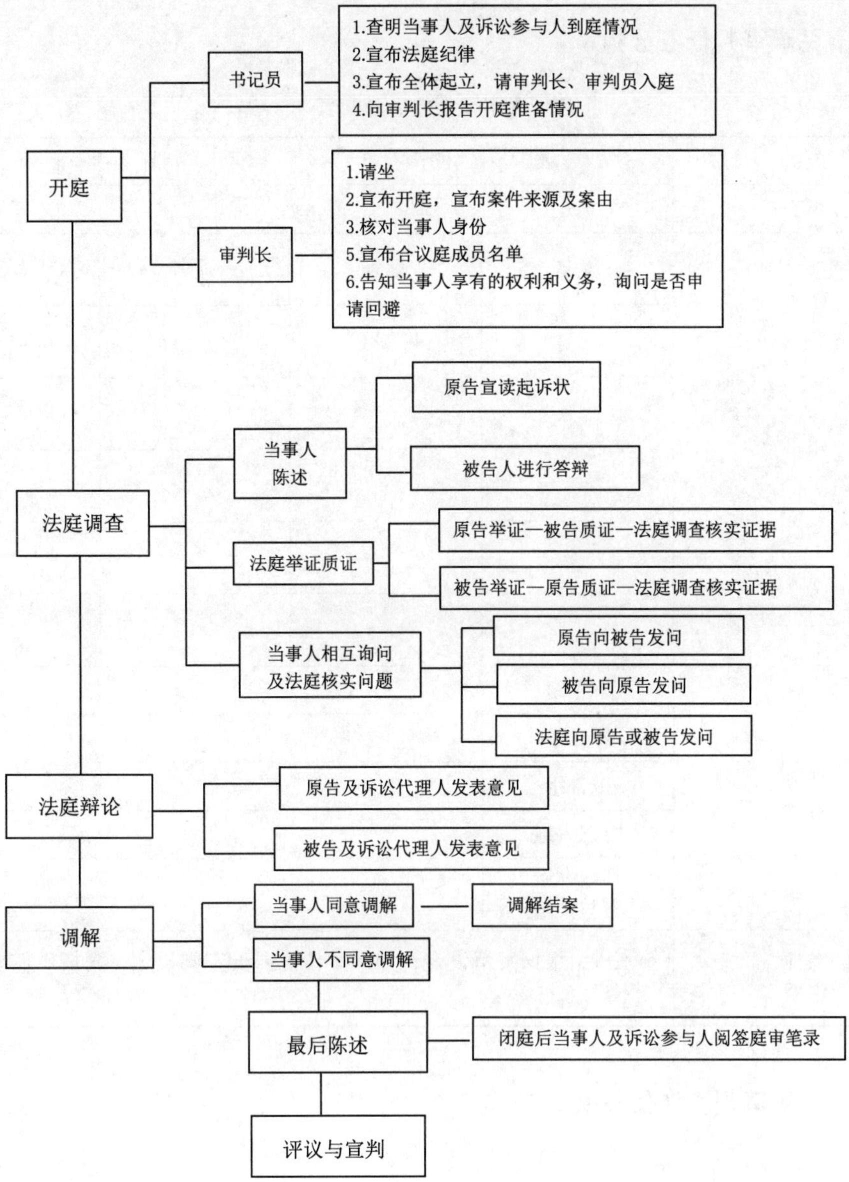

二、民事审判实训目标

通过本工作任务的实训，学生应该能够掌握：

（1）小组成员之间分工协作，在研究探讨中模拟完成民事法庭审判工作过程，通过对实体案件的程序操作，提高法律应用能力。

（2）依据诉讼角色，结合案情，制作民事审判过程中常用的法律文书。

（3）对实训过程进行反思总结，养成良好的法律思维及严谨认真的工作习惯。

三、民事审判任务分组

民事审判任务分配表

<table>
<tr><td>班级</td><td colspan="4"></td><td colspan="4">组别</td><td colspan="4"></td><td colspan="4">指导老师</td><td colspan="4"></td></tr>
<tr><td>组长</td><td colspan="4"></td><td colspan="4">学号</td><td colspan="4"></td><td colspan="4"></td><td colspan="4"></td></tr>
<tr><td rowspan="6">组员</td><td colspan="5">姓名</td><td colspan="5">学号</td><td colspan="5">姓名</td><td colspan="5">学号</td></tr>
<tr><td colspan="5"></td><td colspan="5"></td><td colspan="5"></td><td colspan="5"></td></tr>
<tr><td colspan="5"></td><td colspan="5"></td><td colspan="5"></td><td colspan="5"></td></tr>
<tr><td colspan="5"></td><td colspan="5"></td><td colspan="5"></td><td colspan="5"></td></tr>
<tr><td colspan="5"></td><td colspan="5"></td><td colspan="5"></td><td colspan="5"></td></tr>
<tr><td colspan="5"></td><td colspan="5"></td><td colspan="5"></td><td colspan="5"></td></tr>
<tr><td rowspan="5">任务
分工</td><td colspan="5">审判组</td><td colspan="15"></td></tr>
<tr><td colspan="5">原告组</td><td colspan="15"></td></tr>
<tr><td colspan="5">被告组</td><td colspan="15"></td></tr>
<tr><td colspan="5">第三人组</td><td colspan="15"></td></tr>
<tr><td colspan="5">其他诉讼
参与人组</td><td colspan="15"></td></tr>
<tr><td>备注
说明</td><td colspan="20">第三人组根据案情设定，如果案情需要设定则设定，案情不需要设定，就不设定。</td></tr>
</table>

四、民事审判实训任务书

（一）实训任务布置

（1）审判组完成审判提纲、法庭笔录及判决书等法律文书的制作任务，并模拟审判人员完成庭审。

（2）原告组完成起诉状、证据目录、代理意见的制作工作，完成证据收集、发问提纲、被告及第三人证据的质证意见等材料的准备工作，并模拟原告及代理人出庭参加诉讼。

（3）被告组完成答辩状、证据目录、代理意见的制作工作，完成证据收集、发问提纲、原告及第三人证据的质证意见等材料的准备工作，并模拟被告及代理人出庭参加诉讼。

（4）第三人组完成答辩状、证据目录、代理意见的制作工作，完成证据收集、发问提纲、原告及被告证据的质证意见等材料的准备工作，并模拟被告及代理人出庭参加诉讼。

(5) 其他诉讼参与人组熟悉案情，并模拟相应角色配合完成庭审过程。

(6) 实训结束后，装订案卷材料，完成实训总结。

(二) 实训材料

实训材料一：民间借贷纠纷案

1. 基本案情

王某与刘某、李某夫妻系朋友关系。2019 年 7 月 20 日，王某在刘某商店的 POS 机上通过信用卡套现 4 万元出借给刘某，刘某给王某出具借条一张，载明“今借王某现金 40 000 元，借期一年，年利息 24%，借款人：刘某、李某”。后刘某陆续偿还 2 万元，尚欠 2 万元未还。王某诉至法院，要求刘某夫妻偿还借款 2 万元并支付利息。

2. 附件材料

附　借条

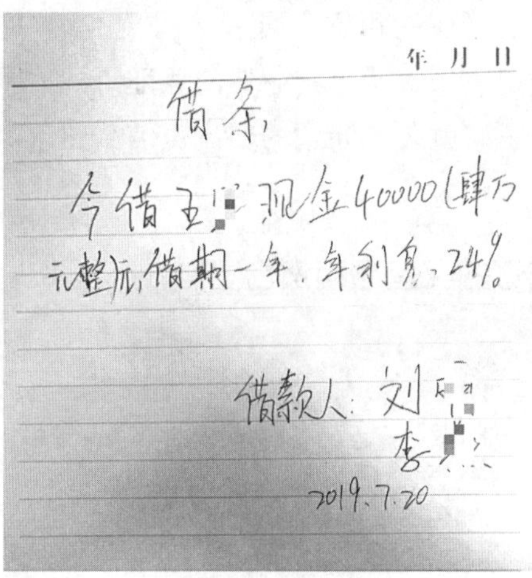
年 月 日

借条

今借王 现金40000(肆万元整)元,借期一年.年利息.24%。

借款人:刘

李

2019.7.20

实训材料二：房屋租赁合同纠纷案

1. 基本案情

2012 年，高某将金凤区某小区××号营业房租给王某，双方签署了《房屋租赁合同》，合同约定：“租期自 2012 年 9 月 1 日至 2015 年至 9 月 1 日，2012 年租金 2500 元、2013 年至 2014 年 31000 元，2014 年至 2015 年租金双方协商确定。房屋擅自转租，出租方有权解除合同。租赁期间房屋采暖费、物业费、水电费、垃圾处理费等都由承租方承担。”

在房屋租赁期间，涉案房屋出现暖气不热问题，王某向供热公司及高某反映情况后，供热公司曾多次派人进行维修，仍无法改善采暖状况，鉴于上述原因，供热公司每年减免用户采暖费 1000 余元。高某的丈夫蒋某与王某对暖气维修进行沟通后，王某再未向蒋某提出关于暖气不热的问题。

2015 年 9 月，原房屋租赁合同到期后，王某表示续租，高某没有异议，王某向高某支付一年租金 4 万元，双方未就续租重新签订书面租赁合同。2016 年 9 月，高某向王某收取下一年租赁费时，发现王某擅自将涉案房屋转租给他人，并收取转租费 2 万元，高某通知王某解除租赁合同，王某于 2016 年 9 月 11 日搬出涉案房屋。

2016 年 8 月 23 日，高某收到银川市生活垃圾处理费征缴催缴通知书，要求高某补交 2015 年、2016 年城市生活垃圾处理费 1248 元；2016 年 9 月 20 日，宁夏电投热力有限公司向高某发出缴费通知书，催收涉案房屋拖欠自 2013 年 11 月至 2016 年 3 月采暖费共计 9662.03 元；2017 年 4 月 17 日，高某收到物业公司催收函，要求补交 2016 年 1 月至 12 月的物业费 1318 元（包括王某使用期间应缴纳的 879 元）。高某补交以上拖欠的采暖费、垃圾处理费、物业费后，向王某主张以上费用，王某均以涉案房屋租赁期间暖气不热为由拒不支付。高某遂向法院起诉。本案附件材料如下：

2. 附件材料

附件材料列表如下：

（1）高某与王某签订的《房屋租赁合同》。

（2）高某缴垃圾处理费、采暖费、物业费的凭证。

（3）高某丈夫蒋某与王某就暖气问题的交流短信截图（共六页）。

具体附件如下：

附 1　高某与王某签订的《房屋租赁合同》

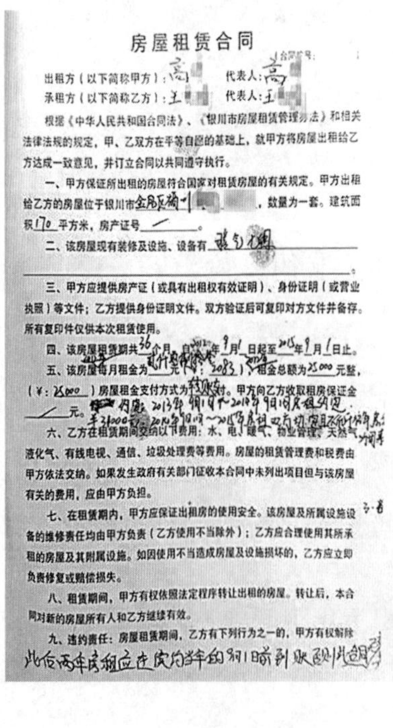

房屋租赁合同

出租方（以下简称甲方）：高　　代表人：高

承租方（以下简称乙方）：王　　代表人：王

根据《中华人民共和国合同法》、《银川市房屋租赁管理办法》和相关法律法规的规定，甲、乙双方在平等自愿的基础上，就甲方将房屋出租给乙方达成一致意见，并订立合同以共同遵守执行。

一、甲方保证所出租的房屋符合国家对租赁房屋的有关规定。甲方出租给乙方的房屋位于银川市金凤区[illegible]，数量为一套。建筑面积 170 平方米，房产证号 / 。

二、该房屋现有装修及设施、设备有[illegible]。

三、甲方应提供房产证（或具有出租权有效证明）、身份证明（或营业执照）等文件；乙方提供身份证明文件。双方验证后可复印对方文件并备存。所有复印件仅供本次租赁使用。

四、该房屋租赁期共 36 个月，自 2012 年 9 月 1 日起至 2015 年 9 月 1 日止。

五、该房屋每月租金为[illegible]元（¥：2083），租金总额为 25000 元整，（¥：25000）房屋租金支付方式为转账支付。甲方向乙方收取租房保证金 / 元。[illegible]

六、乙方在租赁期间交纳以下费用：水、电、暖气、物业管理、天然气、液化气、有线电视、通信、垃圾处理费等费用。房屋的租赁管理费和税费由甲方依法交纳。如果发生政府有关部门征收本合同中未列出项目但与该房屋有关的费用，应由甲方负担。

七、在租赁期内，甲方应保证出租房的使用安全。该房屋及所属设施设备的维修责任均由甲方负责（乙方使用不当除外）；乙方应合理使用其所承租的房屋及其附属设施。如因使用不当造成房屋及设施损坏的，乙方应立即负责修复或赔偿损失。

八、租赁期间，甲方有权依照法定程序转让出租的房屋。转让后，本合同对新的房屋所有人和乙方继续有效。

九、违约责任：房屋租赁期间，乙方有下列行为之一的，甲方有权解除

[illegible]

附 2　高某缴垃圾处理费、采暖费、物业费的凭证

证据文字说明：垃圾处理费 1248 元，采暖费 9662.03 元，物业费 1318 元（包括王某使用期间应缴纳的 879 元）。

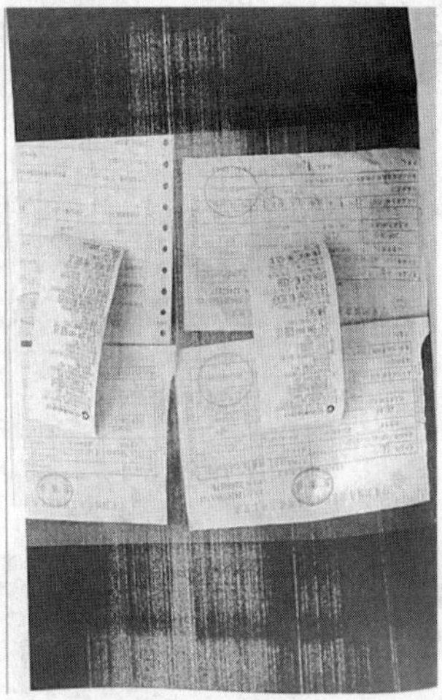

附 3　高某丈夫蒋某与王某就暖气问题的交流短信截图（共六页）

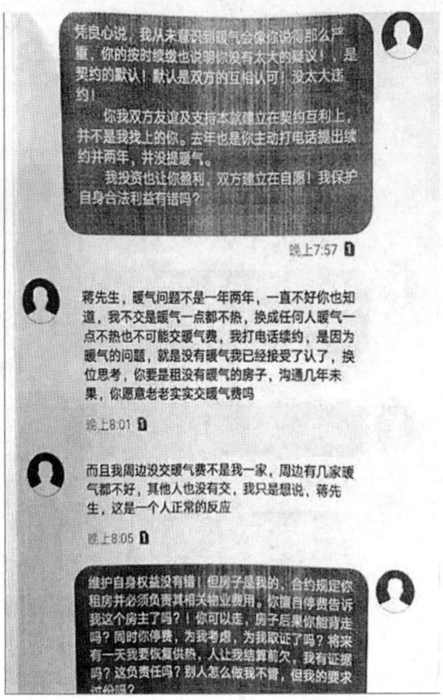

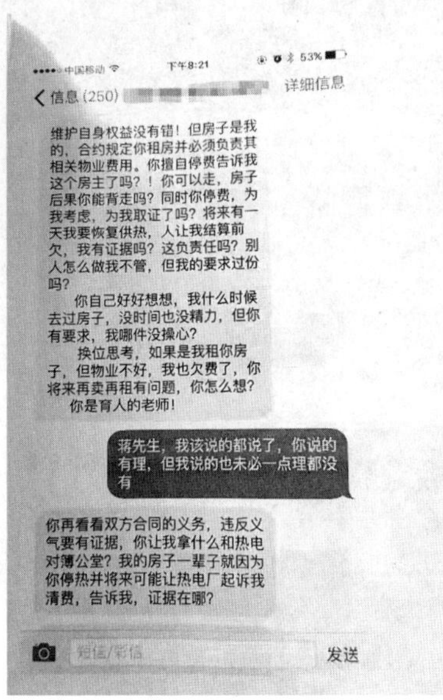

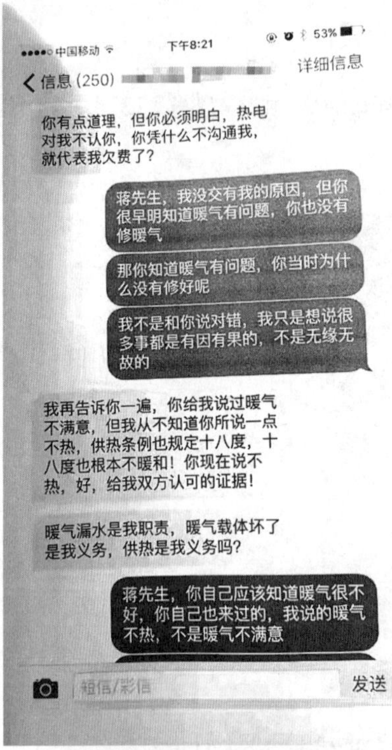

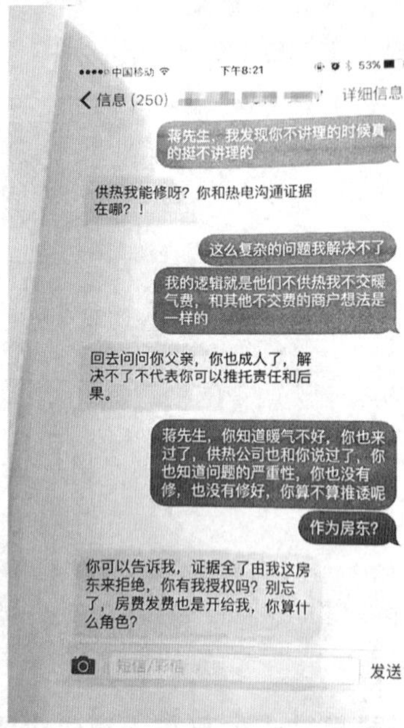

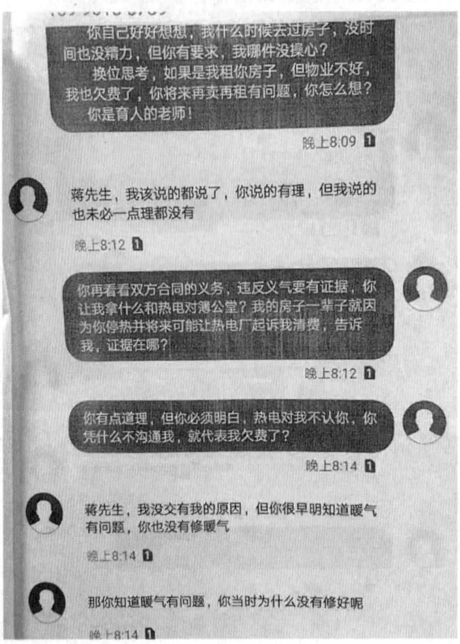

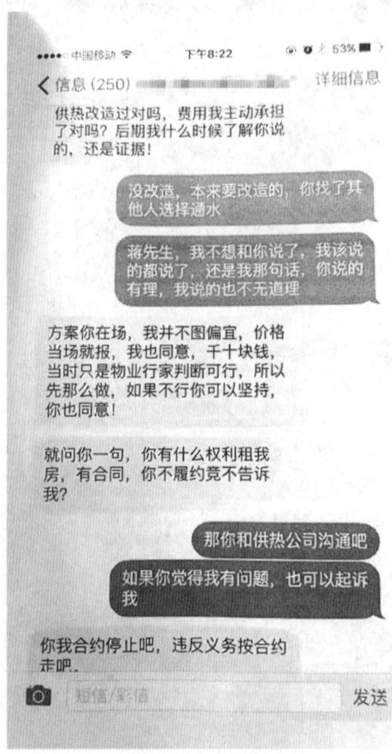

实训材料三：离婚房产分割纠纷

1. 基本案情

2017 年初，王某、李某经人介绍相识，双方于 2017 年 12 月 28 日登记结婚，婚后未生育子女。由于婚前双方缺乏了解，双方长期吵架、打架，双方已于 2018 年 7 月分居。2019 年 3 月，王某起诉离婚，法院判决不准离婚。判决后，原、被告仍然分居，断绝联系。2020 年 5 月，王某再次起诉离婚，李某同意离婚，但双方对两套房产分割存在如下争议：

王某婚前于 2016 年 6 月 3 日购买成都市高新区天华路一房屋，该房屋总价 78 万元，王某以其个人名义在中国农业银行成都总府支行贷款 55 万元，每个月还款 3380. 9 元。2018 年 1 月 8 日至 2020 年 1 月期间，王某母亲向王某还款账户中转款 7 次共计 103 000 元。王某主张该房系自己婚前个人房产。

李某婚前为购买贵阳市乌当区航天路保利公园—房屋，于 2017 年 12 月 17 日向贵阳保利投资房地产开发有限公司交付定金 1 万元。婚后，李某于 2018 年 2 月 12 日与贵阳保利投资房地产开发有限公司就该房屋签订了《商品房买卖合同》，约定房屋总价为 589 281 元，李某当日交付首付款 109 281 元。2018 年 6 月 5 日，李某以该房屋抵押与中国农业银行贵阳云岩支行签订了《个人购房担保借款合同》，贷款 47 万元支付该房屋购房款。该合同载明："上述房产为借款人家庭（借款人及配偶、未成年子女）范围内的第一套房。"在李某交付首付款当日，王某向李某用于支付涉案房产首付款的银行卡转账 5 万元。购买房屋后，李某父亲于 2018 年 9 月 2 日至 2020 年 7 月 1 日，先后 22 次向李某还款账号共转款 100 700 元。截至 2020 年 8 月 3 日，该房屋剩余贷款 425 080. 16 元。双方均同意该房屋价值为 75 万元。李某主张该房屋系自己婚前个人房产。

2. 附件材料

附件材料列表如下：

（1）结婚登记档案信息。

（2）成都市房屋产权登记信息。

（3）王某母亲还款记录。

（4）贵阳市房屋买卖合同。

（5）贵阳市房屋付款凭证三张。

（6）贵阳市房屋贷款信息查询单。

（7）李某父亲还款记录单。

具体附件如下：

附 1　结婚登记档案信息

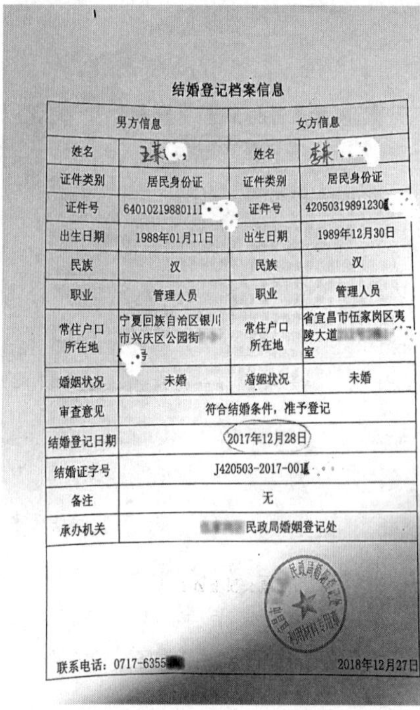

结婚登记档案信息

男方信息		女方信息	
姓名	王某	姓名	李某
证件类别	居民身份证	证件类别	居民身份证
证件号	64010219880111	证件号	42050319891230
出生日期	1988年01月11日	出生日期	1989年12月30日
民族	汉	民族	汉
职业	管理人员	职业	管理人员
常住户口所在地	宁夏回族自治区银川市兴庆区公园街 号	常住户口所在地	省宜昌市伍家岗区夷陵大道 室
婚姻状况	未婚	婚姻状况	未婚
审查意见	符合结婚条件，准予登记		
结婚登记日期	2017年12月28日		
结婚证字号	J420503-2017-001		
备注	无		
承办机关	民政局婚姻登记处		

联系电话：0717-6355　　2018年12月27日

附 2　成都市房屋产权登记信息

证据文字说明：成都市高新区天华路房屋产权登记在王某名下。

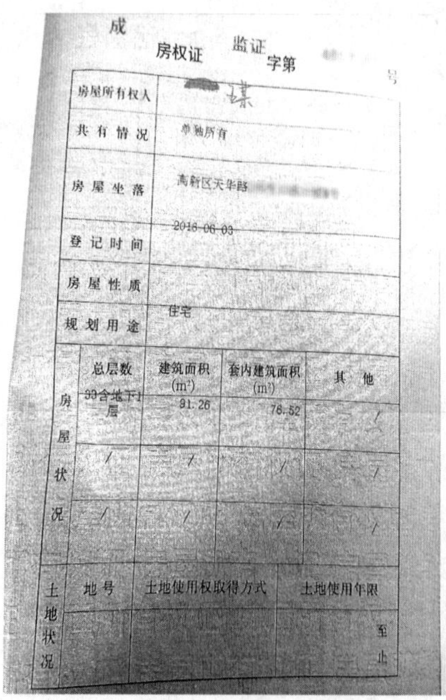

成 房权证 监证 字第 号

房屋所有权人	王某			
共有情况	单独所有			
房屋坐落	高新区天华路			
登记时间	2016-06-03			
房屋性质				
规划用途	住宅			
房屋状况	总层数	建筑面积（m²）	套内建筑面积（m²）	其他
	33含地下1层	91.26	76.52	/
	/	/	/	/
	/	/	/	/
土地状况	地号	土地使用权取得方式	土地使用年限	
			至 止	

附 3　王某母亲还款记录

证据文字说明：王某母亲向王某还款账户中转账 6 次共计 103 000 元。

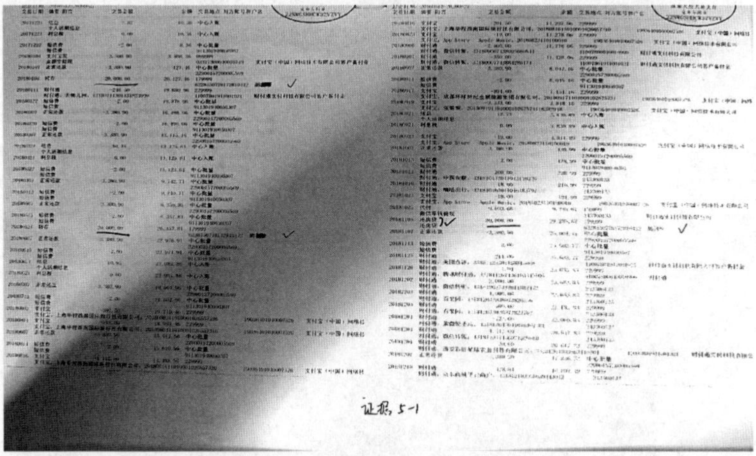
证据5-1

附 4　贵阳市房屋买卖合同

证据文字说明：贵阳市乌当区航天路保利公园房屋为李某婚前购买。

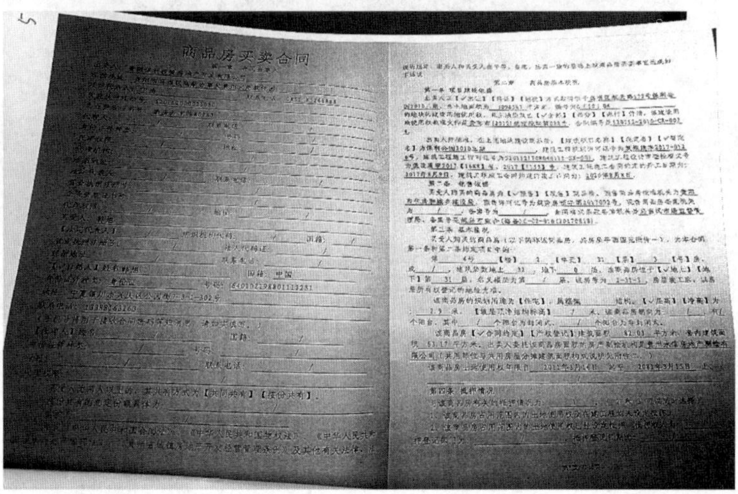
商品房买卖合同

附 5　贵阳市房屋付款凭证三张

证据文字说明：贵阳市乌当区航天路保利公园房屋李某支付首付款 109 281 元和购房定金 1 万元，其中王某给付款账户转 5 万元。

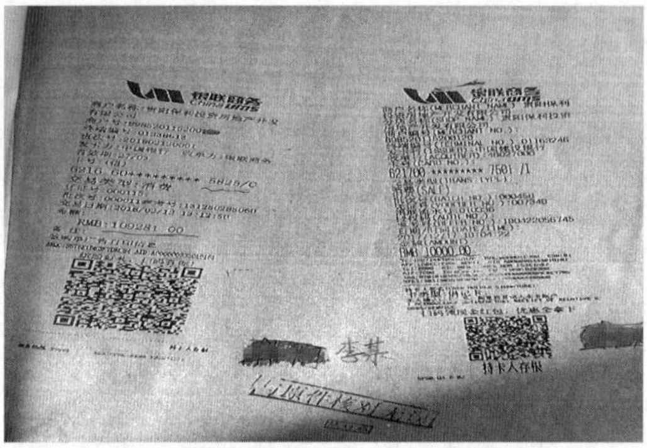

持卡人存根

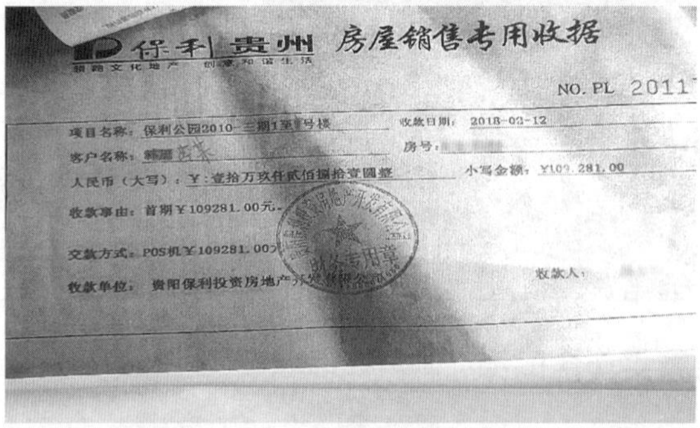

保利 贵州 房屋销售专用收据

NO. PL 2011

项目名称：保利公园2010-三期1至号楼　　收款日期：2018-03-12

客户名称：　　房号：

人民币（大写）：¥：壹拾万玖仟贰佰捌拾壹圆整　　小写金额：¥109,281.00

收款事由：首期¥109281.00元。

交款方式：POS机¥109281.00元

收款单位：贵阳保利投资房地产开发有限公司　　收款人：

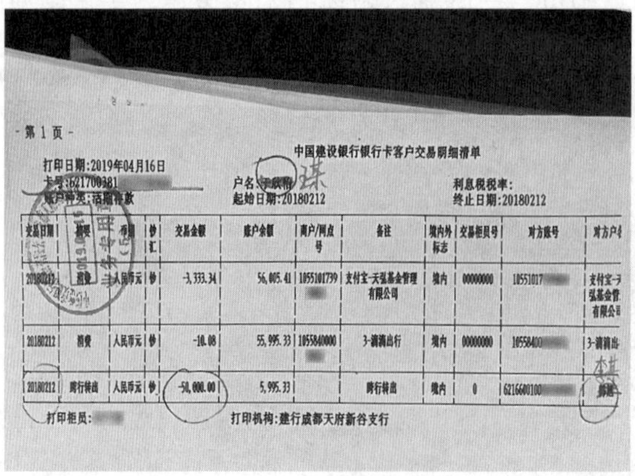

-第1页-

中国建设银行银行卡客户交易明细清单

打印日期:2019年04月16日

卡号:621700381　　户名:　　利息税税率:

账户种类:活期存款　　起始日期:20180212　　终止日期:20180212

交易日期	摘要	币别	钞汇	交易金额	账户余额	商户/网点号	备注	境内外标志	交易柜员号	对方账号	对方户名
20180212	消费	人民币元	钞	-3,333.34	56,005.41	1055101739	支付宝-天弘基金管理有限公司	境内	00000000	10551017	支付宝-天弘基金管理有限公司
20180212	消费	人民币元	钞	-10.08	55,995.33	1055840000	3-滴滴出行	境内	00000000	10558400	3-滴滴出行
20180212	跨行转出	人民币元	钞	-50,000.00	5,995.33		跨行转出	境内	0	6216600100	

打印柜员:　　打印机构:建行成都天府新谷支行

附6　贵阳市房屋贷款信息查询单

证据文字说明：贵阳市乌当区航天路保利公园房屋贷款47万元，剩余贷款425 080.16元。

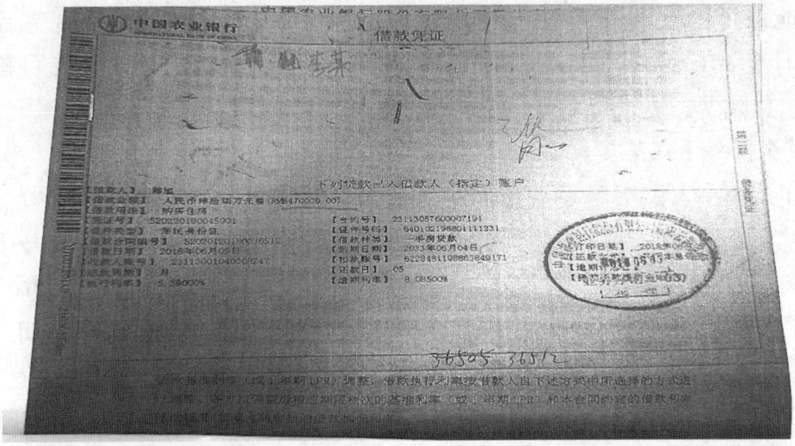
中国农业银行

借款凭证

附 7 李某父亲还款记录单

证据文字说明：李某父亲于 2018 年 9 月 2 日至 2020 年 7 月 1 日，22 次给李某还款账户共计转款 100 700 元。

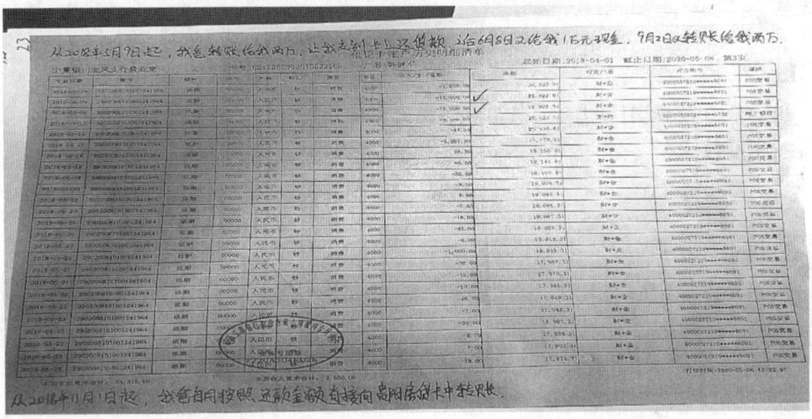

实训材料四：交通事故责任纠纷案

1. 基本案情

2012 年 12 月 28 日 18 时 15 分许，李某驾驶其所有的、挂靠在鹏达出租车公司名下运营的出租车沿银川市兴庆区北京东路由东向西行驶至太阳神大酒店西侧 30 米路段时，造成将此路段人行横道由北向南横过北京东路的郑某撞伤的交通事故，经银川市公安交通警察支队兴庆区一大队认定，李某承担事故全部责任，郑某不承担责任。

事发后，郑某被送往宁夏回族自治区人民医院分院住院治疗至 2013 年 2 月 5 日。其伤情诊断为"左胫骨外侧平台骨折，左膝前交叉韧带断裂"，医院为其实施了手术治疗。出院医嘱为："1. 出院后左下肢暂不负重 3 个月，术后 1、2、3、6、12 月返院复查，视骨折愈合情况决定下地负重行走时间；2. 出院后继续加强左膝关节屈伸功能锻炼及股四头肌功能锻炼；3. 骨折骨性愈合后取内固定，门诊不适随诊。”出院后，郑某于2013年3月至2013年9月期间，先后在该院进行了多次拍片复查。治疗过程中，共产生门诊费、住院费、复查费87 144. 19元，其中李某支付了10 300元，保险公司支付了1万元，其余部分由郑某支付。

经银川市第一人民医院司法鉴定中心鉴定，郑某因交通事故受伤构成十级伤残。郑某支付鉴定费用805元，购买拐杖一副200元，购买膝关节可调固定支具一副850元，复印病历63元，郑某系银川市城镇户籍（2012年银川城镇认可年均可支配收入1981. 4元），其单位开具自2013年1月至11月误工损失共计24 027元的证明。出租车事故发生时，在人保财险银川市中山支公司投保了交强险和商业第三者责任险，其中商业第三者责任险的保险金额为30万元，且投保有不计免赔率附加险。后双方因赔偿事宜协商未果，故王某诉至法院。

2. 附件材料

附件材料列表如下：

（1）交通事故认定书。

（2）住院病历。

（3）出院证明。

（4）住院发票。

（5）门诊病历及费用票据。

（6）陪护合同。

（7）原告户籍证明。

（8）原告误工证明。

（9）原告伤情鉴定。

具体附件如下：

附 1　交通事故认定书

银川市公安局交通警察支队兴庆区一大队

道路交通事故认定书

银公交认字[2012]第005■号

交通事故时间：2012年12月28日18时15分　　天气：　晴

交通事故地点：北京东路太阳神大酒店西侧30米路段

当事人、车辆、道路和交通环境等基本情况：

1、当事人情况：

李■，男，汉族，1969年04月02日出生，户籍所在地：银川市永宁县城镇越秀苑小区■■■■，现住址同上，身份证号：64012119690402■■■■，持“A2”型机动车驾驶证驾驶宁AT50■■号小型轿车，联系方式：1389511■■■■。

郑■、男，汉族，1980年08月06日出生，户籍所在地：银川市兴庆区民族北街景墨家园■■■■，现住址同上，身份证号：64222119800806■■■■，交通方式：步行，联系方式：1389531■■■■。

2、车辆情况：

宁AT50■■号小型轿车所有人：李■（永宁鹏达出租公司），登记住址：银川市永宁县杨和镇团结路体育巷■号，检验有效期止：2013年04月30日，保险终止日期：2013年04月10日，保险公司：中国人民财产保险股份有限公司银川分公司，保险单号：PDAA201264010000216■。

3、道路情况：

现场位于北京东路太阳神大酒店西侧30米路段，划设人行横道，隔离护栏顶端安装太阳能反光道钉，未正常工作。北京东路呈东西走向，双向八车道，道路中心隔离护栏分道，两侧划设非机动车道，机动车道与非机动车道以隔离带分隔，东往凤凰北街方向，西往西桥北巷方向，南侧为唐徕小区，北侧为太阳神大酒店。现场沥青路面，路面完好、干燥、平坦，视线良好。

道路交通事故发生经过：

2012年12月28日18时15分许，李■驾驶宁AT5080号小型轿车沿北京东路由东向西行驶至太阳神大酒店西侧30米路段，遇行人郑■沿此路段人行横道由北向南横过北京东路时发生碰撞，造成郑■受伤的交通事故。

道路交通事故证据及事故形成原因分析：

上述事实有现场勘查笔录、现场图、现场照片、当事人询问笔录、证人证言、

原件于2014年8月20日提供

肇事车辆、车辆技术检验报告等证据证实。

李■驾驶机动车夜间行驶，未降低行驶速度；行经人行横道，未减速行驶；遇行人正在通过人行横道，未停车让行，其行为违反了《中华人民共和国道路交通安全法》第四十二条第二款“夜间行驶或者在容易发生危险的路段行驶，以及遇有沙尘、冰雹、雨、雪、雾、结冰等气象条件时，应当降低行驶速度。”、第四十七条第一款“机动车行经人行横道时，应当减速行驶；遇行人正在通过人行横道，应当停车让行。”之规定，是造成此事故的根本原因。

当事人导致交通事故的过错及责任或者意外原因：

根据《道路交通事故处理程序规定》第四十六条第一款第（一）项之规定，责任认定如下：

1、李■承担此事故的全部责任；

2、郑■不承担此事故的责任。

交通警察：（签名）（签名）

二〇一三年一月十日

当事人对交通事故认定有异议的，可自本认定书送达之日起三日内，向上一级公安机关交通管理部门提出书面复核申请。复核申请应当载明复核请求及其理由和主要证据。对交通事故损害赔偿的争议，当事人可以请求公安机关交通管理部门调解，也可以直接向人民法院提起民事诉讼。交通事故损害赔偿权利人、义务人一致请求公安机关交通管理部门调解损害赔偿的，应当在收到道路交通事故认定书或者上一级公安机关交通管理部门维持原道路交通事故认定的复核结论之日起十日内向公安机关交通管理部门提出书面调解申请。

附 2 住院病历

宁夏回族自治区人民医院分院

住院病案首页

医疗付款方式：1　　住院号：0005

第 1 次住院

姓名 郑　性别 1 1.男 2.女 出生 1980 年 8 月 6 日 年龄 32 岁 婚姻 1 1.未 2.已 3.离 4.丧

职业 干部 出生地 宁夏 省(市) 固原 县 民族 汉 国籍 中国 身份证号 6422211980

工作单位及地址 宁夏国家安全厅 电话 137950 邮政编码 750000

户口地址 宁夏银川市金凤区　　邮政编码 750000

联系人姓名 赵　关系 同事 地址 银川市　电话 1379

入院日期 2012 年 12 月 28 日 21:17 时 入院科别 骨 病室 8 转科科别 无

出院日期 2013 年 2 月 5 日 10:00 时 出院科别 骨 病室 8 实际住院 39 天

门(急)诊诊断 左膝关节损伤　　入院时情况：1.危 2.急 3.一般

入院诊断 左膝关节损伤：左膝前后交叉韧带内外侧副韧带损伤　确诊日期 2012 年 12 月 29 日

出院诊断	出院情况 1.治愈	2.好转	3.未愈	4.死亡	5.其他	ICD-10
主要诊断 左膝关节损伤：左胫骨外侧平台骨折	✓					
其它诊断 左膝前交叉韧带断裂	✓					
左膝副韧带（内外侧）损伤	✓					
左膝后外侧结构损伤	✓					
左肩锁关节脱位（Ⅰ°）	✓					

医院感染名称 无

病理诊断 无

损伤、中毒的外部因素 车祸

药物过敏 无　HBsAg 0　HCV-Ab 0　HIV-Ab 0　0.未做 1.阴性 2.阳性

科主任　主(副主)任医师　主治医师　住院医师

进修医师 无　研究生实习医师 无　实习医师 无　编码员

附 3 出院证明

宁夏回族自治区人民医院

NINGXIA PEOPLE'S HOSPITAL

出院记录

病区：分院骨科病房　姓名：郑川冝　床号：8　住院号：059

姓名：郑　性别：男　年龄：33 岁　职业：干部职员　床号：

入院时间：2012-12-28 21:17　出院时间：2013-02-05

主诉

车祸致左膝、左肩疼痛活动受限 2 小时

入院情况

患者于入院前 2 小时步行过马路时被一辆出租车从侧面撞倒，伤后感左膝关节肿胀、疼痛，不能站立行走，膝关节屈伸活动受限，左肩部疼痛，无头痛、头晕及恶心呕吐，无腹痛、腹胀，急送本院就诊，急诊科行 X 线检查后请本科室会诊，以“左膝关节损伤”手住院进一步治疗。伤后患者神志清，无昏迷史，体温正常，无二便失禁。入院查体：左侧肩锁关节处轻度肿胀，压痛明显，未扪及明显“弹跳”感，肩关节主动活动度未见明显异常。左膝关节肿胀，膝内、外侧压痛，浮髌试验（+），内侧应力试验（+），外侧应力试验查体欠合作，前抽屉试验（+），后抽屉试验（+），Lachman 试验（+），左小腿无肿胀，左侧足背动脉搏动可触及，左下肢感觉未见明显异常。入院后查左膝关节 CT 提示：左胫骨外侧平台骨折，膝关节 MRI：左膝前、后交叉韧带损伤，左膝内外侧副韧带损伤。

入院诊断

1.左膝关节损伤：左膝前、后交叉韧带损伤 左膝内、外侧副韧带损伤 2.左侧肩锁关节损伤

诊疗经过

入院后完善实验室检查，于 2013.1.6 在腰硬麻醉下行“左胫骨平台骨折切开复位、植骨，内固定术”，术后康复功能锻炼，择期于 2013.1.18 在腰硬麻醉下行“关节镜下左膝关节探查、清理，人工韧带重建前交叉韧带术”，术后继续康复功能锻炼。

出院诊断

1.左膝关节损伤：左胫骨外侧平台骨折术后，左膝前交叉韧带断裂，左膝内、外侧副韧带损伤，左膝后外侧结构损伤 2.左侧肩锁关节脱位（Ⅰ°）

出院时情况

患者病情平稳，体温正常，切口一期愈合拆线，左膝关节无肿胀，关节活动度：屈 135°-0°-0° 伸，术后 X 线检查提示胫骨平台骨折复位及固定良好，人工韧带挤压螺钉位置良好。

出院医嘱

1.出院后左下肢暂不负重 3 月，术后 1、2、3、6、12 月返院复查，视骨折愈合情况决定下地负重行走时间；2.出院后继续加强左膝关节屈伸功能锻炼及股四头肌功能锻炼；3.骨折骨性愈合后取内固定，门诊不适随诊。

医师签名：　2013-02-05

上级医师签名：　13-02-05

第 1 页

附 4　住院费用发票

发票内容说明：郑某住院花去医疗等各项费用 85 811 元。

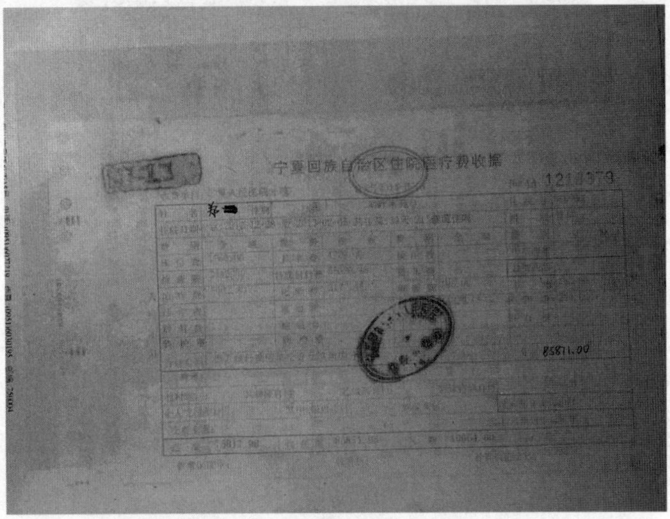

附 5　门诊病历及费用票据

发票内容说明：郑某门诊花去医疗等各项费用 1273. 19 元。

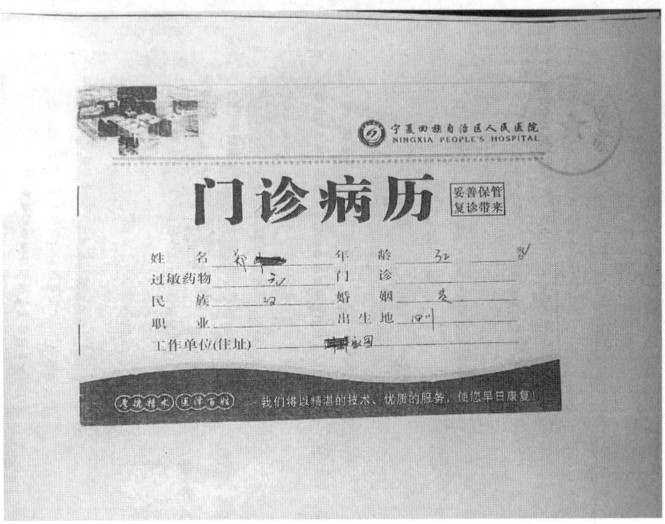

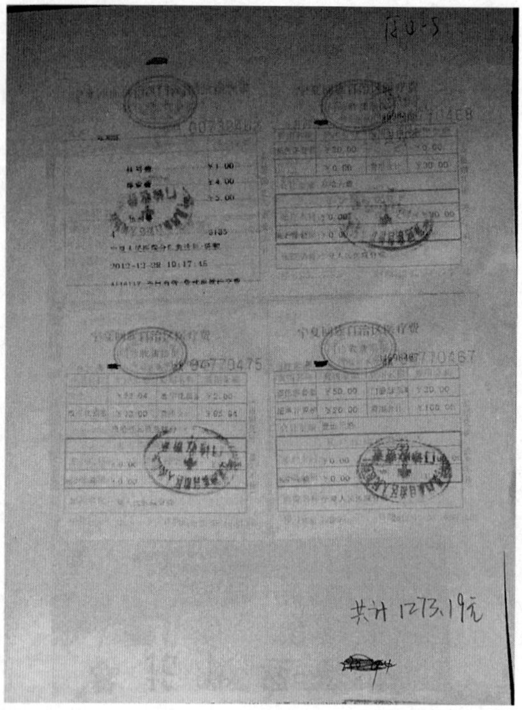

附6　陪护合同

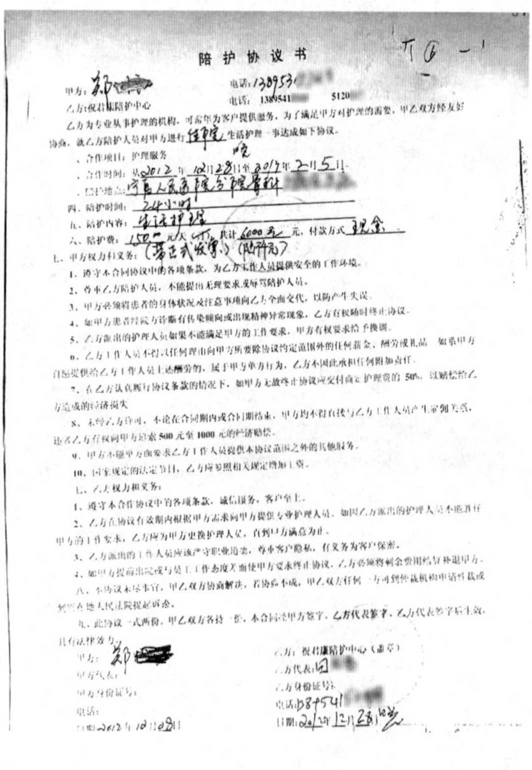

陪护协议书

甲方：郑[illegible]　　　　电话：13895[illegible]

乙方：祝君康陪护中心　　　　电话：1389541[illegible]　5120[illegible]

乙方为专业从事护理的机构，可常年为客户提供服务，为了满足甲方对护理的需要，甲乙双方经友好协商，就乙方陪护人员对甲方进行住院生活护理一事达成如下协议。

一、合作项目：护理服务

二、合作时间：从2012年12月28日至2017年2月5日

三、陪护地点：[illegible]人民医院分院骨科[illegible]

四、陪护时间：24小时

五、陪护内容：生活护理

六、陪护费：150元/天（月）共计6000元元，付款方式现金（落实或收费）（肆仟元）

七、甲方权力和义务：

1、遵守本合同协议中的各项条款，为乙方工作人员提供安全的工作环境。

2、尊重乙方陪护人员，不能提出无理要求或辱骂陪护人员。

3、甲方必须将患者的身体状况或注意事项向乙方全面交代，以防产生失误。

4、如甲方患者经院方诊断有传染倾向或出现精神异常现象，乙方有权随时终止协议。

5、乙方派出的护理人员如果不能满足甲方的工作要求，甲方有权要求给予换调。

6、乙方工作人员不得以任何理由向甲方所要除协议约定范围外的任何薪金、酬劳或礼品。如系甲方自愿提供给乙方工作人员上述酬劳的，属于甲方单方行为，乙方不因此承担任何附加责任。

7、在乙方认真履行协议条款的情况下，如甲方无故终止协议应交付商定护理费的50%，以赔偿给乙方造成的经济损失。

8、未经乙方许可，不论在合同期内或合同期结束，甲方均不得直接与乙方工作人员产生雇佣关系，违者乙方有权向甲方追索500元至1000元的经济赔偿。

9、甲方不能甲方面要求乙方工作人员提供本协议范围之外的其他服务。

10、国家规定的法定节日，乙方应参照相关规定增加工资。

七、乙方权力和义务：

1、遵守本合作协议中的各项条款，诚信服务，客户至上。

2、乙方在协议有效期内根据甲方needs向甲方提供专业护理人员。如因乙方派出的护理人员不能胜任甲方的工作要求，乙方应为甲方更换护理人员，直到甲方满意为止。

3、乙方派出的工作人员应该严守职业道德，尊重客户隐私，有义务为客户保密。

4、如甲方提前出院或与员工工作态度差而使甲方要求终止协议，乙方必须将剩余费用结算补退甲方。

八、本协议未尽事宜，甲乙双方协商解决，若协商不成，甲乙双方任何一方可到仲裁机构申请仲裁或到所在地人民法院提起诉讼。

九、此协议一式两份，甲乙双方各持一份，本合同经甲方签字，乙方代表签字、乙方代表签字后生效，具有法律效力。

甲方：郑[illegible]

甲方代表：

甲方身份证号：

电话：

日期：2012年10月08日

乙方：祝君康陪护中心（盖章）

乙方代表：[illegible]

乙方身份证号：

电话：1387541[illegible]

日期：2012年12月28日

附 7　原告户籍证明

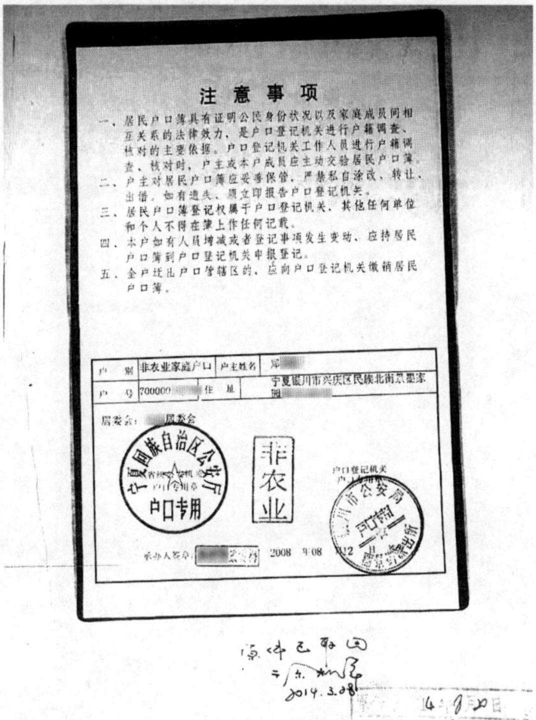

注意事项

一、居民户口簿具有证明公民身份状况以及家庭成员间相互关系的法律效力，是户口登记机关进行户籍调查、核对的主要依据。户口登记机关工作人员进行户籍调查、核对时，户主或本户成员应主动交验居民户口簿。

二、户主对居民户口簿应妥善保管，严禁私自涂改、转让、出借。如有遗失，须立即报告户口登记机关。

三、居民户口簿登记权属于户口登记机关，其他任何单位和个人不得在簿上作任何记载。

四、本户如有人员增减或者登记事项发生变动，应持居民户口簿到户口登记机关申报登记。

五、全户迁出户口管辖区的，应向户口登记机关缴销居民户口簿。

户　别	非农业家庭户口	户主姓名	郑
户　号	700000	住　址	宁夏银川市兴庆区民族北街

居委会：居委会

宁夏回族自治区公安厅 户口专用

非农业

户口登记机关

承办人签章：　2008 年 08 月 12 日

附 8　原告误工证明

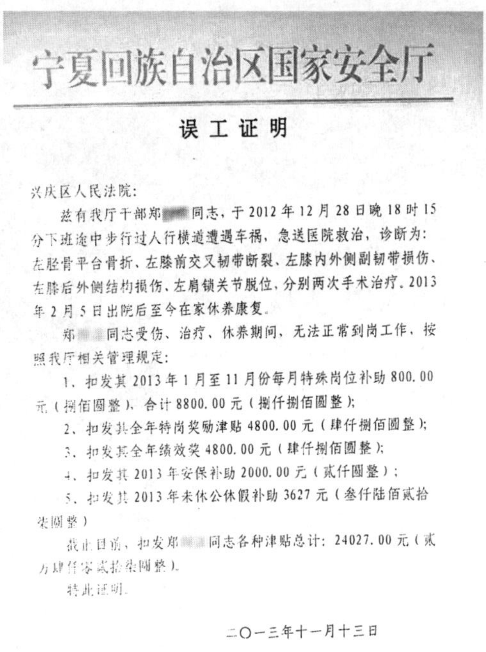

宁夏回族自治区国家安全厅

误 工 证 明

兴庆区人民法院：

兹有我厅干部郑　同志，于 2012 年 12 月 28 日晚 18 时 15 分下班途中步行过人行横道遭遇车祸，急送医院救治，诊断为：左胫骨平台骨折、左膝前交叉韧带断裂、左膝内外侧副韧带损伤、左膝后外侧结构损伤、左肩锁关节脱位，分别两次手术治疗。2013 年 2 月 5 日出院后至今在家休养康复。

郑　同志受伤、治疗、休养期间，无法正常到岗工作，按照我厅相关管理规定：

1、扣发其 2013 年 1 月至 11 月份每月特殊岗位补助 800.00 元（捌佰圆整），合计 8800.00 元（捌仟捌佰圆整）；

2、扣发其全年特岗奖励津贴 4800.00 元（肆仟捌佰圆整）；

3、扣发其全年绩效奖 4800.00 元（肆仟捌佰圆整）；

4、扣发其 2013 年安保补助 2000.00 元（贰仟圆整）；

5、扣发其 2013 年未休公休假补助 3627 元（叁仟陆佰贰拾柒圆整）

截止目前，扣发郑　同志各种津贴总计：24027.00 元（贰万肆仟零贰拾柒圆整）。

特此证明。

二〇一三年十一月十三日

附 9　原告伤情鉴定

宁夏医科大学法医司法鉴定中心

法医临床司法鉴定意见书

司法鉴定许可证号：6411302

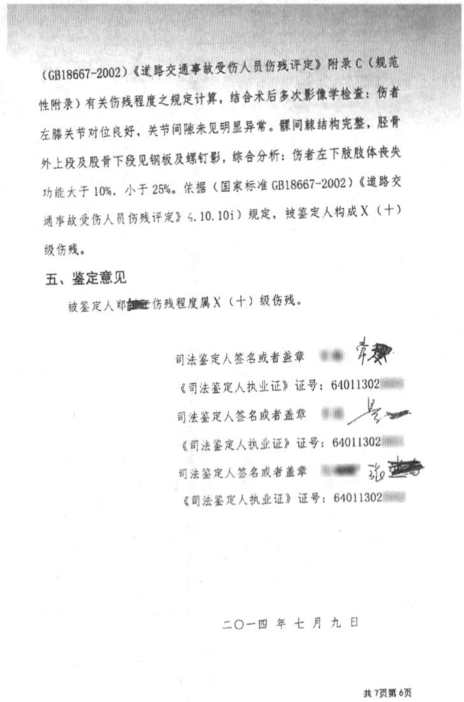

（GB18667-2002）《道路交通事故受伤人员伤残评定》附录 C（规范性附录）有关伤残程度之规定计算，结合术后多次影像学检查：伤者左膝关节对位良好，关节间隙未见明显异常。髁间棘结构完整，胫骨外上段及股骨下段见钢板及螺钉影，综合分析：伤者左下肢肢体丧失功能大于 10%，小于 25%。依据（国家标准 GB18667-2002）《道路交通事故受伤人员伤残评定》4.10.10i）规定，被鉴定人构成 X（十）级伤残。

五、鉴定意见

被鉴定人郑　伤残程度属 X（十）级伤残。

司法鉴定人签名或者盖章

《司法鉴定人执业证》证号：64011302

司法鉴定人签名或者盖章

《司法鉴定人执业证》证号：64011302

司法鉴定人签名或者盖章

《司法鉴定人执业证》证号：64011302

二〇一四 年 七 月 九 日

共 7 页第 6 页

五、民事审判实训操作要领指引

（一）法庭知识概述

1. 认识法槌

法槌取材于名木海南檀（又名“花梨木”），呈红褐色，质地坚硬耐腐蚀，寓指人民法官刚直廉洁、坚韧不拔的优秀品质。

槌身为圆柱形，槌顶镶嵌着金黄色铜制法徽，槌腰嵌套标明法院名称的铜带。底座为矩台形。槌、座相衬，取“智圆行方”之意，象征法官应成为智慧和正义的化身。槌、座相击，音质透亮，有一槌定音之意。

在宣布开庭、继续开庭、休庭、闭庭、判决裁定、扰乱法庭秩序、诉讼参与人陈述与案件无关或重复陈述时应当敲击法槌。

2. 认识法袍

法袍为黑色散袖口式长袍，红色前襟配有 4 颗金黄色的领扣。法袍寓意：黑色代表庄重和严肃；前襟与国旗的配色一致，体现人民法院代表国家行使审判权；4 颗领扣象征审判权由 4 级人民法院行使，同时也象征人民法院忠于党、忠于人民、忠于事实、忠于法律。

法官在庭审时、出席法官任命或者授予法官等级仪式时，应穿着法官袍；法官出席重大外事活动以及重大法律纪念、庆典活动时，可以穿着法官袍；法官在其他场合都不得穿着法官袍。

3. 认识民事审判法庭

在审判活动区正中前方设置法台，高于地面 20 厘米至 60 厘米。法台上设置法官席位，审判长座位在国徽下正中处，审判员或陪审员分坐两边。法台前方为书记员座位，书记员座位应比审判人员座位低。书记员席前方为证人、鉴定人席，同法台成 45 度角。法台前方设原、被告及诉讼代理人席位，分两侧相对而坐，间隔不少于 100 厘米。

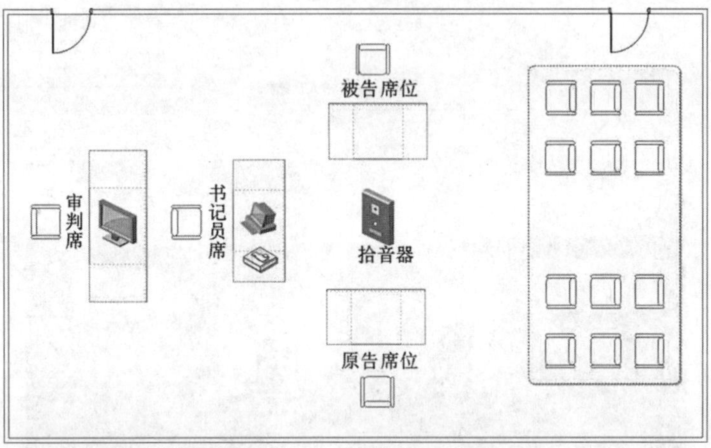

4. 民事审判法庭与行政、刑事审判法庭在布局上的区别

行政审判庭与民事审判庭的布局一致。

刑事审判法庭的审判区正面设审判台，高 20~60 厘米；审判台前方右侧设公诉台，高度与审判台相同；审判台前方左侧设辩护台，高度也与审判台相同。在审判台、公诉台和辩护台上，分别设置审判人员、公诉人、辩护人的座席。公诉台与辩护台呈八字形，都面对被告人。证人座席位置设在公诉台右下方平地上，间隔不少于 100 厘米。

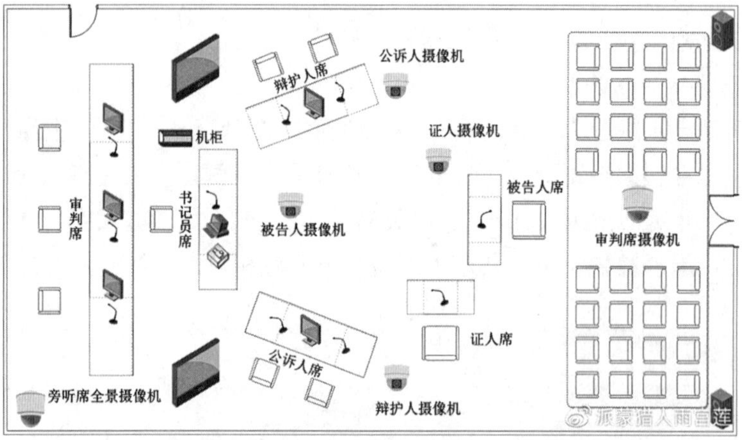

（二）请按照如下开庭程序，结合实训材料完成实训任务

民事案件开庭审理基本程序
（适用普通一审程序）
法庭准备阶段

书记员查明当事人、诉讼代理人及其他诉讼参与人到庭情况，查明是否有证人、鉴定人出庭等庭前相关事项，证人不得旁听。

书记员：请旁听人员保持肃静，现在宣布法庭纪律：

(1) 未经法庭允许，不得录音、录像、摄影。

(2) 除本院允许进入审判区的人员外，其他人员一律不得进入审判区。

(3) 不得鼓掌、喧哗、吵闹和实施其他妨害审判活动的行为。

(4) 未经审判员许可，不得发言，提问。

(5) 请关闭各类通信工具。

(6) 对于违反法庭纪律规则的人员，合议庭可以口头警告、训诫，也可以没收录音、录像和摄影器材，责令退出法庭或予以罚款、拘留。

(7) 对哄闹、冲击法庭，侮辱、诽谤、殴打审判人员等严重扰乱法庭秩序的人，依法追究刑事责任，情节较轻的予以罚款。

请当事人及诉讼代理人入庭（如果已经就座则不必再宣布，但要注意当事人的座次）。

全体起立，请审判人员入庭。（注：侧身转向审判长）报告审判长，当事人及诉讼代理人及有关诉讼参与人已全部到庭，庭前准备工作已经就绪，现在可以开庭。

审判长：请坐下（敲击一下法槌）。现在开庭。××人民法院今天在本院×号法庭依法公开开庭审理原告××诉被告××（案由）纠纷一案。本案庭审过程全程进行录音录像（并同步进行互联网直播），请双方当事人注重庭审礼仪，遵守法庭秩序，文明诚信诉讼。

根据《民事诉讼法》第140条的规定，现在核对当事人及委托代理人身份。原告？

原　告：姓名×，性别×，出生年月日×，族籍×，居住地址×。

审判长：由原告委托代理人依次向法庭报告你们的姓名、工作单位、职务及代理权限。

原告委托代理人：××，××律师事务所律师。代理权限为一般代理。

审判长：被告？

被　告：（格式同上）

审判长：由被告委托代理人依次向法庭报告你们的姓名、工作单位、职务及代理权限。

被告告委托代理人：（格式同上）

审判长：双方当事人对对方出庭人员有无异议？

原　告：（略）

被　告：（略）

（如有第三人，审查程序同上。）

审判长：经法庭核对，各方当事人及诉讼代理人的身份均符合法律规定，准许参加本案诉讼。

根据《民事诉讼法》第39条、第41条、第137条的规定，本院适用普通程序，公开开庭审理原告××诉被告××（案由）纠纷一案，由审判员××担任审判长，与审判员××、××依法组成合议庭，并由××主审，××担任法官助理，书记员××担任法庭记录。

各方当事人享有的诉讼权利和义务，本院在送达通知书时，一并书面告知，在此，本法庭不再重复宣读，双方当事人对自己的诉讼权利义务是否清楚？原告？

原　告：听清楚了。

审判长：被告是否听清？

被　告：听清楚了。

审判长：根据《民事诉讼法》第 47 条的规定，当事人享有申请回避的权利，原告对合议庭组成人员及书记员是否提出回避申请？

原　告：不申请。

审判长：被告对合议庭组成人员及书记员是否申请回避？

被　告：不申请。

法庭调查

审判长：现在进行法庭调查。法庭调查分为当庭陈述和举证、质证两个阶段。（法庭调查、辩论可以由主审法官主持）现在进行当庭陈述，首先由原告宣读起诉状。

原　告：（宣读起诉书）

审判长：下面由被告进行答辩。

被　告：（宣读答辩状）

审判长：双方当事人是否对对方进行发问？

原　告：（略）

被　告：（略）

审判长：审判人员可以向双方发问。

审判长：当庭审陈述结束，现在进行当庭举证、质证。各方是否有证人出庭作证？

举证质证注意事项：

（1）举证、质证时应注意法庭秩序，递交证据材料应由法警执行，不得由公诉人、当事人、代理人及证人随意传递证据材料，未经允许不能随意走动。

（2）举证、质证时诉讼参与人应说明证据材料的来源。质证时可以一证一质，也可以一组证据综合质证。

（3）书证应宣读内容，物证应当庭展示，视听资料应当庭播放，鉴定结论、勘验笔录应当庭宣读。

（4）如果当事人、证人不能宣读证据材料内容，法庭可以指定审判人员代为宣读。

（5）各方当事人可以向证人、鉴定人发问。

（6）如有证人、鉴定人出庭，须查明身份、交待权利义务并签订保证书，证人在证人席上就座，作证完毕应退出法庭，不得参与旁听。证人在作证后暂时退庭，听候法庭传唤，根据案情可以让证人在作证后阅检笔录，也可以在庭审后阅签。

当事人：（略）

（证人出庭。）

审判长：传唤××方证人××到庭。首先核实各方证人身份。

证　人：姓名×、性别×、出生年月日×、民族×、职业×、文化程度×、工作单位×、住址×。

审判长：根据《民事诉讼法》第75条的规定，应当根据法庭的要求，就自己所知道的事实出庭作证是证人义不容辞方的义务。证人有权拒绝回答与本案无关的问题。证人在作证时，应当客观、公正地提供证言，如有意提供虚假证明，将要承担法律责任，证人你听清楚了吗？

证　人：（略）

审判长：请证人（鉴定人）在保证书上签字后暂时退庭，听候法庭传唤。

（如有鉴定人出庭程序同上。）

附：《证人证言保证书》（鉴定人保证书内容相同）

证人：姓名、性别、出生年月日、民族、职业、文化程度、工作单位、住址等基本情况。

保证书的主要内容：

我依法自愿向法庭作如下保证：

一、如实向法庭提供我所知道的一切案情。

二、不作伪证。

三、不提供虚假证词

四、不隐匿罪证（或证据）。

如违背上述保证，愿接受法律制裁。

证人（签字）

年　　月　　日

注意事项：关于法庭认证问题

（1）可以采取一证一质一认，也可以综合质证认证。

（2）一般先由当事人之间相互进行辩证、认证，然后再由合议庭认定，有些证据不便或不能当庭认证的，可以不必当庭认定，但所有证据必须进行法庭质证，包括法院自行调查的证据。

（3）应从证据材料的“三性”即合法性、真实性、关联性上综合分析认证。

（4）审判人员认证时应使用明确、清晰的语言，注意运用法言法语，对某证据加以认证时语言一般表述为“该证据材料合法、真实、有效，本庭予以采信（或采纳）”，对经过有关机关和人民法院确证的证据材料，一般不宜表述为“本庭予以确认”。

审判长：下面进行法庭举证、质证，在质证过程中，双方当事人应当按照庭前所提交的证据清单所载明的序号说明证据名称，来源以及证据所要证明的对象，其他诉讼参与人在发表质证意见的时候，应当围绕证据的真实性、合法性、关联性、有无证据效力以及证明效力大小。首先由本案的原告出示证据，被告进行质证。

由原告按照证据清单载明的序号出示证据，说明证据的名称、来源以及证据所要证明的对象，由被告进行质证。

原　告：（出示证据，应当说明证据的名称、来源和证明目的等。）

审判长：（按照被告、第三人的顺序）对原告提交的证据进行质证？

被告、第三人依次提出质证意见。

请原告继续举证。

原　告：原告举证完毕。

审判长：现在由被告举证。

…………

法庭辩论

审判长：法庭调查结束，现在进行法庭辩论。现在合议庭根据庭审质证和庭审调查已查明的事实，确定法庭辩论时双方当事人应围绕下列争议焦点进行：

焦点一××；焦点二××；焦点三××。对此双方是否有异议？

原告及委托代理人：（略）

被告及委托代理人：（略）

审判长：现在由原告发表辩论意见。

原告及委托代理人：（代理词）

审判长：现在由被告发表辩论意见。

被告委托代理人：（代理词）

审判长：双方有无新的辩论意见？

原告委托代理人：（略）

审判长：被告是否还有新的意见？

…………

当事人最后陈述

审判长：围绕争议事实，双方当事人进行了充分的法庭辩论，双方无新的辩论，辩论结束。现在依据《民事诉讼法》第 144 条的规定，由双方当事人进行最后陈述，在最后陈述阶段双方当事人可以简单明确地表明对于本案的处理意见和各自是否坚持诉讼主张的意愿。首先，由原告发表你方的最后陈述意见。

下面由原告发表最后陈述意见。

原　告：（略）

审判长：下面由被告发表最后陈述意见。

被　告：（略）

组织调解

审判长：下面依据《民事诉讼法》第 9 条的规定，判决前能够进行调解的，应当进行调解，在法庭调解过程中，双方应根据法律的规定，进行协商解决。原告、被告是否要求调解？

原　告：（略）

被　告：（略）

审判长：（同意调解的，可以当庭调解，也可以休庭后调解，一方不同意调解的，法院不再组织调解。）

法庭小结

审判长：原告××诉被告人××（案由）纠纷一案，经过当庭陈述—当庭举证—当庭质证—当庭辩论，本庭认为本案事实基本清楚，现在进行法庭小结。

应当从双方当事人认定的事实，出示的证据，及双方争议的焦点问题等方面进行总结。

各方的观点和意见本庭均已听清并记录在案，在评议时将结合已查明的案情，充分考虑各方观点，依法决定是否予以采纳。

宣判与评议

1. 当庭宣判

审判长：现在休庭 10 分钟，合议庭进行评议。现在宣布休庭（敲击一下法槌）。

书记员：全体起立，请审判长、审判员（人民陪审员）退庭。

请坐下。

（合议庭成员暂时退庭，在合议室进行评议，形成裁决。）

书记员：请大家坐好、保持安静，请当事人及诉讼代理人入庭，全体起立，请合议庭成员入庭。

审判长：请坐下（敲击一下法槌），现在继续开庭。合议庭对本案进行了认真评议，根据《民事诉讼法》第 151 条的规定，现在进行当庭宣判（简要概括法庭查明的事实、对证据的分析、认定及判决的理由和适用的法律）……判决如下……（敲击一下法槌）。

书记员：全体起立。

审判长：宣布判决结果（口头宣判的审判长要讲明：判决书在×日内送达，结果以判决书为准）。双方当事人对上述判决结果听清了吗？

当事人：（略）

审判长：是否上诉？

当事人：（略）

审判长：请当事人阅签庭审记录。现在宣布闭庭（敲击一下法槌）。

书记员：全体起立，请合议庭成员先行退庭。

书记员：请坐下。当事人及诉讼代理人（包括证人、鉴定人等诉讼参与人）阅签庭审记录。

2. 定期宣判

审判长：合议庭将对本案进行认真评议（或者须提交审判委员会讨论）后择期宣判。现在宣布闭庭（敲击一下法槌）。

书记员：全体起立，请合议庭成员先行退庭。

请坐下。当事人及诉讼代理人（包括证人、鉴定人等诉讼参与人）阅签庭审记录。

六、民事审判实训操作重难点提示

（一）开庭实训操作重难点提示

引导问题 1：应如何核查当事人及代理人身份信息？

当事人是自然人的，应对其姓名、性别、民族、出生日期、职业、住所等进行核查，查明其身份，并要求其出示身份证予以核对。

当事人是法人或其他组织的，要求其提供法定代表人身份证明、营业执照。核对当事人名称与营业执照记载的名称是否相符，不能简写；核对营业执照是否合法有效，是否已经撤销或注销。这涉及其是不是适格的主体，是否应由其开办单位、撤销单位或接收财产的单位作为权利义务主体；核查其法定代表人有无变更等情形。

诉讼代理人是律师的，应当要求其出示律师执业证书，并与授权委托书、律师事务所出具的公函进行核对。代理人是公民的，需要核实其系当事人近亲属或员工的证明、核实其身份证和授权委托书。

引导问题 2：应由谁来核实出庭人员？

书记员在开庭前应查明当事人及其委托代理人的出庭情况，开庭时，审判长或者独任法官仍应再次核实出庭人员的身份和合法性。在一方出庭当事人表明其身份后，应询问对方当事人对该出庭人员身份的意见。如果对方当事人有异议，应对其异议进行审查。异议不成立的，应确认被异议方当事人出庭人员有资格参加诉讼，庭审继续进行；异议成立的，应当宣布休庭，并通知该方当事人变更其出庭人员，通知真实的当事人参加诉讼，或追加被遗漏的当事人参加诉讼。

引导问题 3：为什么要注重案由的准确表述？

民事案件案由是民事案件名称的重要组成部分，反映了案件所涉及的民事法律关系的性质，是对当事人诉争的法律关系性质的概括，是人民法院进行民事案件管理的重要手段。规范准确地表述案由在方便当事人进行民事诉讼，规范人民法院民事立案、审判和司法统计工作等方面发挥了重要作用。

引导问题 4：应当如何正确表述民事案件的案由？

应严格按照最高人民法院《民事案件案由规定》的内容，根据当事人诉争法律关系与请求，从该规定中寻找相对应的案由名称。范例如下：

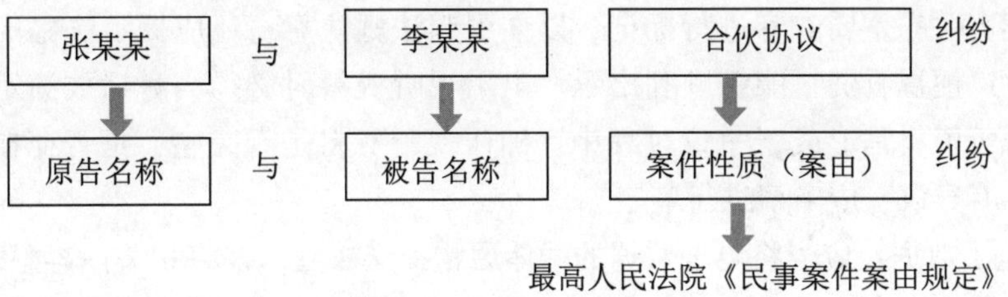

（二）法庭调查实训操作重难点提示

引导问题1：原告陈述就是宣读起诉状吗？

严格说不是。原告相当于从法律的角度向法官讲述一个故事，有非常强的叙事性，但同时需要结合法律关系展开陈述。原告陈述的目的是让法官在短时间内了解案件事实，并留下较深的印象。在陈述诉讼请求时，要明确、具体、完整（诉讼请求中的金额要陈述相应的计算公式），事实与理由则可以相对简化。

引导问题2：被告答辩的要领是什么？

在被告答辩之前，需要核对原告的陈述与诉讼文书，核查诉讼请求和事实理由有无变化。如果有变化，应申请法院延长相应的答辩期。如果无变化，则根据对方的陈述作出答辩。首先回应原告的诉讼请求，认可哪些诉讼请求，不认可哪些诉讼请求；其次阐明不认可的抗辩事实、理由，切记不需要详细展开论证，只简明阐述不同意原告诉请的理由即可；最后再总结性地提出自己对本案如何处理的主张。

引导问题3：举证应当把握的要领是什么？

出示证据前，可以先概要地说明证据的总组数和总份数。一般将证明某一主要事实或证明同一个争议焦点的证据作为一组一并出示。在案情相对简单、证据份数不多的案件中，也可以不对证据进行分组。另外，原告应围绕诉讼请求所依据的法律构成要件出示证据，基于证据的关联性要求，不应将与案件事实无关的材料作为证据出示。

引导问题4：质证应把握的要领是什么？

应从证据的“三性”，即客观性、关联性、合法性三个方面进行质证。客观性着重审核证据是否系原件、原物、原貌，有无篡改痕迹，是否系原始证据，是否能从客观上证明待证事实的真实性。关联性是审查客观证据与待证事实之间是否具有某种逻辑联系。证据的合法性主要是指证据的来源、搜集程序及表现形式是否合乎法律要求。

引导问题5：对不同种类的证据，在举证、质证时有哪些特殊要求？

（1）书证、物证：出示书证、物证应当由法警进行；当事人有权要求出示证据的原件或者原物；如出示原件或原物确有困难，经法院准许，可出示复制件或者复制品；原件、原物已不存在，但有证据证明复制件、复制品与原件或原物一致的，可以出示复制件、复制品。查看物证时应注意查看物证的外在表征及所附的标牌、说明书等文件中记载的内容，逐项核实其是否与证明对象一一对应。

（2）视听资料：应将录音资料的内容刻录成光盘，同时整理成文稿，并对内容进行必要的说明，使法庭能够明白录音资料的形成背景、各自陈述者的身份等；文稿中应对与本案有关的重要内容进行标记，以便引起法庭注意；还应提示法庭准备或自备播放设备，以便视听资料能够顺利出示。出示视听资料时必须当庭播放演示。质证时应确认该视听资料是形成于争议过程中；确认视听资料是否完整，是否存在剪辑，如对其真实性有异议，应申请进行鉴定。

（3）电子数据：应当将电子数据的载体原物提交法庭，并将相关内容整理成文稿。如：手机短信应当庭出示手机，并将短信内容、发（收）件人、发（收）时间、保存位置等相关信息予以书面摘录。若对网页、邮件等电子证据已作公证的，可不当庭演示，而直接出示公证文书。质证时，应确认电子数据与本案当事人的关联性，如电子邮箱、手机号码的所有者是否与本案当事人有关。

（4）证人证言：当事人申请，经法院许可的，证人应当出庭作证；证人出庭作证的，应当进行宣誓并客观陈述其亲身感知的事实。审判人员和当事人可以对证人进行询问，询问证人时，其他证人不得在场；人民法院认为有必要的，可以让证人进行对质且证人不得旁听法庭审理。

（5）鉴定意见：鉴定人出庭时，由鉴定人或审判人员当庭宣读鉴定结论，并接受当事人质询。鉴定人确因特殊原因无法出庭的，由审判人员宣读鉴定结论，经人民法院准许，鉴定人可以书面答复当事人的质询。经法庭许可，当事人可以向出庭的鉴定人发问。当事人对鉴定结论不服的，可以申请重新鉴定，是否准许由法庭决定。

（6）勘验笔录：勘验笔录由勘验人员或审判人员当庭宣读；经法庭许可，当事人可以向勘验人员发问；当事人可以申请重新勘验，是否准许由法庭决定。

引导问题 6：法庭举证、质证的顺序如何？

在法庭调查中，举证、质证应交叉进行，即原告举证，被告、第三人进行质证；被告举证，原告、第三人进行质证；第三人举证，原告、被告进行质证；审判人员出示人民法院调查收集的证据，由原告、被告和第三人质证。

引导问题 7：证人、鉴定人员无法出庭，应如何处理？

证人、鉴定人应当出庭作证或者接受当事人质询。证人、鉴定人确有困难不能出庭的，经对方当事人同意或人民法院许可（须记录在案），可以提交书面证言或视听资料。有条件的，通过双向视听传输技术手段作证。

引导问题 8：当事人及其诉讼代理人向证人发问时，法官应注意什么？

证人提供证言后，经审判长许可，当事人可以向证人发问。当事人及其诉讼代理人对证人发问时，法官应注意及时辨别其提问方式及内容，对有诱导、暗示性提问应及时予以制止；在证人有意回避、闪烁其词时，要及时制止并重申证人作证的要求，要求证人作正面明确回答，必要时可依职权追问。

引导问题 9：庭审中，当事人应如何向对方发问？

发问的问题应当与案件事实存在关联性。提问的目的是查明案件事实，通过细节的问答，还原案件事实真相。如在法庭调查质证环节中，对对方提交合同的真实性提出疑问，不认可是本人的笔迹，申请笔迹鉴定。同时在法庭询问环节可以通过细节询问让法官对该合同真实性产生怀疑，同意笔迹鉴定申请。可以问：协议是什么时候签订的；在什么地方签订的；当事人有哪些人在场；合同的价格是如何确定的；标的物交付过程等。对于细节的发问，很容易引出和还原案件事实的真相。

引导问题 10：庭审中如何回答对方的发问？

当事人回答问题应简洁明了、直截了当，而不能含糊不清、模棱两可，这样才能有助于法官对案件事实作出客观准确的判断。代理人不得阻止委托人回答与其相关的问题。另外，还要考虑法官在庭审中可能会对哪些事实提出疑问，以便庭审中有的放矢，自如应答。

（三）法庭辩论实训操作重难点提示

引导问题 1：法庭辩论需要注意什么问题？

法庭辩论是针对法庭调查中已经查明、尚存在争议的以及遗漏的事实认定和法律适用方面的内容进行辩论及梳理。法庭辩论应注意：

（1）辩论应围绕争议焦点展开。所谓争议焦点，是指诉讼案件中，双方当事人无法形成统一意见的，有关事实认定和法律适用并且对案件结果有重大影响的问题。当事人应围绕案件争议焦点，结合证据、法律条文展开辩论。

（2）辩论的目的在于说服法官。法庭辩论虽然是与诉讼对方进行辩论，但是目标是说服法官。因为法官决定案件结果，所以在法庭辩论中我们需要重复考虑法官在意什么，切不可为了“攻击”对方当事人而辩。

（3）在表达上，需要做到语速适中、口齿清晰，且尽量脱稿。部分律师在法庭辩论时会照本宣科地朗读已经准备好的书面辩论意见，且语速过快。朗读书面文字的方式会让庭审法官产生理解障碍，所以建议将辩论意见换成口语表达，以便法官理解其辩论意见与书记员记录。

引导问题 2：第一轮辩论与第二轮辩论有什么不同？

第一轮辩论可以全面阐述观点，力争全面地表达自己的观点。第二轮辩论的针对性更强。注重回应对方不同的辩论意见观点，补充第一回合未提到的部分。

引导问题 3：法庭辩论的终极目的是什么？

通过法庭辩论，站在当事人的角度，向法官提供事实及法律依据和解决问题的思路，从而切实地解决实际问题。它不同于辩论大赛，不必以犀利的言语处处针锋相对，辩清法理、拿出解决方案是关键。法庭辩论应当抓住问题的实质，尽量理性精炼地表达观点，说服法官才是发表辩论意见的终极目的。

（四）最后陈述实训操作重难点提示

引导问题 1：当事人最后陈述的作用是什么？

最后陈述是庭审最后一个程序，是指原、被告双方对案件的诉求是否有变更或增加以及对案件事实、法律适用的总体认识。一般原告的最后陈述多为“坚持诉讼请求”，被告为“坚持答辩意见”。但如果案件经过法庭调查和法庭辩论后，当事人对案件诉讼请求事实理由有新的认识，就应该抓住最后陈述这个机会向法庭进行阐述，以便法庭在评议中给予充分考虑。

引导问题 2：当事人最后陈述能不能省略？

当事人最后陈述是法庭审理的独立阶段，也是当事人的重要诉讼权利，集中反映了庭审中当事人对案件的整体认识和基本态度，所以不能省略，否则就破坏了庭审程序的完整性。

（五）宣判与评议实训操作重难点提示

引导问题：在评议中合议庭成员意见不一致怎么办？

如出现意见不一致的情况，合议庭评议应采用少数服从多数的原则，得出评议结果，但对不一致的意见，应当记录在评议笔录中，由所有合议庭成员签字确认。

七、民事审判实训作业

（一）实训作业清单

（1）作业封面。

（2）目录。

（3）任务分配表。

（4）审判组入卷材料：审判提纲、庭审笔录、判决书。

（5）原告组入卷材料：起诉状、证据目录、质证意见、发问提纲、代理意见。

（6）被告组入卷材料：答辩状、证据目录、质证意见、发问提纲、代理意见。

（7）第三人组入卷材料：答辩状、证据目录、质证意见、发问提纲、代理意见。

（8）其他诉讼参与人组入卷材料：配合原告、被告和合议庭三方进行陈述的材料。

（9）实训书面总结。

（二）实训作业要求

（1）作业封皮：标明案由、当事人、合议庭成员、日期。

（2）案卷目录：具备序号、内容、页码、备注等。

（3）实训书面总结：对实训过程进行反思后，对真实收获与不足进行总结，全面体现所有小组成员的心得。

要求：观点鲜明、条理清晰、文字简练，力戒空话、套话、大话、假话。字数在1500字以内。

八、民事审判实训过程评价与反馈

民事审判考核标准

序号	项目	考核标准	分值	得分
1	庭前准备	书记员查明当事人到庭情况、宣读法庭纪律、报告程序规范	5	

续表

<table>
<tr><th>序号</th><th colspan="2">项目</th><th>考核标准</th><th>分值</th><th>得分</th></tr>
<tr><td>2</td><td colspan="2">开庭</td><td>（1）双方身份等相关信息查明全面
（2）宣布案由、组成人员符合规定
（2）权利义务告知全面、准确</td><td>5</td><td></td></tr>
<tr><td rowspan="3">3</td><td rowspan="3">法庭调查</td><td>审判组</td><td>（1）发问有针对性
（2）对举证、质证掌控得当
（3）进行必要的调查核实
（4）归纳法庭调查争议焦点</td><td>12</td><td rowspan="3"></td></tr>
<tr><td>原、被告及第三人组</td><td>（1）发问具有针对性
（2）举证全面规范，证明目的明确
（3）质证切中要害
（4）举证、质证遵守审判长指挥</td><td>12</td></tr>
<tr><td>其他诉讼参与人组</td><td>（1）庭前准备充分，深入了解案情
（2）与原、被告及审判组配合默契
（3）言行符合诉讼角色，能有效地履行诉讼职能
（4）灵活应变，能妥善处置突发事件</td><td>12</td></tr>
<tr><td rowspan="2">4</td><td rowspan="2">法庭辩论</td><td>审判组</td><td>（1）对法庭辩论程序掌控得当
（2）善于抓住双方焦点，引导辩论</td><td>10</td><td rowspan="2"></td></tr>
<tr><td>原、被告组</td><td>（1）代理意见观点明确，论证完善适用法律正确
（2）互相攻辩围绕争议焦点</td><td>10</td></tr>
<tr><td>5</td><td colspan="2">庭审效果</td><td>精神饱满，投入度高</td><td>7</td><td></td></tr>
<tr><td>6</td><td colspan="2">实训总结</td><td>观点鲜明、条理清晰、文字简练</td><td>7</td><td></td></tr>
<tr><td>7</td><td colspan="2">作业形式</td><td>（1）作业要素齐全
（2）文书写作格式规范，校对仔细，无错别字
（3）封面、目录制作规范
（4）装订规范</td><td>20</td><td></td></tr>
<tr><td colspan="3">组别</td><td></td><td>100</td><td></td></tr>
</table>

工作任务六　刑事一审案件的审判

一、刑事审判学习情境描述

分别以审判员、公诉人、辩护人、当事人及其他诉讼参与人的身份，按照人民法院审理刑事案件的程序规定，根据实训任务书的要求，模拟完成开庭、法庭调查、法庭辩论、被告人最后陈述、评议和宣判等刑事一审审判流程（含普通程序、简易程序和速裁程序），确保各诉讼主体明确其工作任务、熟悉工作流程，综合应用刑事法律知识，完成刑事审判的实训目标。

刑事一审公诉案件审判流程如下图所示：

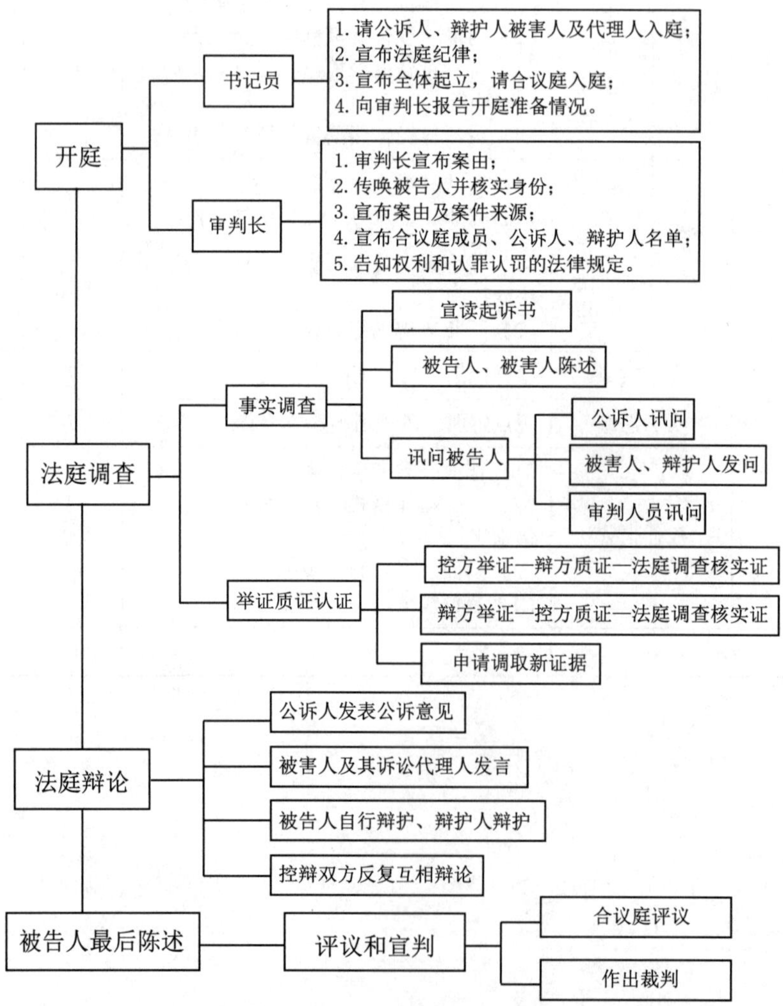

刑事一审公诉案件审判流程图（普通程序）

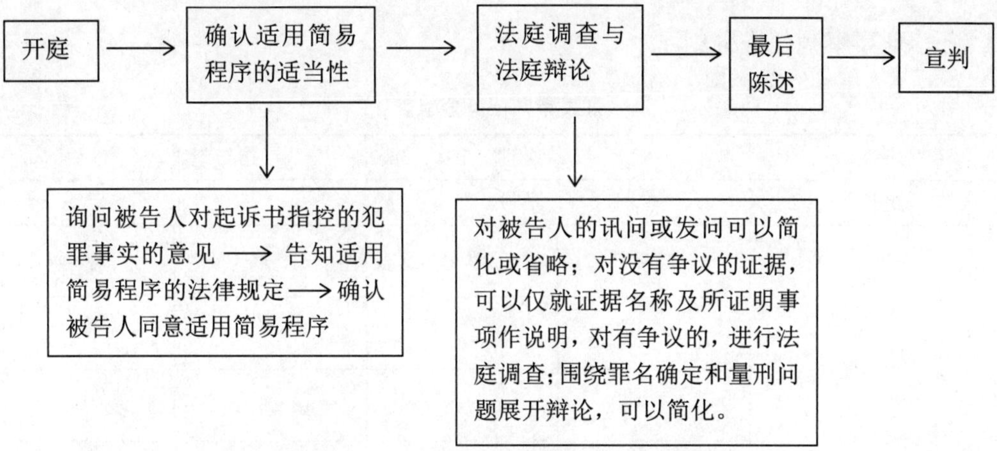

刑事第一审公诉案件审判流程图（简易程序）

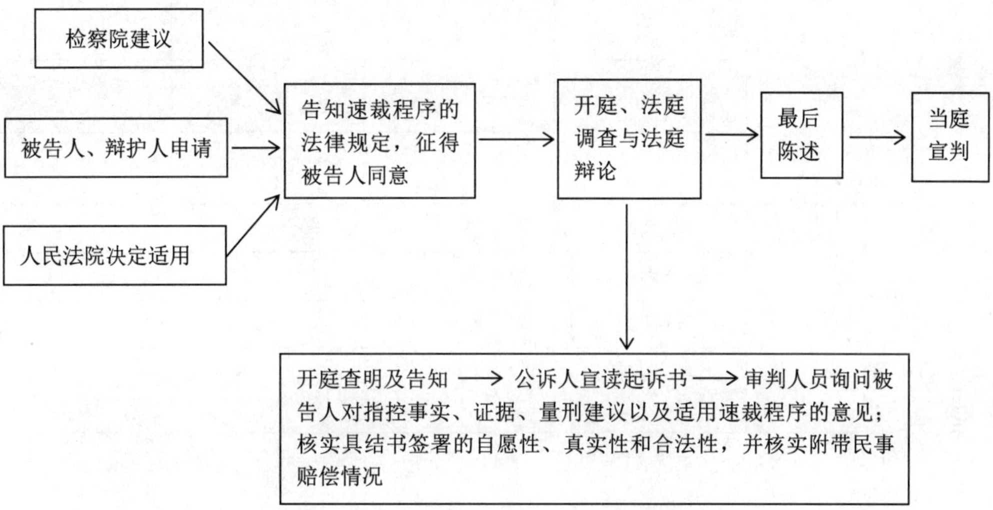

刑事第一审公诉案件审判流程图（速裁程序）

二、刑事审判实训目标

（1）小组成员之间分工协作，在研究探讨中模拟完成刑事法庭审判工作过程，通过对实体案件的程序操作，提高法律应用能力。

（2）依据诉讼角色，结合案情，制作刑事审判过程中常用的法律文书。

（3）对实训过程进行反思总结，养成良好的法律思维及严谨认真的工作习惯。

三、刑事审判任务分组

刑事审判任务分配表

<table>
<tr><td>班级</td><td colspan="4"></td><td colspan="4">组别</td><td colspan="4"></td><td colspan="4">指导老师</td><td colspan="4"></td></tr>
<tr><td>组长</td><td colspan="4"></td><td colspan="4">学号</td><td colspan="4"></td><td colspan="4"></td><td colspan="4"></td></tr>
<tr><td rowspan="7">组员</td><td colspan="5">姓名</td><td colspan="5">学号</td><td colspan="5">姓名</td><td colspan="5">学号</td></tr>
<tr><td colspan="5"></td><td colspan="5"></td><td colspan="5"></td><td colspan="5"></td></tr>
<tr><td colspan="5"></td><td colspan="5"></td><td colspan="5"></td><td colspan="5"></td></tr>
<tr><td colspan="5"></td><td colspan="5"></td><td colspan="5"></td><td colspan="5"></td></tr>
<tr><td colspan="5"></td><td colspan="5"></td><td colspan="5"></td><td colspan="5"></td></tr>
<tr><td colspan="5"></td><td colspan="5"></td><td colspan="5"></td><td colspan="5"></td></tr>
<tr><td colspan="5"></td><td colspan="5"></td><td colspan="5"></td><td colspan="5"></td></tr>
<tr><td rowspan="4">任务
分工</td><td colspan="5">审判组</td><td colspan="15"></td></tr>
<tr><td colspan="5">公诉组</td><td colspan="15"></td></tr>
<tr><td colspan="5">辩护组</td><td colspan="15"></td></tr>
<tr><td colspan="5">当事人及诉讼
参与人组</td><td colspan="15"></td></tr>
<tr><td>备注
说明</td><td colspan="20"></td></tr>
</table>

四、刑事审判实训任务书

（一）实训任务布置

（1）审判组完成审判提纲、法庭笔录及判决书等法律文书的制作任务，并模拟审判人员完成庭审。

（2）公诉组完成讯问提纲、证据目录、公诉意见书、量刑建议书等法律文书的制作任务，并模拟公诉人出庭支持公诉。

（3）辩护组完成发问提纲、证据目录、辩护意见等法律文书的制作任务，并模拟辩护人出庭辩护。

（4）当事人及其他诉讼参与人组熟悉案情，并模拟相应角色配合完成庭审过程。

（5）实训结束后，装订案卷材料，完成实训总结。

（二）实训材料

实训材料一：张三故意伤害案（普通程序）

1. 基本案情

2017 年 8 月 14 日 1 时许，甲与乙等人在 S 市 A 区某烧烤店吃饭，后乙与丙在电话里因琐事发生口角，乙约丙到烧烤店见面。丙约其朋友张三一同来到该包间，在包间里双方再次发生争执，张三用菜刀将甲头部、腿部砍伤，后逃离现场。经 S 市公安局物证鉴定所鉴定，甲损伤程度为轻伤一级。后张三在派出所做尿检时被警方书面传唤到案。2019 年 6 月 12 日，S 市 A 区人民法院公开开庭审理了该案。本案附件材料如下：

2. 附件材料

附件材料列表如下：

（1）起诉书。

（2）讯问笔录。

（3）询问笔录（被害人）。

（4）证人证言。

（5）鉴定意见。

附件材料如下：

附 1　起诉书

S 市 A 区人民检察院

起诉书

A 检二部刑诉［2019］×××号

被告人张三，男，1986 年×月×日出生，身份证号码××××××××××××××××××，汉族，初中文化，无业，户籍所在地 S 市 A 区，住 S 市 A 区×小区×号。2013 年 8 月 25 日因吸食冰毒被 S 市公安局 A 区分局某派出所处以罚款 500 元的行政处罚；2013 年 11 月 5 日因吸食冰毒被 S 市公安局 A 区分局某派出所处以行政拘留并处 3 年社区戒毒的行政处罚；2014 年 8 月 2 日因犯非法拘禁罪被 S 市 A 区人民法院判处有期徒刑 8 个月；2015 年 5 月 6 日因吸食毒品被 S 市公安局 A 区分局处以行政拘留 10 日，强制隔离戒毒 2 年的行政处罚；2017 年 4 月 17 日因吸食毒品被 S 市公安局 A 区分局责令接受社区康复 3 年；2018 年 12 月 28 日因涉嫌故意伤害罪，被 S 市公安局 A 区分局刑事拘留；2019 年 1 月 24 日经本院批准，被 S 市公安局 A 区分局执行逮捕。

本案由 S 市公安局 A 区分局侦查终结，以被告人张三涉嫌故意伤害罪，于 2019 年 3 月 19 日向本院移送审查起诉。本院受理后，于当日告知被告人有权委托辩护人，同日告知被害人有权委托诉讼代理人，依法讯问了被告人，听取了被害人的意见，审查了全部案件材料。本院于2019年4月19日退回S市公安局A区分局补充侦查，该局于2019年5月17日补查重报。

经依法审查查明：

2017年8月14日1时许，被害人甲与乙等人在S市A区某烧烤店吃饭，后乙与丙在电话里因琐事发生口角，乙约丙到烧烤店见面。丙约其朋友张三等人来到该包间，在包间里双方再次发生争执，被告人张三用菜刀将甲头部、腿部砍伤，后逃离现场。经S市公安局物证鉴定所鉴定，被害人甲损伤程度为轻伤一级。

认定上述事实的证据如下：

(1) 受案登记表、立案决定书、抓获经过等书证；(2) 证人证言；(3) 被害人甲的陈述；(4) 被告人张三的供述和辩解；(5) 法医学人体损伤程度鉴定书；(6) 辨认、指认笔录等。

本院认为，被告人张三故意伤害他人身体，致一人轻伤一级，其行为已触犯《刑法》第234条第1款之规定，犯罪事实清楚，证据确实充分，应当以故意伤害罪追究其刑事责任。被告人张三曾因故意犯罪被判处有期徒刑以上刑罚，5年内再犯新罪，根据《刑法》第65条之规定，应当从重处罚；被告人张三能如实供述自己的犯罪事实，根据《刑法》第67条第3款之规定，可以从轻处罚；根据《刑事诉讼法》第176条第1款的规定，提起公诉，请依法判处。

此致

S市A区人民法院

S市A区人民检察院
检察官：×××
2019年5月21日

附：

1. 被告人张三现羁押于S市第二看守所。
2. 本案案卷材料、证据共叁册、量刑建议、证据目录。

附2 讯问笔录（节选）

讯问笔录

时间：2018年12月28日11时30分至2018年12月28日13时00分

地点：S市公安局A区分局某派出所执法办案区讯问室1

讯问人：警官南、警官北　工作单位：S市公安局A区分局某派出所

记录人：警官北　　工作单位：S市公安局A区某派出所

被讯问人：张三　性别：男　年龄：32　出生日期：19××年××月××日出生，身份证件种类及号码：居民身份证××××××××××××××××××。

是否人大代表：否。

现住址：S 市 A 区　　　联系方式：×××××××××××

户籍所在地：S 市 A 区×××××小区××

问：我们是 S 市公安局 A 分局某派出所民警（出示工作证件），现在依法向你讯问，你应当如实回答我们的提问，对与本案无关的问题，你有拒绝回答的权利，以上权利义务，你听清楚了吗？

答：听清楚了。

问：根据刑事诉讼法的有关规定，你有以下权利义务（向当事人宣读《犯罪嫌疑人诉讼权利义务告知书》，并将《犯罪嫌疑人诉讼权利义务告知书》送交当事人），你对你的权利义务是否清楚？

答：我清楚了。

问：是否申请有关人员回避？

答：不申请。

…………

问：你把当时事情的详细经过讲一下。

答：2017 年 8 月 13 日，具体的时间我记不清了，当时我的朋友丙给我打电话，喊我去 A 区某烧烤店喝酒。过了大约半个小时之后我就赶到了 A 区烧烤店，到了楼下，我遇到了丙，接着我们就一起上楼了。我记得当时我们去的是在二楼的一个包间，具体的包间号我记不清楚，当时包间内有乙。我们给乙说你一天闲得没事干，打什么架呢，我就在房间的墙边站着，还没有坐下，接着甲就进了包间。当时甲手里提着一把菜刀，顶到我的脖子上，后把我顶到包间里面的点歌台墙角。然后我就用左手抓着他的手腕，用右手抓住刀背，把菜刀抢了过来。当时我就拿着菜刀用刀背在甲的头部砍了一下，他就跟我撕扯在一起。我在和甲撕扯时，甲把我推倒在地，他就跑出了包间。我当时倒在地上，看见地上还有一把菜刀，我就捡起来，提着两把菜刀去追甲。我起身去追时，看见甲摔倒在包间门口，我就用右手的菜刀在他的左腿小腿部位砍了一刀。后甲跑下楼了，我追到了楼下看见甲往西跑了，我将手里两把菜刀扔到了烧烤店门口向西十米左右处，就在路边打出租车回家了，事情的经过就是这样的。

问：当时是谁叫你去的烧烤店？

答：是我朋友丙。

…………

问：打架的时候谁先动的手？

答：打架的时候是甲先动的手，我当时进门在门口墙边站着，他过来直接将刀架在我的脖子上。

问：甲的伤是谁造成？

答：甲的伤是我造成的，是我拿菜刀砍伤的。

附 3 询问笔录（被害人）

询问笔录

问：你把当天在烧烤店的事情讲一下。

答：2017 年 8 月 13 日 21 时左右，我当时在家中，我朋友乙给我打电话让我去 A 区烧烤店找他喝酒，我就去了，去了之后我们就喝到凌晨 12 点左右。当时就听到乙在打电话和别人吵架，还听着乙说我在烧烤店，有本事你过来找我。然后我就到一楼门口去吃面了，过了一会我看见张三和丙就过来了，张三还在腰后面别了把菜刀。我害怕出事就跟上去，上去之前我去他们店的厨房里拿了把菜刀。刚进包间，我就看见张三在电视跟前站着呢，其他人在包间的沙发上坐着。我在刚一进包间的门口处站着，我就说你们要干啥呢，说完就被抱住了，然后张三就把我手里的刀夺走了，在我头部左侧砍了两刀，当时头上就流血了。我就往外跑，在刚跑出包间门口的时候张三追着砍我，我后背被他砍了一刀，跑出去到了包间门口我摔倒了，张三又上来在我的右腿膝关节处砍了一刀。随后我爬起来就跑下楼了，他们还在后面追，追了几百米之后就不追了，我就打车去医院看病了。后来我在医院住了五六天就出院了，其间刑警队因为损坏财物的案子过来找我，我才知道我成了网上逃犯了，我从医院出来之后也没去刑警队自首，就一直在家里待着，也没有用手机，直到 2018 年 6 月 28 号在朋友的家里被 A 区分局民警抓获。

问：在烧烤店用刀砍你的是谁？

答：是张三。

…………

问： 张三的菜刀是哪来的？

答：他到烧烤店时自己带来的，他当时往后腰处别的时候，我在门口吃面刚好看见了。

问：当天张三砍你的菜刀在什么地方？

答：他一直自己拿着呢，我当时跑了，不知道现在在什么地方。

问：他为什么砍你？跟你有什么矛盾吗？

答：因为当天晚上在烧烤店三楼包间里，乙和丙电话里吵架了，当时乙说你有本事来找我。后来丙和张三就来了，我当时拿着菜刀进去的，可能张三以为我是帮乙打架的，所以就把我给砍了。

附 4 证人证言

证人乙的证言，证实：2017 年 8 月 14 日 0 时许，乙给丙打电话让丙到某烧烤店说事情。1 时许，丙和张三到包间，乙刚给几人倒了酒准备碰酒时，甲进来，和丙等人打起来，乙上前拉架时被酒瓶打破了头，甲跑出去了，张三、丙追出去，乙躺在地上，乙从包间下来看见丙和张三打车跑了。乙被朋友送去医院。喝酒的包间之前没有菜刀，甲没有将刀架在张三的脖子上。张三进去时有没有带刀其没有看见。

证人王某的证言，证实：2017 年 8 月 14 日，王某在 A 区某烧烤店上班。凌晨 1 时许王某收拾包间时听见门口有人喊，像是在打架，王某出包间后看到某包间跑出来几名男子，其中有一名男子追着另外一名男子在楼道里跑，追人的男子中有一人手里拿着一把菜刀，在被追的男子背部砍了两下，被砍的男子倒在地上，砍人的男子又赶上去砍了一下，被砍的男子跑了出去。

附 5　鉴定意见

155

S 市公安局物证鉴定所

法医学人体损伤程度鉴定书

S（物）鉴（临床）字[2018]　号

一、绪论

1、委托单位：　S 市公安局　A 区分局．　*** 路派出所

2、送检人：李警官、赵警官

3、受理日期：2018 年 08 月 09 日

4、案情摘要：根据办案单位介绍：2017 年 8 月 14 日 01 时 20 分许，接市局 110 指令，　A 区某　　烧烤店服务员报警称：有顾客在其店内打架闹事。经了解，2017 年 8 月 14 日 01 时许，甲、乙等　　人在 A 区某　　烧烤店娱乐，后包间内进来几名男子殴打甲和乙　　其中一名男子手持菜刀，将甲　　砍伤。

5、被鉴定人：甲，男，1986 年 * 月 * 日出生，身份证号：******************，住址：S市A区*小区*户

6、送检材料：(1)、S市人民医院门诊病历 1 份；(2)、S市人民医院住院病案 1 份；(3)、S市人民医院医学影像片 6 张。

7、鉴定要求：人体损伤程度鉴定。

8、鉴定开始日期：2018 年 08 月 09 日

9、检验地点：S市　市看守所

10、鉴定使用的标准：2013 年 8 月 30 日两院三部发布、2014

第 1 页 共 7 页

156

年1月1日起施行的《人体损伤程度鉴定标准》。

二、检验

（一）、原始病历资料摘要：（详情见后附送检材料复印件）

1、S市 人民医院门诊病历记载：

姓名：甲 ，就诊时间：2017. 8. 14 02: 10。

主诉：被人打伤致头部、右膝疼痛1小时余。

查体：神志清楚，精神差。左前额可见3处长约6cm皮肤裂伤，局部大量出血。双侧瞳孔等大等圆，直径3mm，对光反射灵敏。右膝可见一长约5cm皮肤裂伤，深及关节囊，局部出血，余肢体未见异常。生理反射存在，病理反射未引出。Imp：1. 头部外伤 头皮裂伤 2. 右膝皮肤裂伤 3. 急性酒精中毒 4. 硬膜下血肿。

2017. 8. 14 02: 10，病史同前。PE：神清，右膝部髌骨外侧可见约5cm斜形皮肤裂口，皮缘整齐，与关节腔相通，右膝关节腔因疼痛活动受限。Imp：右膝关节刀砍伤 Rx：清创缝合。

2017. 8. 14 神外，应邀会诊，病史同前。PE：神清，左侧头皮可见两平行长约12cm裂伤，深达骨质，双侧瞳孔等大等圆，直径3mm，光敏，四肢肌力5级，肌张力正常，病理反射（-）。颅脑CT：左侧顶部硬膜外血肿，颅内积气。诊断：急性开放性颅脑损伤 硬膜外血肿 颅骨骨折 头皮裂伤。Rx：收入我科行进一步治疗。

2、S市 人民医院住院病案（病案号 ）记载：

姓名：甲 ，入院时间：2017. 8. 14，出院时间：2017. 9. 14。

入院科别：总院神经外科 出院科别：总院神经外科。

第2页共7页

157

主诉：头部外伤致头痛头晕6小时。

现病史：患者6小时前被人用钝器打伤（具体受伤机制不详），伤后颜面部及右侧膝部大量活动性出血，感头痛头晕恶心无呕吐，无意识丧失口渴烦躁，立即就诊于我院急诊科行“大清创缝合术”及神经营养止血等对症处置，行颅脑CT检查示：左顶部硬膜外血肿，左侧额部、顶部颅内积气，颅骨骨折。我科会诊后以“硬膜外血肿”收入。入科以来，感头痛头晕，右侧膝部钝痛，无肢体活动障碍。

体格检查：T：36.6℃，P：94次/分，R：18次/分，BP：114/64mmHg。精神正常，神志清楚，步行步态，自动体位。

专科检查：GCS评分15分，双瞳孔等大等圆，直径3mm，对光反射灵敏。四肢肌力5级，肌张力正常，感觉正常，病理反射阴性，脑膜刺激征阴性。

入院诊断：1. 急性开放性颅脑损伤 左侧顶部硬膜外血肿 左侧额部、顶部颅内积气 左侧顶骨骨折 头皮裂伤 2. 皮肤裂伤（膝部）。

诊疗经过：入院后完善各项相关检查，予神经营养止血抗炎等对症支持治疗。

出院诊断：1. 急性开放性颅脑损伤 左侧顶部硬膜外血肿 左侧额部、顶部颅内积气 左侧顶骨骨折 头皮裂伤 2. 皮肤裂伤（膝部）3. 右侧髌骨、股内外侧髁挫伤 右膝关节前交叉韧带部分撕裂 右膝关节腔、髌上囊积液。

出院时情况：患者感头痛头晕。查体：神志清楚，左侧颞顶部两平行长约12cm伤口疤痕，双侧瞳孔等大等圆，直径3mm，对光反

第3页共7页

射灵敏，颈软无抵抗。右侧膝部可见长约 10cm 疤痕，四肢肌力 5 级，肌张力正常，病理反射未引出。

（二）、法医临床学检验及诊断：

法医临床学检验：神清，精神可，问答切题，查体合作。头颅五官端正，左额颞顶见三处条状瘢痕（缝合术后），分别长 9.5cm×0.2cm、8.2cm×0.2cm、2.0cm×0.2cm，双侧瞳孔等大等圆，对光反射存在，双侧眼球各方向活动到位。鼻外观正常，双侧鼻道通气畅。两侧耳廓外观无畸形。颈软，无抵抗。胸廓对称，两侧呼吸动度一致。右膝外侧见一长 7.0cm×0.6cm 的横斜形条状瘢痕（缝合术后），膝关节活动尚可。自诉右下肢无力。脊柱及四肢活动正常。余查体未见异常。

法医阅片：阅S市人民医院头颅 CT（姓名：甲　，检查日期：2017-8-14，影像号：CT00245034-001）示：左顶部硬膜外出血，左顶骨粉碎性骨折，颅内积气，左顶部头皮血肿。

法医临床学诊断：1. 左侧顶部硬膜外血肿；2. 左顶骨粉碎性骨折；3. 头皮瘢痕（缝合术后），累计长度 19.7cm；4. 左顶部头皮血肿；5. 右膝关节前交叉韧带部分撕裂；6. 右侧髌骨、股内外侧髁挫伤；7. 右膝关节腔、髌上囊积液；8. 右膝皮肤瘢痕（缝合术后）。

三、论证

根据办案单位介绍受伤经过、提供的现有医院病历资料、法医临床学检验及法医阅片所见等综合分析认为，被鉴定人甲　系因外伤致左侧顶部硬膜外血肿、左顶骨粉碎性骨折、左顶部头皮血肿、

第 4 页 共 7 页

头皮及右膝皮肤软组织裂伤、右膝关节前交叉韧带部分撕裂、右侧髌骨、股内外侧髁挫伤、右膝关节腔、髌上囊积液，经医院治疗（行"大清创缝合术"及神经营养止血抗炎等对症支持治疗），现已具备鉴定时限。故依据《人体损伤程度鉴定标准》第 5.1.3e）条"颅内出血"及第 5.1.3c）条"颅骨粉碎性骨折"之规定，被鉴定人甲身体所受损伤程度评定为轻伤一级。

四、鉴定意见

被鉴定人甲　身体所受损伤程度评定为轻伤一级。

S市公安局物证鉴定所

鉴定人：　主检法医师

副主任法医师

授权签字人．副主任法医师

2018 年 9 月 30 日

附件 1：检验照片 4 张。

被鉴定人甲　正面照

第 5 页 共 7 页

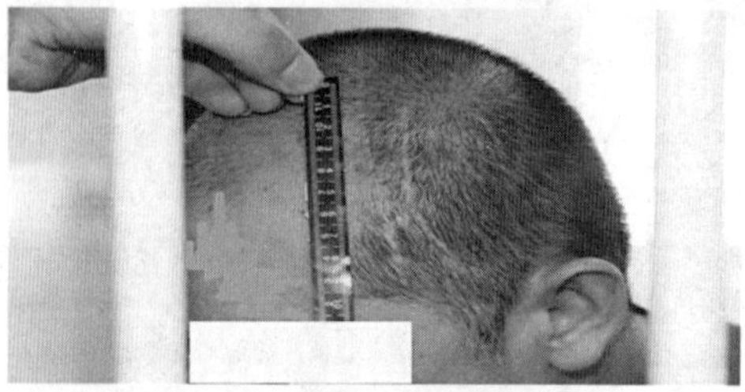

头皮瘢痕

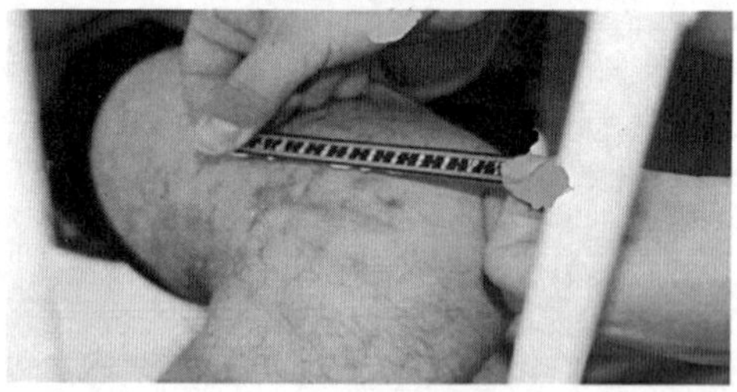

右膝瘢痕

第 6 页 共 7 页

（注：被告人身份信息、组织辨认、抓获经过等证据可自行制作完善。）

实训材料二：周某合同诈骗案（普通程序）

1. 基本案情

2010 年期间，被告人周某经营未依法登记的 J 县 HH 洗煤厂，并私自刻制 J 县 HH 洗煤厂的公章及财务章和他人签订合同。2010 年 4 月至 10 月，被告人周某以 J 县 HH 洗煤厂的名义多次和马某签订原煤购销合同，以先履行小额合同的方式取得了马某的信任，诱骗马某和其继续签订合同，共骗得马某经营的 J 县第二煤矿原煤 7000 余吨，价值 1 260 619. 4 元。本案附件材料如下：

2. 附件材料

附件材料列表如下：

（1）起诉书。

（2）讯问笔录（被告人）。

（3）询问笔录（被害人）。

（4）证人证言。

（5）办案说明。

（6）合同两份。

（7）票据复印件说明。

附件材料如下：

附1　起诉书

G省J县人民检察院
起诉书

J检刑诉［2022］×号

被告人周某，男，1970年×月×日出生，身份证号码：××××××××××××××××××，汉族，大专文化程度，无业。户籍所在地A省B市×区×小区×室，现住址同上。因涉嫌合同诈骗罪，于2021年12月18日被J县公安局刑事拘留，经本院批准，于2022年1月21日被J县公安局执行逮捕。

本案由G省J县公安局侦查终结，以被告人周某涉嫌合同诈骗罪，于2022年3月21日向本院移送审查起诉。本院受理后，于2022年3月22日已告知被告人有权委托辩护人和认罪认罚可能导致的法律后果，2022年3月22日已告知被害人有权委托诉讼代理人，依法讯问了被告人，听取了被告人及值班律师、被害人的意见，审查了全部案件材料。其间本案因事实不清，证据不足退回J县公安局补充侦查 一次（2022年4月20日至2022年5月19日）。

经依法审查查明：

2010年，被告人周某经营未依法登记的J县HH洗煤厂，并私刻J县HH洗煤厂公章及财务章和他人签订合同，骗取财物数额特别巨大，具体犯罪事实如下：2010年4月至10月，被告人周某以J县HH洗煤厂名义多次和马某签订原煤购销合同，以先履行小额合同的方式，取得了马某的信任，诱骗马某和其继续签订合同，共骗得马某经营的J县第二煤矿原煤7000余吨，价值1 260 619.4元。

另查明，2010年11月29日，G省H县公安局将被告人周某刑事拘留并上网追逃，2011年2月22日，周某被抓获归案，同年3月29日被G省H县公安局取保候审，并缴纳保证金2万元。2011年4月6日，G省H县公安局以案件无管辖权为由，将案件移交至J县公安局。J县公安局接到移交案件后，对周某多次传唤，周某无正当理由不到案，2011年10月20日，J县公安局决定对周某刑事拘留并上网追逃。2012年6月18日，J县公安局决定依法没收周某保证金2万元。2021年12月18日周某在A省B市被抓获归案。

认定上述事实的证据如下：

（1）报案材料、户籍信息、煤炭买卖合同等书证；（2）证人证言；（3）被害人马某的陈述；（4）被告人周某的供述与辩解；（5）搜查笔录等。

上述证据收集程序合法，内容客观真实，足以认定指控事实。

本院认为，被告人周某以非法占有为目的，在签订、履行合同过程中，骗取他人财物，数额特别巨大，其行为触犯了《刑法》第224条之规定，犯罪事实清楚，证据确实、充分，应当以合同诈骗罪追究其刑事责任。根据《刑事诉讼法》第176条第1款的规定，提起公诉，请依法判处。

此致

G省J县人民法院

G省J县人民检察院
检察官：×××
××年×月××日

附件：

1. 被告人周某现被羁押于J县看守所。
2. 案卷材料和证据3册。

附2　讯问笔录（被告人）

讯问笔录（节选）

问：周某，希望你能有好的态度，配合公安机关把自己的事情说清楚，争取得到法律的从宽处理，你听清了吗？

答：我现在特别后悔，自己为了逃避公安机关打击，藏匿的这十年左右时间，我一直深居简出，身份证和手机都不敢使用，待在住的地方不敢出去，我会配合公安机关把事情讲清楚。

问：讲一下J县HH洗煤厂的情况。

答：J县HH洗煤厂是我在J县×村经营的，洗煤厂的场地是罗老四（J当地人，年龄和我相仿）的，我经营这个洗煤厂没有任何工商局登记备案和经营手续，我为了方便经营就给洗煤厂刻制了公章和财务章。洗煤厂的会计叫曹某，他是经人介绍来给我经营的洗煤厂当会计的，我每月支付他4000元工资，他比我大10岁，洗煤厂里还雇有十个工人，有四个本地人，我说不上名字，其中一个铲车司机每月5000元，他是罗老四的外甥。还有六个人都开3000元、4000元左右的工资。刚开始我给工人都支付工资，最后两个月我没有给他们支付工资。

问：你是否认识马某？

答：我认识马某，马某是J县第二煤矿矿主，十年前我和马某合作过，我还从他的煤矿拉过煤。

问：你是什么时候和马某开始合作的？

答：2009年我自己在J县开始经营J县HH洗煤厂，我从很多煤矿都拉过煤，2010年的时候我和马某开始合作，从马某的煤矿拉煤进行水洗。

问：你和马某具体是怎么合作的？

答：2010年4月份的时候，当时我自己正在经营J县HH洗煤厂，因为我之前就和马某合作过，所以我自己经营洗煤厂的时候为了能多拉点原煤，就联系了马某，刚开始的时候我和马某口头协议购买他的原煤。我们约定好之后我在马某跟前拉了一部分原煤，因为拉的原煤量少，所以我将之前的煤款给马某结算清楚了。之后因为我自己没钱直接从马某煤矿买煤，我记得是2010年7月底的时候，我和马某在马某的办公室内签订了《原煤合同书》，约定每吨原煤200元钱，每个月8日之前我给马某将原煤煤款全部结算清楚，签完合同书之后我就开始在马某的煤矿拉煤，2010年7月份我在马某的煤矿拉煤后给马某支付了部分煤款，还有17万多没有结清，到2010年8月份的时候，我让马某将原煤的煤价降低到每吨180元钱，马某也同意了，我们还是在马某的办公室签了《原煤供货合同书》，约定单价每吨180元，先付款后拉货，我记得我给马某转了18万元钱的预付煤款，然后就开始拉煤，8月份我从马某的煤矿拉煤后就再没有支付过煤款，总共欠马某47万余元的煤款，因为我给马某结算不上煤款，马某就不让我在他的煤矿拉煤了。过了有一个月左右，我之前拉的煤都洗完了，洗煤厂没活干了，我就又找到马某，我承诺给马某支付煤款，让他继续给我供煤，马某就同意了，然后2010年10月份我又开始在马某的煤矿拉煤，大概拉了61万多元的原煤，这些煤款我还是没有给马某支付。后马某找我要煤款，我给马某说我暂时也没有钱，加上我在银行办的贷款也没有下来，等水洗煤卖掉之后我给他再支付煤款，马某也就相信我了。

问：你经营的HH洗煤厂使用的公章和财务章是哪里来的？

答：当时经营HH洗煤厂的时候，我主要负责和煤矿老板谈业务进煤，洗煤厂的日常事务由会计曹某负责，后我洗煤厂的会计曹某私刻了HH洗煤厂的公章和财务章，章子拿来之后我也就默认同意使用，J县HH洗煤厂没有在工商部门登记过，我使用这公章和财务章主要是为了方便自己和别人签订合同，显示自己洗煤厂是合法的也可以让马某产生对我的信任。

问：你和马某签订《原煤合同书》和《原煤供货合同书》，自己有没有实际履行合同的能力？

答：刚开始的时候我还能正常给马某支付煤款，后面因为欠账太多我就没有能力给马某支付原煤煤款了，但是为了能从马某的煤矿将原煤拉出来，我就先以履行小合同的方式，获得马某的信任，让马某以为我能够给他支付原煤煤款，然后诱骗马某持续给我大批量供煤。

问：你从马某的煤矿总共拉了多少吨原煤？

答：具体的数量我记不清了，但是我从马某的煤矿拉煤都有运输单，我记得最后我欠了马某6000多吨的原煤煤款，总共是120多万元。

问：你从马某的煤矿拉煤，是如何将煤拉到你的洗煤厂的？

答：拉煤的车应该是我的会计曹某找的，因为货车比较多，一个传一个，拉煤的车也就多了，运费是由我安排曹某支付的。

问：你是否将拉煤车的运费结清楚？

答：前期货车拉煤的运费都结清了，后期拉煤的运费没有结清，大概还拖欠 6 万多元运费，这部分运费是何人支付的我不清楚。

问：2010 年 7 月份，你和马某签订《原煤合同书》，约定单价每吨 200 元，并于每月 8 日前付清全部煤款，为何到 8 月份又提出将单价降低为每吨 180 元，约定支付方式为先款后货，并且只向马某支付了 18 万元货款，不完全付清煤款呢？为何最后又将单价提高到每吨 190 元呢？

答：7 月份拉煤之前，我和马某的账务基本都是清楚的。7 月份我和马某签订合同之后，我拉了马某的原煤无钱支付煤款，当时我已经资不抵债了，也没有钱继续购买原煤了，为了能够继续在马某的煤矿拉原煤，在 8 月份时我就给马某提出将原煤的单价降低，并给马某承诺先打款，后我筹集了 18 万元钱打给马某，但是没有将 7 月份所欠的煤款全部付清，目的就是让马某相信我能够正常给他支付煤款，以便能够正常拉煤，后我又从马某的煤矿拉了 40 多万元钱的原煤，没有给马某付煤款，当时我给马某支付不上煤款，马某已经不给我供煤了，为了让马某能够继续信任我，我就主动找马某，并提出将原煤每吨涨了 10 元钱，也就是每吨 190 元钱，并且谎称给马某在 8 日前最少支付 100 万元钱的煤款，马某就信以为真，同意让我继续在他的煤矿拉煤，随后我又拉了 60 余万元钱的原煤，但是我还是没有能力支付马某的煤款，马某找我索要煤款的时候，我就只能以水洗煤未销售和银行贷款没有批为由推脱，后面到 2010 年 11 月份，我实在没有办法了，就跑路了。

问：你当时既然已经资不抵债了，也没有能力支付马某的煤款，为何还要继续隐瞒自己的资金状况从马某的煤矿拉煤？

答：当时我也抱着侥幸心理，想着洗点煤能挣点钱，如果能挣上钱了就继续经营，如果挣不上了就一走了之。

问：你当时是否在银行办理过贷款？为何要虚构贷款的事实不履行合同义务向马某支付煤款？

答：2009 年的时候我在×农村信用联社申请 200 万的贷款，这个贷款是一年后还上可以续贷或者增加贷款，因为我把贷款贷下来之后还账洗煤了，所以贷款到期后没有按时还上，就无法续贷。后我已经没有履约能力了，也没有在信用联社把贷款继续申请下来，只是为了在马某跟前拖延时间。

问：2010 年 7 月份，你再次和马某签订合同购煤时，你的资金状况如何，到底有没有能力给马某支付煤款？

答：那时候我的资金状况已经不行了，没有销售额，也没有资金入账，我自己根本就没有能力给马某支付煤款了。

附 3　询问笔录（被害人）

询问笔录（节选）

问：你将 2010 年 12 月 2 日向 J 县公安局报案的情况再详细地讲一下。

答：2010 年 4 月份的时候，具体时间我记不清了，有一个自称是 J 县 HH 洗煤厂的法人周某到我矿要购买原煤，当时我和周某口头约定，周某购买我矿原煤，他先给我预付了 20 万元的购煤款，周某当天就开始从我矿上拉原煤，到 4 月底，周某从我矿上拉了 1925.02 吨原煤，每吨价格是 190 元（煤 25），合计 365 753.8 元煤款，这期间周某给我又付了一笔 2 万元和一笔 12 万元的煤款，这样合计下来，周某还欠我矿上 25 753.8 元。

问：你接着说。

答：2010 年的 5 月份，周某向我矿转账汇款 159 587.6 元，当月 11 日，又转账汇款 240 412.4 元，共计 40 万元整。之后，周某和我口头约定好每吨价格是 280 元（煤 15），周某就开始从我矿拉原煤，周某共拉走原煤 1073.56 吨，合计 300 596.8 元。之后周某又和我口头约定拉原煤，单价每吨 380 元（精煤），周某拉走 257.9 吨，合计 98 002 元。这前后两次周某共拉煤 1381.46 吨，总价值 398 598.8 元。这样算来，我矿还欠周某 1401.2 元。

问：你继续说。

答：2010 年 7 月 27 日，在我矿上办公室里，周某和我经过协商后签订了《原煤合同书》，约定原煤单价 200 元（煤 25），付款方式是每月 8 日前结清全部煤款。之后 2010 年 7 月 29 日至 30 日这两天，周某拉走原煤 1461.58 吨。2010 年 8 月 11 日至 12 日这两天，周某拉走原煤 291.12 吨，周某合计拉走了 1752.7 吨，合计价值 350 540 元的原煤。2010 年 8 月 15 日，周某向我矿提出价格要降低，最后我和他协商后又签订了一份《原煤供货合同书》，约定单价 180 元（煤 25），付款方式是先款后货。2010 年 8 月 26 日，周某给我矿转账支付煤款 18 万元，还欠煤款 170 540 元没有支付。2010 年 8 月 27 日至 9 月 1 日，周某拉走原煤 2663.9 吨，共计 479 502 元，没有支付煤款。

问：你接着讲。

答：2010 年 10 月份，周某之前拉煤没有支付煤款，我矿停止给周某供煤，10 月 3 日，周某又来我矿商量提出原煤单价涨 10 元，并且给我矿承诺 10 月 8 日前最少支付拉煤款 100 万元，周某骗得我的信任后，我又开始给他供煤。2010 年 10 月 4 日至 9 日，周某以每吨 190 元（煤 25），共拉走原煤 3220.94 吨，合计金额 611 978.6 元。2010 年 10 月 9 日，我见周某不支付我矿的煤款后，我矿就停止了给周某提供原煤。之后我多次电话联系周某，周某都以各种理由推辞。直到 2010 年 11 月 17 日，我再也联系不到周某。我多次到周某经营的 J 县 HH 洗煤厂找周某都没有找到。我才发现自己被骗了，于是我就到 J 县公安局报案了。

问：你说的煤 15、煤 25、精煤是啥意思？

答：这些都是原煤，精煤就是通过筛子后的，煤块多品质好，煤15比煤25质量好、价格高。

问：周某共计骗走你价值多少的煤?

答：周某共骗走我矿原煤价值1 260 619.4元（350 540元+479 502元+611 978.6元-180 000元-1401.2元=1 260 619.4元），当时我矿的两辆四桥运煤车给周某送煤，共欠运费67 694.98元。

问：周某拉你矿的煤去哪了?

答：周某把我矿的原煤拉去哪了，我具体不知道。周某逃跑后，我去过J县HH洗煤厂，当时只有一个看门的人，洗煤厂里还有大概2000多吨精煤。

问：你是如何和周某签订合同的?

答：刚开始我和周某是口头约定拉煤的，周某先是给我支付履行小额煤款的，之后周某又和我签订了两次合同，他通过这样的方式这样让我产生信任，直到最后周某不履行合同，也不支付煤款，并且他销声匿迹再也找不到了，我才发现自己被骗了。

附4　证人证言

询问笔录（节选）

问：你是否认识周某?

答：我认识周某，他是A省B市人，周某在J县经营过J县HH洗煤厂，当时我还是J县HH洗煤厂的出纳。

问：周某是什么时候在J县经营J县HH洗煤厂的?

答：具体时间我现在也记不太清楚了，大概是2006年的时候，周某说J县有个洗煤厂，让我跟着他一起去干活，当时和我一起去J县的还有几个人，具体名字我现在说不上了。2009年的时候，周某在一个叫罗老四的J县人跟前租了个场地开始自己洗煤，我就给周某当出纳了。

问：周某租赁罗老四的场地，是否签订过租赁合同?

答：我不知道，当时是周某和罗老四两个人商量的，我只知道罗老四租给周某的场地是部队上的地皮，还有部队的房子，我们就在部队的房子办公，周某将地方租上之后，在洗煤厂旁边罗老四砖厂的井里压了根管子，然后自己进了一台洗煤机、一个地磅，不知道在哪找了两台装载机，就开始洗煤了。

问：周某的J县HH洗煤厂是否在工商部门登记注册过?

答：我听周某说他去J县工商局登记注册，但是没有注册成功，因为没有营业执照就不能开公户，然后周某给我说让我自己先办理一张银行卡供洗煤厂转账使用，我就到J县的农业银行去办理了一张银行卡，印象中我在工行也办了一张银行卡，但是现在印象有点模糊了。后周某还给了我洗煤厂的公章和财务章，平时由我保管，两个章是哪来的我不清楚。

问：周某经营的J县HH洗煤厂的原煤是哪来的？

答：我记得原煤是周某联系着从几个矿拉的，后期是在一个叫马某的第二煤矿，并且给马某的煤款都没有结算清楚。

问：周某是如何从马某的第二煤矿拉煤的，总共拉了多少原煤？

答：我记得周某是从2010年上半年开始就在马某的第二煤矿拉原煤，拉煤的货车都是周某联系的，运费都是周某让我结算的，总共结算了多少钱的运费我现在也记不清了，一直拉到2010年10月份，总共拉了多少吨原煤我现在记不清了，当时拉煤第二煤矿有运输单，J县HH洗煤厂也有磅单，但是洗煤厂的磅单现在估计也找不见了。

问：周某失去联系后，J县HH洗煤厂是否有煤？

答：周某失去联系之后，洗煤厂大概还有2000多吨水洗煤，另外装载机和地磅都在洗煤厂呢。我在洗煤厂又待了一周左右时间，其间就有好几个人到洗煤厂找周某要钱，我听他们说周某欠了他们的钱，但是具体情况我不清楚，那些人我也不认识，那些人到洗煤厂后要把里面的煤拉上顶账，后警察也去了洗煤厂，给那些要拉煤的人说通过法院解决，不让他们拉煤，后面洗煤厂被法院封了，我就从J县HH洗煤厂离开回家了，后面的事情我就不清楚了。

问：J县HH洗煤厂的公章和财务章现在在什么地方？

答：J县HH洗煤厂被封之后，我就回家了，那两个章子我也没拿，现在在什么地方我也不清楚。

附5　办案说明

办案说明

二〇一一年四月十二日，青海省西宁市公安局城西分局以他们没有管辖权为由，将周　合同诈骗案移送我局，当时周　已被取保候审。接到案件后，我局办案民警立即对周　进行传唤，因该周留在询问笔录上电话打不通，周　没有到案，侦查人员又与城西公安分局原办案民警　　联系，让他们协助传唤周　，但该周仍未到案，我局遂对其上网追捕。二〇一二年三月十三日，我局经侦民警李　、　到周　居住地和户籍所在地进行查找，其妻证实周　已离开居住地，好长时间未回过家，她也无周　的联系方式。2012年6月18日，我局根据《中华人民共和国刑事诉讼法》第五十六条一款一项、二款之规定，经2012年6月15日局务会议研究，以犯罪嫌疑人周　未经执行机关批准离开居住地为由，决定没收犯罪嫌疑人周　保证金20000元。

安局经侦大队

二〇一[illegible]月十[illegible]日

附 6　合同两份

证据文字说明：

原煤合同书

甲方：某第二煤矿

乙方：某县洗煤厂

经甲乙双方协商，甲方同意销售给乙方不含税单价每吨 200 元整。付款方式：每月 8 日前货款付清，如按月付不清，乙方应承担货款千分之三的赔偿金。另外，双方协商同意若税上发生问题，税务局的税款及罚金全部由乙方承担。

特此协议，甲乙双方各执一份。

甲方：马某
乙方：周某
2010 年 7 月 27 日

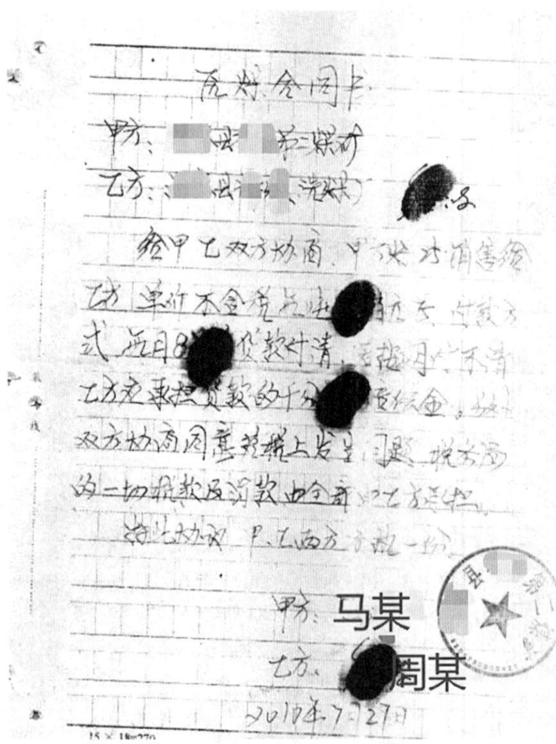

证据文字说明：

原煤供货合同书

甲方：某第二煤矿

乙方：某县洗煤厂

经甲乙双方协商，甲方将原煤销售给乙方，质量以现存原煤质量为准。价格按照每吨180元计算（不含税，不含运费），付款方式：先款后货。另外，若售出原煤没开票，税务局查出的一切税款及罚金全部由乙方承担。

本协议一式两份，甲乙双方各执一份。

甲方：马某

乙方：周某

2010年8月15日

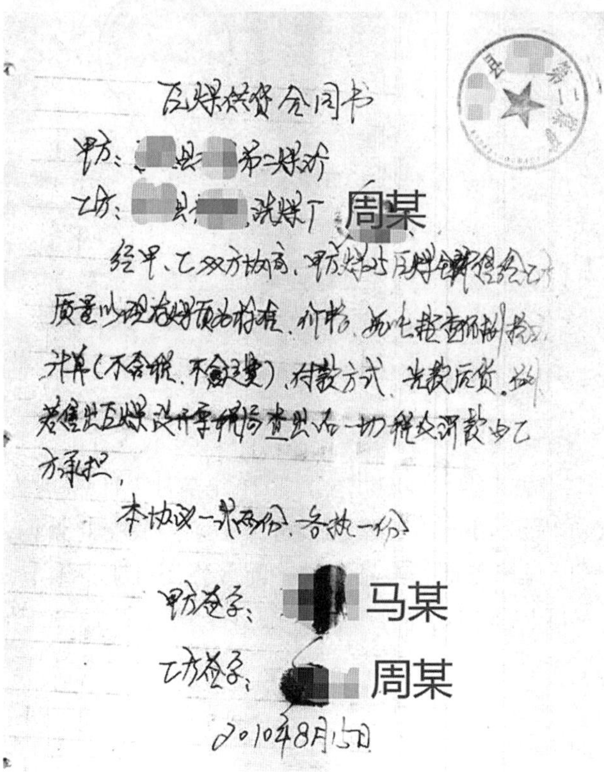

原煤供货合同书

甲方：县第二煤矿

乙方：县洗煤厂 周某

经甲、乙双方协商，甲方将原煤销售给乙方，质量以现存原煤质量为准，价格[illegible]计算（不含税、不含运费），付款方式：先款后货。若售出原煤没开票[illegible]查出的一切税款罚款由乙方承担，

本协议一式两份，各执一份

甲方签字：马某

乙方签字：周某

2010年8月15日

附 7　票据复印件说明

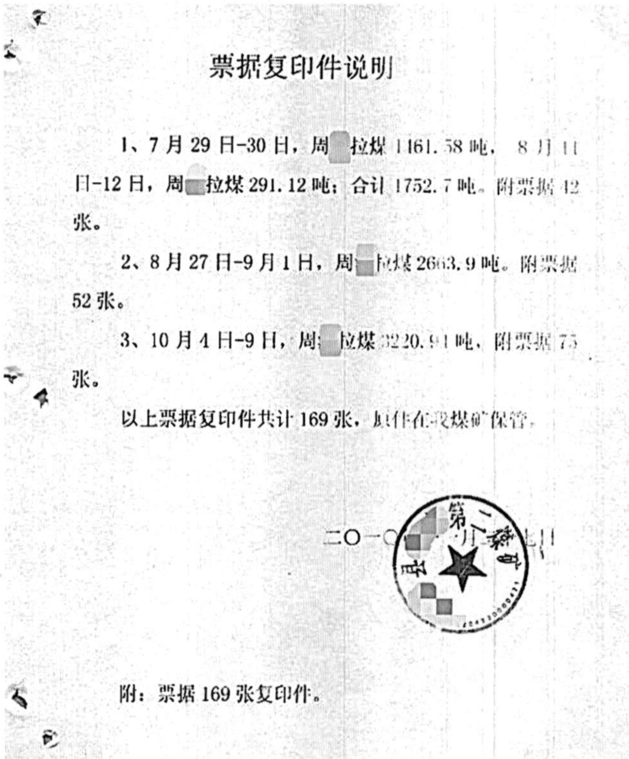

票据复印件说明

1、7月29日-30日，周[illegible]拉煤1161.58吨，8月11日-12日，周[illegible]拉煤291.12吨；合计1752.7吨。附票据42张。

2、8月27日-9月1日，周[illegible]拉煤2663.9吨。附票据52张。

3、10月4日-9日，周[illegible]拉煤3220.91吨，附票据75张。

以上票据复印件共计169张，原件在我煤矿保管。

二〇一〇[illegible]月[illegible]七日

附：票据169张复印件。

（注：被告人身份信息、组织辨认等证据由学生自主制作完善。）

实训材料三：甲一盗窃案（简易程序）

1. 基本案情

被告人甲一，男，1985年×月×日出生，2021年9月5日23时许，被告人甲一在B市A区×小区×号楼×单元送外卖时，发现被害人丁某停放在此处的一辆灰色本田牌摩托车未上锁，遂将该摩托车盗走。案发后甲一配合公安机关将该摩托车追回。2021年9月9日，经B市A区物价鉴定中心认定，被盗摩托价值28 000元。本案附件材料如下：

2. 附件材料

附件材料列表如下：

（1）起诉书。

（2）讯问笔录。

（3）询问笔录（被害人）。

（4）刑事和解笔录。

附件材料如下：

附1 起诉书

B市A区人民检察院
起诉书

A检刑诉［×］××号

被告人甲一，男，1985年×月×日出生，身份证号码××××××××××××××××××，汉族，中专文化，户籍所在地B市A区××小区××号，住址同上，系××有限公司职工。2021年9月14日因涉嫌盗窃罪被B市公安局A区分局刑事拘留，同年9月24日经本院不批准逮捕被B市公安局A区分局取保候审。

本案由B市公安局A区分局侦查终结，以被告人甲一涉嫌盗窃罪，于2022年4月24日向本院移送起诉。本院受理后，于同日已告知被告人有权委托辩护人和认罪认罚可能导致的法律后果，依法讯问了被告人，听取了被告人的意见，审查了全部案件材料。被告人同意本案适用简易程序审理。

经依法审查查明：2021年9月5日23时许，被告人甲一在B市A区×小区×号楼×单元送外卖时，发现被害人丁某停放在此处的一辆灰色台本田牌二轮摩托车未上锁，遂将该摩托车盗走。案发后甲一配合公安机关将该摩托车追回，赔偿被害人损失并取得谅解。2021年9月9日，经B市A区物价鉴定中心认定，被盗摩托车价值28 000元。

认定上述犯罪事实的证据如下：

书证、物证、视听资料、鉴定意见、被害人陈述、被告人的供述和辩解、辨认笔录等。

本院认为，被告人甲一以非法占有为目的，秘密窃取他人财物，其行为已触犯了《刑法》第264条之规定涉嫌盗窃罪，犯罪事实清楚，证据确实、充分，应当以盗窃罪追究其刑事责任。甲一自愿认罪，归案后如实供述自己的犯罪事实，系坦白，根据《刑法》第67条第三款的规定，可以从轻处罚。结合案件事实和量刑情节，建议对甲一涉嫌盗窃罪，判处有期徒刑2年，并处罚金5000元。根据《刑事诉讼法》第176条的规定，提起公诉，请依法判处。

此致

B市A区人民法院

B市A区人民检察院

检 察 官 ×××

2022年4月28日

附：本案案卷材料、证据共贰册。

附2 讯问笔录

讯问笔录（节选）

问：你把你实施盗窃行为的具体情况讲一下。

答：2021年9月6日或者9月7日的晚上11点左右，我到B市A区×小区的一户人家送完外卖。从那个单元出来后，正巧我的电动车没电了，我看到单元门口停着一辆摩托车，钥匙没拔，我当时一时糊涂，动了歪心思，把我的摩托车停放到单元门口，把那辆摩托车偷偷骑走了。我把那辆摩托车骑到我住的小区，停到我家住的×号楼门口。

问：你当时送的什么外卖还记得吗？

答：我记得好像是一份粥。

问：你当天晚上去送外卖的具体位置。

答：就在A区×小区里面一栋楼里面的一户人家，具体是哪户人家我真忘记了，那是个高层。但是我去到小区能找到我当天晚上送外卖的那栋楼，而且我能找到我偷的那辆摩托车停放的具体位置。

问：讲一下你盗窃的摩托车的特征。

答：是一辆灰色本田牌摩托车，我偷那辆摩托车的时候注意到那辆车后面有个牌子，上面写着“本田”两个字，那辆摩托车有个八九成新，当时钥匙就插在车上没有拔。我把那辆摩托车骑回去了。

问：你盗窃那辆摩托车的时候是怎么想的？

答：我当时看那辆摩托车挺新的，造型很新颖，看起来比较值钱的样子，我想偷回去留着自己骑呢。

问：你盗窃摩托车当天穿的什么衣服？

答：我当天上身穿一件墨绿色冲锋衣，外面还穿一件红色的雨衣，那天晚上我记得外面下雨着呢，腿上穿一条灰色牛仔裤。

问：你盗窃这辆摩托车的事情还有谁知道？

答：我没给任何人说，包括我妻子和我孩子。

问：讲一下你当天盗窃摩托车后的行驶路线。

答：我偷了摩托车，从×小区出来，沿着×街向北行驶，到×路左拐，沿×路一直向西走到我住的×小区。

问：你是否向被害人进行了道歉赔偿？

答：我想对被害人进行赔偿，但是我不认识被害人，没有被害人的联系方式，无法联系到被害人，就没有道歉赔偿。

问：你是否自愿认罪认罚？

答：我认罪，但是我认为检察院量刑建议书的2年有期徒刑过重，请求从轻处罚。

问：还有什么要补充的吗？

答：没有了。

附 3　询问笔录（被害人）

询问笔录（节选）

问：你是什么时间发现摩托车被盗的？

答：我是 2021 年 9 月 6 日凌晨两点准备回家时发现摩托车被盗的。

问：你讲一下你被盗摩托车的特征？

答：本田牌，灰色两轮摩托车。

问：你讲一下你被盗摩托车的是什么时间购买的？

答：2021 年 7 月 18 日购买的。

问：当时花了多少钱？

答：当时花了 31 000 元钱。

问：你的摩托车是在什么地方购买的？

答：我的摩托车是在×路市场的一家本田牌摩托车专卖店买的。

问：你当时是怎么支付的？

答：我是用微信和支付宝支付的。当时我是分三次支付的。

问：你为什么要分三次支付？

答：因为我一部分钱在微信和支付宝里面，一部分钱在我的招商银行的卡里面，所以我分三次付的款。

问：你详细讲一下你三次付款的金额。

答：2021 年 7 月 18 日 21 点 49 分的时候我通过微信扫码从我的招商银行卡中支付了 15 300 元钱，7 月 18 日 21 点 50 分微信扫码从微信里付了 2490 元钱，7 月 18 日 22 点 04 分支付宝扫码付了 13 200 元钱，总共就是 31 000 元钱。

问：你能否提供购买摩托车的发票？

答：我摩托车的发票在摩托车箱内，我可以提供店铺的收据。

问：你能否认出你的车？

答：我自己的车我肯定能认出来。

附 4　刑事和解笔录

问：我们是 B 市 A 区人民检察院的检察人员，现根据案件情况，组织你们双方协商本案退赔事宜，你们是否愿意，是否听清？

丁某：听清了，愿意协商。

甲一：听清了，愿意协商。

问：丁某，根据本案证据情况，犯罪嫌疑人甲一盗窃了摩托车，经鉴定价值

28 000 元，现摩托车已经追回并发还给你，是否还有其他损失，需要赔偿？

丁某：有损失，我的摩托车车锁损坏了，需要维修费 200 元，应该由甲一承担。

问：甲一，你是否愿意赔偿被害人损失？

甲一：我愿意一次性赔偿 300 元并赔礼道歉，但要求被害人出具谅解书。

问：甲一你如何支付？

甲一：我通过微信直接支付（当场转账履行完毕）。

丁某：我已收到，现场出具谅解书。

问：你们双方还有没有补充的？

甲一：没有了。

丁某：没有了。

（经主持调解，双方自愿达成如下协议：

甲一一次性赔偿被害人全部经济损失 300 元。

被害人丁某出具谅解书表示对甲一的行为予以谅解，并请求司法机关对甲一从轻处罚。

关于本案被盗物品退赔部分已经全部处理完毕，不再有任何纠纷。）

问：因本协议已经当场履行完毕，你们核对笔录签字捺手印确认即生效，不再单独出具和解协议书，你们是否听清，是否同意？

丁某：同意。

甲一：同意。

实训材料四：王甲危险驾驶案

1. 基本案情

王甲，男，1977 年 8 月××日出生，身份证号码××××××××××××××××××，汉族，初中文化，农民，户籍所在地及现住址 A 市 B 镇。2020 年 10 月 25 日，王甲醉酒后驾驶小型轿车从 A 市 B 镇往 C 市方向行驶，19 时 59 分，行驶至 A 市世纪大道 100 米处时，被民警查获。经鉴定，王甲血液中乙醇含量为每 100 毫升 137.24 毫克，属于醉酒驾驶。2020 年 11 月 10 日，王甲被 A 市公安局取保候审。2020 年 12 月 1 日，A 市公安局向 A 市检察院移送审查起诉。附件材料如下：

2. 附件材料

附件材料列表如下：

（1）起诉书。

（2）讯问笔录。

（3）鉴定意见。

附件材料如下：

附1 起诉书

A 市人民检察院
起诉书

A 检刑诉［2020］××××号

被告人王甲，男，1977 年××月××日出生，身份证号码××××××××××××××××××，汉族，初中文化，农民，户籍所在地及现住址 A 市 B 镇。因涉嫌危险驾驶罪，于 2020 年 11 月 10 日被 A 市公安局取保候审。

本案由 A 市公安局侦查终结，以被告人王甲涉嫌危险驾驶罪，于 2020 年 12 月 1 日向本院移送审查起诉。本院受理后，于同日已告知被告人有权委托辩护人和认罪认罚可能导致的法律后果，依法讯问了被告人，并听取了被告人及律师的意见，审查了全部案件材料。被告人同意本案适用速裁程序审理。

经依法审查查明：2020 年 10 月 25 日，被告人王甲醉酒后驾驶小型轿车从 A 市 B 镇往 C 市方向行驶，19 时 59 分，行驶至 A 市世纪大道 100 米处时，被民警查获。经鉴定，王甲血液中乙醇含量为每 100 毫升 137.24 毫克，属于醉酒驾驶。

认定上述事实的证据如下：

（1）书证：人口基本信息、到案经过、血样提取登记表及抽血照片等。

（2）认罪认罚具结书。

（3）被告人王甲的供述和辩解。

（4）司法鉴定意见书等。

上述证据收集程序合法，内容客观真实，足以认定指控事实。被告人王甲对指控的犯罪事实和证据没有异议，并自愿认罪认罚。

本院认为，被告人王甲醉酒后驾驶机动车在道路行驶，其行为触犯了《刑法》第 133 条之一第 1 款第 2 项的规定，犯罪事实清楚，证据确实、充分，应当以危险驾驶罪追究其刑事责任。王甲自愿认罪认罚，根据《刑事诉讼法》第 15 条的规定，可以从宽处理；归案后如实供述自己的犯罪事实，系坦白，根据《刑法》第 67 条第 3 款的规定，可以从轻处罚；结合案件事实和量刑情节，建议对王甲涉嫌危险驾驶罪，判处拘役 2 个月，并处罚金人民币 3000 元。根据《刑事诉讼法》第 176 条的规定，提起公诉，请依法判处。

此致

A 市人民法院

A 市人民检察院

检 察 员×××

2020 年 12 月 20 日

附：

1. 被告人王甲现羁押于A市第二看守所。

2. 本案案卷材料、证据共叁册、量刑建议、证据目录。

附2　讯问笔录

讯问笔录（节选）

问：你是因为什么被传唤到交警队的?

答：我知道，因为我涉嫌饮酒后驾驶机动车了。

问：什么时间，在什么地点你饮酒后驾驶机动车的?

答：2020年10月25日，我喝酒后驾驶小型轿车从A市B镇往C市方向行驶，开到A市世纪大道100米处。

问：事发当天你喝了多少酒?

答：我大概喝了三分之二杯分酒器白酒。

问：事发当天你的衣着?

答：事发当天我上身穿黑色夹克，下身穿蓝色牛仔短裤。

问：公安机关是否检测了你血液的酒精含量?

答：我就记得警察带我到医院抽血了。

问：你血液中检测酒精含量是多少?

答：公安机关向我送达的检测报告中，我血液中乙醇含量为每100毫升137.24毫克。

问：你对以上检测结果有异议吗?

答：没有。

…………

问：你还有什么补充吗?

答：我自愿认罪认罚。

附 3 鉴定意见

宁夏四维金盾中天司法鉴定中心

血液中乙醇含量检测司法鉴定意见书

宁一中司检[2020]毒鉴字第999号

一、基本情况

委托单位： A市交警支队一大队

委托鉴定项目： 血液中乙醇含量检测

送检人： 警官甲、警官乙

送检材料： 王甲(男，身份证号xxxxxxxxxxxxxxxxxx)

血液 4mL（2ml/支）

检材编号： 456789 567891

受理日期： 2020年10月26日

检验日期： 2020年10月26日

检验地点： 宁夏四维金盾中天司法鉴定中心A市鉴定室

二、简案摘要：

2020年10月25日，王甲涉嫌酒后驾驶机动车上道路行驶案。

三、检验过程

取王甲血液 0.5ml 于 20ml 顶空瓶中，加 100ul 叔丁醇内标液，顶空进样，检材平行制备 2 份。用【东西分析】GC4000A 型顶空气相色谱仪按照中华人民共和国公共安全行业标准 GA/T842-2009《血液酒精含量的检验方法》进行检验。

第1页共2页

四、检验意见：

王甲血液检材中检测出的乙醇含量为137.24mg/100ml

司法鉴定专用章

鉴定人（签名或盖章） 张三

鉴定人（签名或盖章） 李四

复核人（签名或盖章） 王五

宁夏四维金盾中天司法鉴定中心

2020年10月26日

注： 1 本鉴定意见仅对本次受理的检材和样本有效

2 未经本鉴定机构的书面同意任何单位或者个人不得部分复印本鉴定书（全部复制除外）

第2页共2页

五、刑事审判（普通一审程序）实训操作要领指引

请按照如下开庭程序，结合实训材料完成实训任务。

刑事案件开庭审理基本程序
（适用普通一审程序）

（一）法庭准备阶段

1. 书记员

（1）书记员庭前准备工作。

首先，查明公诉人、当事人、诉讼代理人及其他诉讼参与人到庭情况，查明是否有证人、鉴定人出庭，查明被告人是否已提押到候审室等庭前相关事项。

其次，查明是否已将被告人身体上枷戴的械具去掉、是否给被告人设立了座位。

如有证人出庭需要提交名单，证人不得参加旁听。

（2）书记员宣读法庭纪律。

宣读内容：为维护法庭秩序，保障审判活动的正常进行，根据最高人民法院《关于适用〈中华人民共和国刑事诉讼法〉的解释》第 306 条的规定，现在宣布法庭纪律。

庭审期间，全体人员应当服从法庭指挥，遵守法庭纪律，尊重法庭礼仪，不能实施下列行为：

①鼓掌、喧哗、随意走动；

②吸烟、进食；

③拨打、接听电话，或者使用即时通讯工具；

④对庭审活动录音、录像、拍照或者使用即时通讯工具等传播庭审活动；

⑤其他危害法庭安全或者扰乱法庭秩序的行为。

旁听人员不得进入审判活动区，不得随意站立、走动、不得发言和提问。

（3）书记员报告。

①请公诉人、辩护人、当事人及诉讼代理人入庭（如果已经就座则不必再宣布，但要注意当事人的座次）。

②全体起立，请审判人员入庭。（注：侧身转向审判长）报告审判长，被告人已经提到候审庭，公诉人、当事人、辩护人及有关诉讼参与人已全部到庭，庭前准备工作已经就绪，现在可以开庭。

2. 审判长

（1）审判长查明基本情况。

审判长：请坐下（敲击一下法槌）。现在开庭。传被告人到庭（请法警将被告人械具打开）。

首先核实被告人的基本情况［被告人：姓名（是否有曾用名、别名、绰号）、出生年月日、民族、出生地、职业、文化程度、工作单位、住址等基本情况］。

被告人：（略）

审判长：被告人是否受到过法律处分？被告人何时、何地受到过法律处分？是否采取强制措施、何种强制措施及时间？

被告人：（略）

审判长：被告人是否收到人民检察院起诉书副本及量刑建议书？何时收到？

被告人：（略）

审判长：辩护人向法庭介绍姓名及工作单位。

辩护人：（略）

审判长：核对附带民事诉讼原告人的身份。

附带民事诉讼原告人：（略）

审判长：诉讼代理人向法庭介绍姓名、工作单位及代理权限。

诉讼代理人：（略）

审判长：被告人是否收到附带民事起诉状？何时收到？

被告人：（略）

注意事项：

共同犯罪的被告人同样要查明其基本情况、查明其诉讼代理人的代理权限等情况。合议庭要及时收取并审查诉讼代理人的委托函件。

（2）宣布合议庭组成人员及书记员名单、人民检察院出庭人员名单及其他诉讼参与人员名单。

审判长：根据《刑事诉讼法》第 188 条、第 189 条、第 190 条的规定，××法院在本院第××法庭公开开庭（或不公开开庭及理由）审理××检察院提起公诉的被告人××（案由）一案。本案由××本院审判员（或人民陪审员）××、××、××依法组成合议庭，审判员××担任审判长并主审本案（或者是由审判员××主审本案），法官助理为××，书记员××担任法庭记录。××人民检察院检察员××出庭支持公诉，被害人××到庭参加诉讼。××律师事务所××律师××担任其诉讼代理人。××律师事务所××律师××、××出庭为被告人××辩护。证人（或鉴定人、翻译人员）××到庭参加诉讼。

（3）审判长告知诉讼权利。

审判长：根据《刑事诉讼法》第 190 条、第 197 条、第 198 条的规定，当事人及其法定代理人、辩护人、诉讼代理人在审理过程中依法享有下列诉讼权利：

①可以申请合议庭组成人员、法官助理、书记员、公诉人、检鉴定人、翻译人员回避。

②可以提出证据、申请通知新的证人到庭、调取新的证据、申请重新鉴定或者勘验检查。

③被告人有权自行辩护。

④被告人应当在法庭辩论结束后，作最后陈述。

审判长：以上诉讼权利你们是否听清？

（应当按照被告人、法定代理人—辩护人—被害人及其诉讼代理人—附带民事诉讼原告人及其诉讼代理人—附带民事诉讼被告人及其诉讼代理人的顺序进行逐一询问。）

审判长：是否申请回避？

（回答顺序同上。）

（注：如果申请回避，并符合法律规定的回避情形的，审判长应当宣布休庭，并依照《刑事诉讼法》第 31 条及相关司法解释第 35 条、第 36 条的规定处理。）

（二）法庭调查阶段

审判长：现在进行法庭调查。法庭调查分为当庭陈述和举证、质证两个阶段（法庭调查、辩论可以由主审法官主持）。

1. 当庭陈述

（1）陈述。

审判长：下面进行当庭陈述，首先请公诉人宣读起诉书和量刑建议书。（被告人起立）

公诉人：（略）

审判员：被告人××，对起诉书指控的犯罪事实、量刑及罪名有无异议？请陈述。

被告人：（略）

审判员：辩护人对起诉书指控的犯罪事实、量刑及罪名有无异议？

辩护人：（略）

审判员：下面由附带民事诉讼原告人宣读附带民事诉讼起诉状。

附带民事诉讼原告人（或其诉讼代理人）：（略）

审判长：附带民事诉讼被告人对附带民事诉讼原告人提起的附带民事诉讼请求及事实理由进行答辩。

附带民事诉讼被告人（或其诉讼代理人）：（略）

（2）对被告人进行讯问、发问。

审判长：公诉人是否对被告人进行讯问？

公诉人：（略）

审判长：被害人（附带民事诉讼原告人）及其诉讼代理人有无向被告人发问的问题？

被害人（附带民事诉讼原告人）及其诉讼代理人：（略）

审判长：辩护人有无向被告人发问的问题？

辩护人：（略）

审判长：审判人员可以讯问被告人，认为必要时，可以向附带民事诉讼原告人发问。

（注：共同犯罪案件中要分别讯问、发问。）

2. 举证、质证

举证、质证的注意事项：

①举证、质证顺序：按照公诉人—被害人及其代理人—被告人、辩护人—附带民事诉讼原告人及其代理人—附带民事诉讼被告人及其代理人的顺序进行。

②公诉人、当事人及代理人首先向法庭出示其证据材料并进行宣读，然后由法警将证据材料递交合议庭审查，再由法警将证据材料交给对方进行辩证、质证，最后，再将证据材料交回合议庭收存。

③举证、质证时要注意法庭秩序，递交证据材料应当由法警执行，不得由公诉人、当事人、代理人及证人随意传递证据材料，不经允许不能随意走动。

④举证、质证时诉讼参与人应当说明证据材料的来源。质证时可以一证一质，也可以一组证据综合质证。

⑤书证应当宣读内容，物证应当当庭展示，视听资料应当当庭播放、鉴定，结论、勘验笔录应当当庭宣读。

⑥如果当事人、证人不能宣读证据材料内容，法庭可以指定审判人员代为宣读。

⑦各方当事人可以互相发问，也可以向证人、鉴定人发问。

⑧如有证人、鉴定人出庭，须查明身份、交待权利义务并签订保证书，证人应在证人席上就座，作证完毕证人应退出法庭，不得参与旁听。证人在作证后暂时退庭，听候法庭传唤，根据案情证人可以在作证后阅检笔录，也可以在庭审后阅签。

（1）对证人（鉴定人）核对身份。

审判长：当庭陈述结束，现在进行当庭举证、质证。各方是否有证人出庭作证？

当事人：（略）

[如有证人（鉴定人）出庭。]

审判长：传唤××方证人××到庭。首先核实各方证人身份。

证人：（姓名、性别、出生年月日、民族、职业、文化程度、工作单位、住址等基本情况。）

审判长：根据《刑事诉讼法》第62条的规定，根据法庭的要求，就自己所知道的事实出庭作证是证人义不容辞的义务。证人有权拒绝回答与本案无关的问题。证人在作证时，应当客观、公正地提供证言，如有意提供虚假证明，将要承担法律责任，证人你听清楚了吗？

证人：（略）

审判长：请证人（鉴定人）在保证书上签字后暂时退庭，听候法庭传唤。

附：《证人证言保证书》（鉴定人保证书内容相同）

证人：姓名、性别、出生年月日、民族、职业、文化程度、工作单位、住址等基本情况。

保证书的主要内容：

我依法自愿向法庭作如下保证：

一、如实向法庭提供我所知道的一切案情。

二、不作伪证。

三、不提供虚假证词

四、不隐匿罪证（或证据）。

如违背上述保证，愿接受法律制裁。

证人（签字）

年　　月　　日

注：如有鉴定人出庭程序同上。

注意事项：关于法庭认证问题

①可以采取一证一质一认，也可以综合质证认证。

②一般先由当事人之间相互进行辩证、认证，然后再由合议庭认定，有些证据不便或不能当庭认证的，可以不必当庭认定，但所有证据必须进行法庭质证，包括法院自行调查的证据。

③要从证据材料的"三性"，即合法性、真实性、关联性上综合分析认证。

④审判人员认证时要用明确、清晰的语言，要注意运用法言法语，对某证据加以认证时一般表述为"该证据材料合法、真实、有效，本庭予以采信（或采纳）"，对经过有关机关和人民法院确证的证据材料，一般表述为"本庭予以确认"。

（2）公诉人举证，其他方质证。

审判长：现在进行举证、质证。（提示被告人可以坐下）控辩双方出示证据，应当说明证据的名称、来源及拟证明的事实，首先由公诉人出示证据。

公诉人：（出示证据，并宣读。应当说明证据的名称、来源和拟证明的事实，并说明证据所在的卷宗及起止页码。）

审判长：（按照被告人、辩护人、附带民事诉讼原告人及其诉讼代理人的顺序）对公诉人提交的证据有无异议？

被告人、辩护人、附带民事诉讼原告人及其诉讼代理人：（提出质证意见。）

审判长：请公诉人继续举证。

公诉人：……公诉人举证完毕。

（3）被告方举证，其他方质证。

审判长：请被告人（辩护人）举证。

被告人（辩护人）：（出示证据。）

审判长：（按照公诉人、附带民事诉讼原告人及其诉讼代理人的顺序）对被告人提交的证据有无异议？

公诉人、附带民事诉讼原告人及其诉讼代理人：（提出质证意见。）

审判长：请被告人继续举证。

被告人：……被告人举证完毕。

（4）附带民事部分的举证、质证。

审判长：下面对附带民事诉讼部分，进行举证、质证。民事诉讼双方当事人出示证据，应当说明证据的名称、来源及拟证明的事实据。首先，由附带民事诉讼原告人出示证据。

附带民事诉讼原告人：（出示证据。）

审判长：被告人对附带民事诉讼原告人提交的证据有无异议？

被告人、诉讼代理人：（提出质证意见。）

审判长：请附带民事诉讼原告人继续举证。

附带民事诉讼原告人：……附带民事诉讼原告人举证完毕。

审判长：被告人针对附带民事诉讼有无证据？

被告人：（出示证据。）

审判长：附带民事诉讼原告人及其诉讼代理人，对被告人提交的证据有无异议？

附带民事诉讼原告人及其诉讼代理人：（提出质证意见。）

审判长：请被告人继续举证。

被告人：……被告人举证完毕。

（5）法庭调查结束语。

审判长：各方当事人是否提出新的诉讼请求、有无新的证据、是否有新的证人出庭？是否有重新调查、鉴定、勘验的请求？

当事人：（略）

审判长：被告人，你是否知晓有关黑社会性质组织犯罪、恶势力犯罪的线索或为黑恶势力犯罪提供保护伞的线索？

被告人：（略）

注意事项：

①如有被害人，则按照上述顺序询问是否对被告人定罪、量刑事实的证据向法庭出示。

②在法庭审理的过程中，合议庭对定罪或量刑证据有疑问，或发现有未调取的证据的，可以告知公诉人，当事人及法定代理人、诉讼代理人、辩护人对证据做出说明或补充证据，必要时可以宣布休庭，对证据进行调查核实。

公诉人认为应当补充证据的，可以建议法庭延期审理，合议庭应当休庭；当事人、辩护人及诉讼代理人申请通知新的证人到庭、调取新的证据、申请重新鉴定、勘验检查的，可以说明理由，申请延期审理。

（三）法庭辩论

审判长：法庭调查结束。下面进行法庭小结：经过刚才的法庭调查，合议庭总结如下几个争议的焦点问题：

……

请控辩双方围绕上述焦点问题进行法庭辩论，首先由公诉人作辩论发言。

法庭辩论注意事项：

①法庭辩论应当围绕被告人有罪无罪、罪轻罪重、所犯何罪、如何处罚及附带民事诉讼请求等案件事实、证据、是非责任和适用法律等具体问题进行。

②法庭辩论的顺序：公诉人—被害人及其代理人—被告人、辩护人—附带民事诉讼原告人及其代理人—附带民事诉讼被告人及其代理人。

③可以进行一轮或多轮辩论，控、辩双方可以互相辩驳，在辩论中如果出现了新的证据，审判长可以恢复法庭调查重新质证。

④法庭辩论应遵守辩论纪律，不得使用污秽、讽刺、挖苦等人身攻击性的语言，对违反法庭纪律的，审判长应当及时制止。

主审法官：法庭认真听取了控、辩双方及当事人就案件事实、争执焦点、罪错责任、适用法律等问题所发表的辩论意见。双方是否还有新的辩论意见？

当事人：（略）

（四）被告人最后陈述

审判长：根据《刑事诉讼法》第198条的规定，由被告人作最后陈述。

（五）法庭调解阶段（只对附带民事部分）

审判长：根据《刑事诉讼法》第103条的规定，由法庭对附带民事部分进行调解。

（注：法庭调解应当本着合法、自愿的原则，如一方不同意则不能达成调解协议。如调解成功，应及时对民事部分当庭达成调解协议，之后转入下一个阶段。如果调解不成，则直接进入下一个阶段。）

（六）法庭小结

审判长：被告人××（案由）附带民事诉讼一案，经过当庭陈述—当庭举证—当庭质证—当庭辩论，本庭认为本案事实基本清楚，现在进行法庭小结（应当从控辩双方认定的事实，出示的证据，及双方争议的焦点问题等方面进行总结。）

各方的观点和意见本庭均已听清并记录在案，在评议时将结合已查明的案情，充分考虑各方观点，依法决定是否予以采纳。

（七）宣判与评议

1. 当庭宣判

审判长：现在休庭×分钟，合议庭进行评议，将被告人××押回候审室。现在宣布休庭。(敲击一下法槌)

书记员：全体起立，请审判长、审判员（人民陪审员）退庭。

请坐下。

(合议庭成员暂时退庭，在合议室进行评议，形成裁决。)

书记员：请大家坐好、保持安静，请公诉人、辩护人、当事人及诉讼代理人入庭，全体起立，请合议庭成员入庭。

审判长：请坐下（敲击一下法槌)，现在继续开庭。传被告人××到庭。合议庭对本案进行了认真评议，根据《刑事诉讼法》第200条的规定，现在进行当庭宣判（简要概括法庭查明的事实、对证据的分析、认定及判决的理由和适用的法律)，判决如下……（敲击一下法槌)。

书记官：全体起立。

审判长：宣布判决结果（口头宣判的审判长要讲明：判决书在×日内送达，结果以判决书为准)。被告人是否听清上述判决结果?

当事人：(略)

审判长：被告人是否上诉?

被告人：(略)

审判长：将被告人×押回候审室等待阅签庭审记录。现在宣布闭庭（敲击一下法槌)。

书记员：全体起立，请合议庭成员先行退庭。

请坐下。被告人、各位当事人及诉讼代理人（包括证人、鉴定人等诉讼参与人）阅签庭审记录。

2. 定期宣判

审判长：合议庭将对本案进行认真评议（或者须提交审判委员会讨论）后择期宣判。将被告人××押回羁押场所（先暂时押回候审室等待阅签庭审记录)。现在宣布闭庭（敲击一下法槌)。

书记员：全体起立，请合议庭成员先行退庭。

请坐下。被告人、各位当事人及诉讼代理人（包括证人、鉴定人等诉讼参与人）阅签庭审记录。

六、刑事审判（普通一审程序）实训操作重难点提示

（一）开庭实训操作重难点提示

引导问题 1：被告人到法庭即喊冤怎么办？

审判长应立即予以制止，并告知被告人需要遵守法庭纪律，未经法庭准许不得随意发言，可以在庭审中提出辩解，也可以委托辩护人进行辩护，法庭在庭审中会认真、充分地听取其辩解及辩护人的辩护意见。

引导问题 2：当事人申请回避怎么办？

申请回避是法律赋予当事人的诉讼权利。在当事人提出回避时，审判长先审查申请事由是否属于应当回避的法定事由，然后按照如下流程进行：

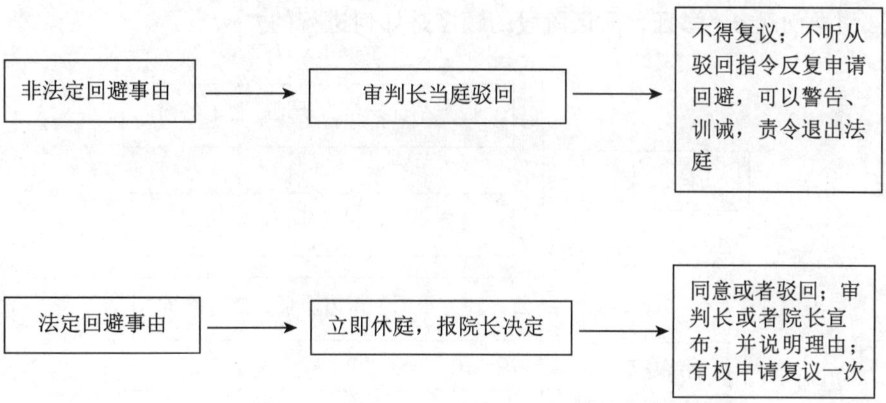

引导问题 3：被告人回答的身份、前科劣迹、拘留逮捕时间与起诉书表述不一致怎么办？

告知起诉书表述的情况，并由被告人再次确认。如出现被告人坚持与起诉书表述不一致的情况，可以告知将在法庭调查阶段再具体核实。

（二）法庭调查实训操作重难点提示

引导问题 1：被告人对起诉书指控的事实提出实质性异议但又表示认罪认罚怎么办？

应当向被告人释明，因其已对起诉指控提出了实质性异议，属于不认罪，将不再适用认罪认罚从宽处罚制度。

引导问题 2：庭审讯问（发问）时，有哪些技巧可以借鉴？

（1）掌握“明知故问”的技巧。

庭审讯问（发问）的目的，是让被告人自己把答案（犯罪的过程、情节、结果、主观态度）说出来，从而起到核实案件事实的作用，所以控、辩、审三方不要急于帮被告人说出案情，这样就违背了审判的初衷。

（2）不要面面俱到。

讯问（发问）应该直击痛点，对于被告人认罪、没有争议的部分没有必要再重复讯问（发问），应针对被告人不认罪、翻供及控辩双方可能存在争议的部分进行。

（3）讯问（发问）应针对案件事实，不急于辩论案件定性。

法庭上的讯问（发问）应针对起诉书所认定的事实，主要是陈述案件的经过和被告人的行为，至于这一行为是否构成犯罪、构成何罪、应如何量刑，是法庭辩论阶段的任务，故讯问（发问）不针对被告人行为的性质。

引导问题 3：被告人拒绝回答相关提问怎么办？

向被告人释明证据规则，告知没有被告人供述，其他证据充分的，同样可以认定有罪，即使被告人当庭不作供述，其以往所作供述也可以作为证据使用，只有积极地回答问题，才能有效地行使其辩护权利，便于法庭查明事实。

引导问题 4：举证、质证阶段的顺序是如何进行的？

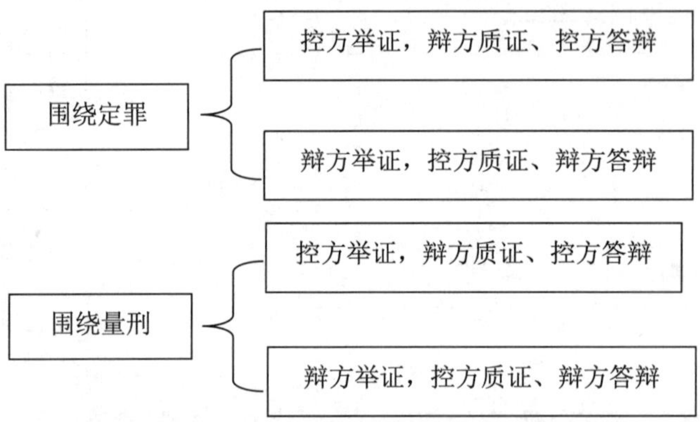

引导问题 5：控方举证应当遵循哪些要求？

（1）公诉人举证前，应当先就举证方式作出说明；庭前会议对简化出示证据达成一致意见的，一并作出说明。

（2）应当根据法庭许可并确定的举证方式，全面出示每一份（组）证据，不得随意删减、断章取义。

（3）出示每一份（组）证据前，公诉人应当先就证据的种类、名称、收集主体和时间以及所要证明的内容等向法庭作概括说明。

（4）举证完毕后，应当对出示的证据进行归纳总结，明确证明目的。

引导问题 6：控方应当围绕哪些内容进行举证？

（1）被告人的身份。

（2）是否存在指控的犯罪事实，是否为被告人所实施。

（3）实施犯罪行为的时间、地点、方法、手段、结果，被告人犯罪后的表现等。

（4）犯罪集团或者其他共同犯罪案件中参与犯罪人员的各自地位和应负的责任。

（5）被告人有无刑事责任能力，有无故意或者过失，行为的动机、目的。

（6）有无依法不应当追究刑事责任的情形，有无法定从重或者从轻、减轻以及免除处罚的情节。

（7）犯罪对象、作案工具的主要特征，与犯罪有关的财物的来源、数量以及去向。

（8）被告人全部或者部分否认起诉书指控的犯罪事实的，否认的根据和理由能否成立。

（9）与定罪、量刑有关的其他事实。

引导问题 7：对不同种类的证据，在举证时有哪些特殊要求？

（1）物证一般应当出示原物。原物不易搬运、不易保存或者已返还被害人的，可以出示反映原物外形和特征的照片、录像、复制品，并对与原件的同一性作出说明。

（2）书证一般应当出示原件。获取书证原件确有困难的，可以出示书证副本或者复制件，并对与原件的同一性作出说明。

（3）询问证人应单独进行，采取一问一答形式。举证方可以要求证人就其了解的与案件有关的事实进行陈述，也可以直接发问。对未到庭证人的证言笔录，应当当庭宣读。宣读前，应当说明证人和本案的关系。

（4）宣读被告人供述，应当根据庭审中被告人供述的情况进行。被告人当庭供述与庭前供述的实质性内容一致的，可以不再宣读庭前供述，但应当向法庭说明。被告人作无罪辩解或者当庭供述与庭前供述内容不一致，足以影响定罪量刑的，公诉人可以有针对性地宣读被告人庭前供述笔录，并针对笔录中被告人的供述内容对被告人进行讯问。

（5）鉴定意见以及勘验、检查、辨认和侦查实验等笔录应当庭宣读，并对鉴定人、勘验人、检查人、辨认人、侦查实验人员的身份、资质、与当事人及本案的关系作出说明。

（6）视听资料和电子数据。对视听资料和电子数据的来源、制作过程、制作环境、制作人员、收集提取过程以及所要证明的内容进行概括说明，应当向法庭提供视听资料的原始载体和电子数据的原始存储介质；视听资料播放和电子数据出示应当保持连续性和完整性。

引导问题 8：辩护方的质证要点有哪些？

（1）物证、书证。从真实性角度，可围绕是否为原件，是否系伪造，其存在或产生是否违背常理、生活经验等进行；从关联性角度，可围绕形成时间、是否与案件事实存在因果联系、是否存在模糊或自相矛盾等情况发表质证意见；从合法性角度，可围绕证据的收集、固定程序是否合法，以及证明该过程的笔录、清单制作是否符合法律要求进行。

（2）被告人供述与辩解。

①程序性问题。包括讯问的时间、地点，讯问人的身份、人数以及讯问方式是否符合法律规定；讯问笔录的制作、修改是否符合法律规定，是否注明讯问的起止时间和地点，首次讯问是否告知诉讼权利和相关法律规定，被告人是否核对确认；讯问未成年被告人，是否通知其法定代理人或有关人员到场及到场情况记录；被告人供述有无非法取得的情形；讯问不通晓当地通用语言文字的少数民族犯罪嫌疑人以及外国籍

的犯罪嫌疑人，是否为其提供翻译人员等。

②实体性问题。包括被告人供述是否一致，被告人供述有无反复及反复的原因，被告人的供述与辩解是否均装卷移送；被告人的辩解是否符合常理常情，有无矛盾；被告人的供述与辩解与同案犯的供述辩解以及其他证据是否相互印证，有无矛盾。

(3) 证人证言、被害人陈述。可从认知能力、与当事人的关系、客观环境、证言与本案其他证据是否存在矛盾或者存在不合理之处等角度进行质证。对于超出客观陈述的主观判断或对方进行的诱导性询问应当立即制止。

(4) 鉴定意见。可从鉴定机构和鉴定人的法定资质、检材来源、鉴定依据、鉴定程序、鉴定意见等角度进行质证。必要时，可以申请鉴定人、专家证人出庭。

(5) 勘验、检查、搜查、辨认笔录。可从制作过程是否合法，例如是否当场制作、工作主体和工作对象以及见证人是否签字、确认；勘验、检查、搜查、辨认过程有无同步录音录像，笔录内容与录像是否一致等角度质证。

(6) 侦查实验笔录。可从侦查实验的审批、过程、方法、法律依据、技术规范或者标准、侦查实验的环境条件与原案接近程度、结论的科学性等方面，有针对性地进行质证。

(7) 视听资料。可从内容是否连续完整，所反映的行为人的言语动作是否连贯自然，提取、复制、制作过程是否合法，内容与案件事实关联程度，形成过程是否存在胁迫、误导等方面进行质证。

(8) 电子数据。可从是否为原始载体，提取、复制、制作过程，内容与案件事实关联程度，电子数据主体是否真实存在及对应人员等方面进行质证。

引导问题 9：证人、鉴定人等出庭应当遵循什么程序？

证人、鉴定人等出庭，首先由法庭告知证人、鉴定人权利义务，签署保证书；其次由上述人员向法庭陈述证言；最后，经审判长许可，由申请出庭的一方和对方依次发问，审判人员认为必要时，也可询问。法庭依职权通知证人出庭的，发问顺序由审判长根据案件情况确定。

(三) 法庭辩论实训操作重难点提示

引导问题 1：辩护人在策略选取上，应注意什么问题？

每一个刑事案件都会面临辩护角度和辩护策略的选择，且该选择直接关系案件的结果，关系被告人的切身利益，归纳起来至少考虑以下因素：

(1) 考虑和尊重当事人的意愿。律师的辩护权来源于当事人的委托，律师的辩护权从属于当事人的辩护权。如案件的当事人拒不承认起诉书所认定的事实，始终给自己作无罪辩护，那律师就不能以“律师独立履行辩护职责”为由给当事人作罪轻辩护，应当充分考虑当事人的意愿。

(2) 考虑案件的事实与证据。这是辩护人选择辩护角度与策略的根基，不能脱离案件的事实证据，而事实只能是依法查明的事实，证据能够证明的事实，即法律事实。只有在没有犯罪事实（没有指控证据）、事实存疑（证据不足）的情况下，才能选择无罪辩护，否则将选取罪轻辩护策略。

(3) 考虑法律规定及理解适用。辩护人应仔细斟酌犯罪行为对应的刑法条文是怎么规定的，罪状是如何叙述的，行为是否满足犯罪的构成要件，应如何合理恰当地理解与适用条文，如何解释才能确保案件罪、责、刑相一致等。

引导问题 2：合议庭应如何主持法庭辩论？

(1) 对双方的辩论发言合议庭都应认真听取，并抓住焦点，对辩论方向进行引导。对被告人认罪的案件，可以指引控辩双方主要围绕量刑和其他有争议的问题进行。对被告人不认罪或者辩护人作无罪辩护的案件，可以引导控辩双方先辩论定罪问题，后辩论量刑和其他问题。

(2) 如发现新的事实和证据需要进一步核实查清，应当宣告恢复法庭调查，待查清后再继续辩论。

(3) 对与案件无关、重复或者互相指责的发言应当制止。

(4) 经过几轮辩论，审判长认为控辩双方已没有新的辩论观点，应宣布辩论终结。

(四) 被告人最后陈述实训操作重难点提示

引导问题 1：被告人陈述与案件事实无关怎么办？

被告人陈述不仅是对案情的总结和回应，还应当允许其充分表达其自身观点，不能严格要求与案件紧密相关，但对被告人多次重复的内容，可以制止。

引导问题 2：被告人陈述中提出新的事实、证据和辩解理由，应如何处理？

合议庭认为提出的新事实和证据可能影响正确裁判的，应当恢复法庭调查；被告人提出新的辩解理由，可能影响正确裁判的，应当恢复法庭辩论。

(五) 评议与宣判实训操作重难点提示

引导问题 1：合议庭认证的依据是什么？

经过控辩双方质证的证据，法庭应当结合控辩双方质证意见，从证据与待证事实的关联程度、证据之间的印证联系、证据自身的真实性程度等方面，综合判断证据能否作为定案的根据。

证据与待证事实没有关联，或证据自身存在无法解释的疑问，或证据与待证事实以及其他证据存在无法排除的矛盾的，不得作为定案的根据。

引导问题 2：合议庭认为证据存在疑问时，如何处理？

在庭审中，合议庭对于证据有疑问的，可要求举证方作出说明，必要时可以要求补充侦查。同时，也可以依职权主动调查核实证据，可以进行勘验、检查、查封、扣押、鉴定和查询、冻结。庭外获取的证据经过控辩双方质证后，才能作为定案的依据。

七、刑事审判实训作业

(一) 实训作业清单

(1) 作业封面。

（2）目录。

（3）任务分配表。

（4）审判组入卷材料：审判提纲、庭审笔录、判决书。

（5）公诉组入卷材料：讯问提纲、证据目录、质证意见、公诉意见书、量刑建议书。

（6）辩护组入卷材料：发问提纲、证据目录、质证意见、代理意见。

（7）当事人及其他诉讼参与人组入卷材料：配合控辩审三方进行陈述的材料。

（8）实训书面总结。

（二）实训作业要求

（1）作业封皮：标明案由、公诉人、辩护人、合议庭成员、完成日期。

（2）案卷目录：具备序号、内容、页码、备注等。

（3）实训书面总结：对实训过程进行反思，对真实收获与不足进行总结，全面体现所有小组成员的心得。

要求：观点鲜明、条理清晰、文字简练，力戒空话、套话、大话、假话。字数在1500字以内。

八、刑事审判实训过程评价与反馈

刑事审判考核标准

<table>
<tr><th>序号</th><th colspan="2">项目</th><th>考核标准</th><th>分值</th><th>得分</th></tr>
<tr><td>1</td><td colspan="2">庭前准备</td><td>书记员查明当事人到庭情况、宣读法庭纪律、报告程序规范</td><td>5</td><td></td></tr>
<tr><td>2</td><td colspan="2">开庭</td><td>被告人身份等相关信息查明全面
宣布案由、组成人员符合规定
权利义务告知全面、准确</td><td>5</td><td></td></tr>
<tr><td rowspan="3">3</td><td rowspan="3">法庭调查</td><td>审判组</td><td>（1）讯问被告人有针对性
（2）对举证、质证掌控得当
（3）进行必要的调查核实
（4）归纳法庭调查争议焦点</td><td>10</td><td rowspan="3"></td></tr>
<tr><td>控辩组</td><td>（1）讯问（发问）具有针对性
（2）举证全面规范，证明目的明确
（3）质证切中要害
（4）举证、质证遵守审判长指挥</td><td>10</td></tr>
<tr><td>当事人及其他组</td><td>（1）庭前准备充分，深入了解案情
（2）与控辩审三方配合默契
（3）言行符合诉讼角色，能有效地履行诉讼职能
（4）灵活应变，能妥善处置突发事件</td><td>10</td></tr>
</table>

续表

<table>
<tr><th>序号</th><th colspan="2">项目</th><th>考核标准</th><th>分值</th><th>得分</th></tr>
<tr><td rowspan="2">3</td><td rowspan="2">法庭辩论</td><td>审判组</td><td>对法庭辩论程序掌控得当
善于抓住双方焦点，引导辩论</td><td>10</td><td rowspan="2"></td></tr>
<tr><td>控辩组</td><td>（1）公诉意见书（辩护词）观点明确，论证完善适用法律正确
（2）互相攻辩围绕争议焦点</td><td>10</td></tr>
<tr><td>4</td><td colspan="2">被告人最后陈述</td><td>程序规范，陈述内容符合基本案情</td><td>5</td><td></td></tr>
<tr><td>5</td><td colspan="2">评议与宣判</td><td>程序规范，判决结果全面、准确</td><td>5</td><td></td></tr>
<tr><td>6</td><td colspan="2">庭审效果</td><td>精神饱满，投入度高</td><td>5</td><td></td></tr>
<tr><td>7</td><td colspan="2">实训总结</td><td>观点鲜明、条理清晰、文字简练</td><td>5</td><td></td></tr>
<tr><td>8</td><td colspan="2">作业形式</td><td>（1）作业要素齐全
（2）文书写作格式规范，校对仔细，无错别字
（3）封面、目录制作规范
（4）装订规范</td><td>20</td><td></td></tr>
<tr><td colspan="3">组别</td><td></td><td>100</td><td></td></tr>
</table>

工作任务七　行政一审案件的审判

一、行政审判学习情境描述

分别以审判员和当事人及其代理律师的身份，按照人民法院审理第一审行政诉讼案件的程序规定，根据实训任务书的要求，模拟完成开庭、法庭调查、法庭辩论、法庭调解、评议和宣判等行政一审审判流程，确保各诉讼主体明确其工作任务、熟悉工作流程，综合应用行政法律知识，学会运用裁判思维参与庭审，完成行政审判的实训目标。

行政诉讼一审审判流程（普通程序）如下图所示：

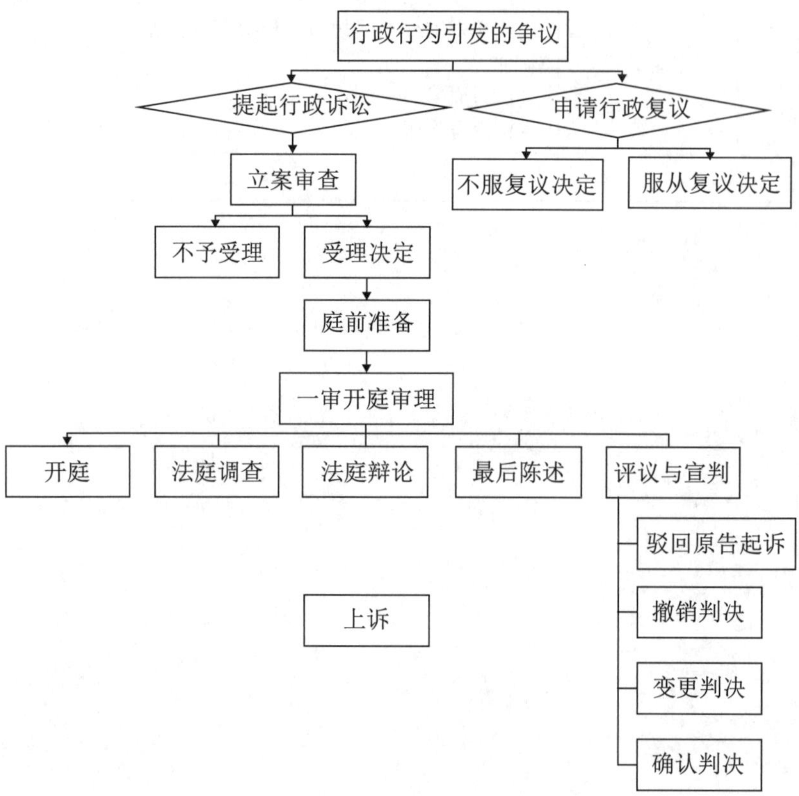

二、行政审判实训目标

通过本工作任务的实训，学生应掌握：

（1）小组成员之间分工协作，在研究探讨中模拟完成行政法庭审判工作过程，通过对实体案件的程序操作，提高法律应用能力。

（2）依据诉讼角色，结合案情，制作行政审判过程中常用的法律文书。

（3）对实训过程进行反思总结，养成良好的法律思维及严谨认真的工作习惯。

三、行政审判任务分组

行政审判任务分配表

<table>
<tr><td>班级</td><td></td><td>组别</td><td></td><td>指导老师</td><td></td></tr>
<tr><td>组长</td><td></td><td>学号</td><td></td><td></td><td></td></tr>
<tr><td rowspan="6">组员</td><td>姓名</td><td>学号</td><td>姓名</td><td colspan="2">学号</td></tr>
<tr><td></td><td></td><td></td><td colspan="2"></td></tr>
<tr><td></td><td></td><td></td><td colspan="2"></td></tr>
<tr><td></td><td></td><td></td><td colspan="2"></td></tr>
<tr><td></td><td></td><td></td><td colspan="2"></td></tr>
<tr><td></td><td></td><td></td><td colspan="2"></td></tr>
<tr><td rowspan="5">任务
分工</td><td>审判组</td><td colspan="4"></td></tr>
<tr><td>原告组</td><td colspan="4"></td></tr>
<tr><td>被告组</td><td colspan="4"></td></tr>
<tr><td>第三人组
（根据案情设定）</td><td colspan="4"></td></tr>
<tr><td>其他诉讼
参与人组</td><td colspan="4"></td></tr>
<tr><td>备注
说明</td><td colspan="5"></td></tr>
</table>

四、行政审判实训任务书

（一）实训任务布置

研读所给判决书的原文摘要，并根据如下分工完成行政审判实训任务：

（1）审判组完成审判提纲、法庭笔录及判决书等法律文书的制作任务，并模拟审判人员完成庭审。

（2）原告组完成起诉状、证据目录、代理意见的制作工作，完成证据收集、发问提纲、质证意见等材料的准备工作，并模拟原告及代理人出庭参加诉讼。

（3）被告组、第三人组完成答辩状、证据目录、代理意见的制作工作，完成证据收集、发问提纲、质证意见等材料的准备工作，并模拟被告及代理人出庭参加诉讼。

（4）其他诉讼参与人组熟悉案情，并模拟相应角色配合完成庭审过程。

（5）实训结束后，装订案卷材料，完成实训总结。

（二）实训材料

实训材料一：丁某根不服某县公安局公安行政处罚案

1. 判决书原文摘要

原告丁某根，男，2000年生（其他信息自拟）。

委托代理人丁某（系原告之父，其他信息自拟）。

被告某县公安局（其他信息自拟）。

2021年3月18日，被告某县公安局作出永公（杨和）行罚决字［2021］××号《行政处罚决定书》，认定原告丁某根威胁人身安全的违法行为成立，决定给予原告丁某根行政拘留5日的行政处罚。原告丁某根不服，提起行政诉讼。

原告诉称，丁某根系某大学大三学生，2021年3月，因与同学王某凯之间产生矛盾并发生口角，利用微信辱骂对方，对方报警。2021年3月18日晚，丁某根被办案民警带回派出所，当晚被治安拘留，3月23日上午，学校通知家属接回。回到家后，由于丁某根病情严重一直在医院治疗。

丁某根于2018年9月份入学，2019年底发现有抑郁症状，表现为寒暑假回家不出门，不和家人交流。当时家人认为丁某根性格内向，有逆反心理，并未在意。2021年1月，丁某根回家后把自己反锁在屋里，不出门，脾气也很暴躁，家人不敢接近。2021年2月底，班主任给家长打电话，说丁某根在网上与同学吵架，并称丁某根在心理上可能出现了问题。经家长和学校沟通，一致认为孩子心理和精神上出现了问题。丁某根在拘留期间受到刺激，出来后，多次因病走失。回家后，一直辱骂、威胁父母，拒绝吃饭、看病。直到4月底，先后在兰州大学附属医院心理科和兰州市第三人民医院诊治，两家医院的诊断结果均为重度抑郁症。

原告认为，其在学校被民警带走，学校领导和班主任对其病情是知情的，派出所民警在知道丁某根有抑郁症状的情况下，仍对其采取强制措施，该行为未考虑丁某根的实际情况，采取强制措施过于武断，处理方法不合情合理。派出所处理问题前后矛盾，告诉家属原告系初犯，只罚款批评教育即可，某县公安局却在知悉原告丁某根有精神疾病的情况下，只听取举报人意见，对丁某根采取了拘留5日的行政处罚，明显欠妥当。处罚作出后，派出所未按规定通知原告丁某根家属，不符合法定程序、应予纠正。

原告诉讼请求：（1）撤销某县公安局作出的永公（杨和）行罚决字［2021］××号《行政处罚决定书》；（2）本案诉讼费由被告承担。

原告向本院提交以下证据：2021年7月19日甘肃省兰州市第三人民医院疾病诊断证明书一份；2021年4月29日兰州大学第二医院门诊就诊证明书一份；3月16日微信聊天记录截图；3月20日、3月23日、3月25日短信截图各一份。证明目的：在事发一年前，丁某根患有抑郁症，学校的老师和同学都知道该事实。

被告某县公安局对证据的真实性、合法性予以认可，对关联性及证明目的不予认可，上述材料只能证明丁某根患抑郁症，不能证明原告丁某根患精神病，与被告作出行政行为无关。

被告某县公安局辩称，其一，原告丁某根违反治安管理的事实清楚、证据确凿。2021年2月至3月16日，丁某根在某大学就读期间多次用自己的QQ号和其朋友王某海的QQ号给王某凯发信息称“要杀王某凯的爸爸、操王某凯的妈、杀王某凯的妈”等信息，并将自己的同学拉至一个QQ群，让同学加王某凯的微信对其进行辱骂威胁，辱骂威胁后截图发给他就给发红包。丁某根的以上行为严重影响王某凯的人身安全和正常生活秩序，受害人王某凯于2021年3月16日15时许电话报警。以上事实有王某凯的陈述、丁某根的陈述和申辩、王某凯提交的聊天截图等事实依据。在某县公安局杨和派出所调查期间，原告丁某根未明确表示自己患有抑郁症，也未提出精神病鉴定申请，在被告某县公安局对其进行处罚前告知时，原告丁某根明确表示不进行陈述和申辩。其二，对原告丁某根进行行政处罚的适用法律正确、程序合法、内容适当。针对丁某根威胁他人人身安全的违法行为，被告某县公安局根据《治安管理处罚法》第42条第1项之规定，决定给予丁某根拘留5日的行政处罚，适用法律正确，程序合法，处罚适当，恳请依法驳回原告丁某根的全部诉讼请求。

被告某县公安局向本院提交以下证据：

证据一：受案登记表。证明目的：被告某县公安局某派出所依法受理3月16日某大学××宿舍威胁人身安全案。

证据二：行政处罚决定书。证明目的：被告某县公安局依法对违法行为人作出处罚。

证据三：传唤证、笔录、聊天截图、证据保全清单、扣押笔录、前科查询。证明目的：原告丁某根构成威胁人身安全的违法行为。

证据四：告知笔录、执行回执、送达回执、行政处罚审批表。证明目的：被告某县公安局依法作出处罚决定并予以告知、送达。

证据五：光盘、音视频资料。证明目的：被告某县公安局作出处罚决定程序合法。

原告丁某根对上述证据的真实性没有异议，但没有考虑原告丁某根是在患有抑郁症的情况下做出的行为。

2. 审理要点提示

（1）永公（杨和）行罚决字［2021］××号《行政处罚决定书》在事实和程序上是否存在问题？

（2）原告丁某根罹患抑郁症可否作为撤销《行政处罚决定书》的抗辩理由？

实训材料二：林某诉某市公安局某区分局行政赔偿案

1. 判决书原文摘要

原告林某，女，73岁（其他信息自拟）。

被告某市公安局某区分局（其他信息自拟）。

原告林某诉称，2020 年 7 月 20 日 13 时许，其在海宝西区××车棚看管自行车时，被告民警来到其工作处，称小区业主向 110 报警称原告盗窃了业主的自行车，欲将原告带到派出所了解情况。原告提出稍等片刻，要安顿好看管的自行车棚，但遭到民警拒绝，原告只好坐在地上等待，被告民警遂让两名协警强行将原告扭送上警车带往派出所。原告离开派出所后感到胳膊疼痛即前往医院就诊。经鉴定，原告右上肢正中神经损伤，右上肢尺神经损伤，评定为十级伤残。原告认为，公安机关依法具有维护社会治安秩序，保护公民合法权益的义务。被告强行将原告带离的行为，系违法执行职务，导致原告的身体及心理均遭受伤害。2020 年 9 月 22 日，原告向被告口头申请国家赔偿，被告当日制作了国家赔偿口头申请笔录，并向原告出具国家赔偿申请受理通知书及国家赔偿申请接收凭证。2020 年 11 月 17 日，被告作出银兴公赔决字［2020］×号《行政赔偿决定书》，认为原告的国家赔偿申请不能成立，根据《国家赔偿法》第 3 条、第 23 条第 3 款的规定，决定不予赔偿，但该赔偿决定书中并没有说明不予赔偿的事实和理由，而且适用的法律错误，错把《国家赔偿法》第 13 条第 3 款，适用成了第 23 条第 3 款。原告不服，向本院提起行政诉讼。

为此，原告依法提起诉讼，请求：（1）撤销被告 2020 年 11 月 17 日作出的银兴公赔决字［2020］×号《行政赔偿决定书》；（2）判令被告赔偿原告各项经济损失 222 666. 26 元（具体赔偿项目及数额如下：医疗费 4507. 46 元、护理费 13 200 元、误工费 64 148. 75 元、交通费 146. 3 元、营养费 2000 元、伤残赔偿金 126 563. 75 元、精神损害抚慰金 5000 元、鉴定费 1600 元、律师费 5500 元）；（3）判令被告向原告赔礼道歉。

原告林某某向本院提交了如下证据：（1）《行政赔偿决定书》（银兴公赔决字［2020］×号）一份。证明：被告于 2020 年 11 月 17 日对原告提出的行政赔偿申请，作出不予赔偿决定违法。（2）门诊病历五份。证明：原告受伤后分别在张氏回医正骨医院、中国人民解放军联勤保障部队第 942 医院、银川市中医院、宁夏回族自治区人民医院、宁夏医科大学总医院进行诊疗的事实。（3）《司法鉴定意见书》（证泰司鉴所［2020］鉴（临床）字第××号）。证明：经宁夏证泰司法鉴定所鉴定，原告右上肢正中神经损伤，右上肢尺神经损伤，评定为十级伤残；确定原告需休息期为 210 日、护理期为 120 日、营养期为 60 日。（4）医疗费票据 28 张，合计 4507. 46 元；交通费票据 13 张，合计 146. 3 元；律师费票据 2 张，合计 5500 元；鉴定费票据 1 张，计 1600 元。证明：原告因治疗右上肢损伤产生的各项费用。

被告某市公安局某区分局辩称，其一，被告民警系合法执行职务行为，无违法之处，不属于国家赔偿范围。2020 年 7 月 20 日，被告接到群众康某报警称其存放在海宝西区××车棚内价值 1000 多元的自行车被盗。民警到达现场后，经询问得知原告与康某因自行车看管费发生过纠纷，遂要求原告交出康某自行车。原告当着民警的面，用脚将康某的自行车踹倒并带倒了周围的自行车。原告的行为涉嫌故意损毁财物，民警当即口头传唤其到派出所接受调查。因原告拒不配合，民警遂对其进行现场控制并带回派出所。因此，被告的出警行为系合法履行职务行为，不属于国家赔偿范围。其二，被告仅对原告与康某之间的民事纠纷进行调解，未对原告涉嫌故意损毁他人财物的违法行为进行处罚，体现了公安机关的人性执法。原告藏匿并踹倒他人自行车的行为，属于违反治安管理处罚法的行为。鉴于该违法行为系因民间纠纷引起，且原告年事已高，民警即当场进行了调解，双方当事人也达成和解并签署调解书，未对原告作出行政处罚。其三，原告的人身损害与被告的执法行为之间没有因果关系。根据出警现场视频资料记载，在原告被带往派出所的过程中及回到派出所后，其右上肢完全能够自由活动，无任何不适和异常，说明民警的行为并未对原告造成任何伤害。原告提供的司法鉴定意见书及医院门诊病历仅能够说明其右上肢本身就有损伤，无法证明该损伤系民警的执法行为所致。因此，被告根据《国家赔偿法》相关规定作出的不予赔偿决定书，认定事实清楚、适用法律正确、程序合法，请求驳回原告的诉讼请求。

被告某公安局向本院提交了如下证据：（1）接报警登记表1份；（2）出警现场视频光盘1张（含视频截图2张）；（3）司法鉴定所咨询视频光盘1张；（4）国家赔偿申请接收凭证1份；（5）国家赔偿申请受理通知书1份；（6）国家赔偿口头申请笔录1份2页；（7）送达回证1份；（8）行政赔偿决定书1份。证明：被告民警的行为系合法执行职务行为，不属于国家赔偿范围；原告的身体损害与被告的执法行为之间没有因果关系。据此，被告作出的《行政赔偿决定书》事实清楚，程序正当，符合法律规定。

经庭审质证，原告对被告提交的证据（1）（2）（4）（5）（6）（7）的真实性、合法性、关联性予以认可，证明目的不予认可；证据（3）的真实性、合法性、关联性均不予认可。被告对原告提交的证据（1）至（4）的真实性、合法性、关联性予以认可，证明目的不予认可。

2. 审理要点提示

（1）被告民辅警将原告带离现场的方式是否合法、恰当？

（2）被告受理原告申请国家赔偿的程序是否合法？

（3）被告作出的《行政赔偿决定书》是否合法？《行政赔偿决定书》应该载明哪些内容，法律依据是什么？

实训材料三：杨某不服某县公安局行政拘留案

1. 判决书原文摘要

原告杨某，男（其他信息自拟）。

被告某县公安局（其他信息自拟）。

2018年9月15日，被告某县公安局在××省道进行治安检查时发现原告杨某有吸毒前科，对其进行人体尿样检测，结果为吗啡和冰毒均呈阳性，作出银宁公（巡）行罚决字［2018］××号《行政处罚决定书》，决定对原告杨某处行政拘留15日的处罚。杨某不服，提起行政诉讼。

原告杨某诉称，行政处罚决定书认定事实不清，证据不足。2016年9月23日，某县公安局西夏区分局兴泾镇派出所在西夏××创业园检查时以原告吸食吗啡（尿检为阳性）为由对其处以300元罚款，原告对此没有重视。

2018年9月15日，原告乘车途经宁东，遇被告安全检查，对原告进行尿检，显示吗啡与冰毒均为阳性。原告当场对尿检结果提出异议。当日，被告提取原告的毛发进行鉴定，但并未书面告知原告检测结果，只是口头告知没有检测出来。

原告自2016年9月19日至2018年8月13日在宁夏医科大学附属医院就诊，院方诊断原告患有支气管哮喘、过敏性鼻炎、哮喘变异性咳嗽等疾病，2016年9月20日，宁夏医科大学附属医院为原告开具复方甲氧那明胶囊、复方甘草片、多索茶碱片等药物；2018年8月11日至8月13日，原告在宁夏医科大学附属医院就诊，医院为其开具复方甲氧那明胶囊、复方甘草片、石黄抗菌片、糠酸莫米松鼻喷雾剂等药物，其中复方甲氧那明胶囊成分中含有“盐酸甲氧那明与那可丁”，盐酸甲氧那明别名是甲氧苯丙甲胺盐酸盐，甲氧苯丙甲胺的结构与冰毒的主要成分甲基苯丙胺的结构相似。复方甘草片中含有“阿片粉”，吗啡是阿片类毒品一种，原告所服药物可以对毒品检测产生影响干扰。原告在行政拘留期间，并没有像其他吸毒人员一样犯毒瘾。

原告认为，其在现场检测报告及询问笔录中均不认可检测结果，是因病服用药物（复方甲氧那明胶囊、复方甘草片）导致检测结果呈阳性，被告在认可原告服用了复方甲氧那明胶囊及复方甘草片的情况下，未对原告所服用药物是否可能导致冰毒和吗啡尿液检测呈阳性做进一步排除，仅根据现场检测报告的结果作出行政处罚决定，证据不足。

原告诉讼请求：（1）撤销被告作出的银宁公（巡）行罚决字［2018］××号《行政处罚决定书》；（2）本案诉讼费用由被告承担。

被告辩称，其一，原告杨某的违法行为事实清楚，证据确凿。（1）杨某的尿样检测吗啡和冰毒均呈阳性，杨某对尿样检测结果有异议，并自称患有支气管哮喘、过敏性鼻炎、哮喘变异性咳嗽等疾病，服用了复方甘草片、复方甲氧那明胶囊和石黄抗菌片等药物。目前公安部没有下发有关服用复方甘草片、复方甲氧那明胶囊、多索茶碱片和石黄抗菌片等药物导致人体尿液毒品检测呈阳性的规定或批复；（2）我局民警于2018年9月15日提取了杨某的毛发样本，当时没有相关规定以毛发检测结果作为认定违法行为人是否吸毒的依据，办案民警只是作为一种辅助检测手段进行提取。2018年10月31日，公安部印发了《涉毒人员毛发样本检测规范》，杨某的毛发样本检测结果不能作为本案证据使用，所以我局未对杨某的毛发样本进行检测；（3）根据公安部《关于根据实验室检测结论认定吸食甲基苯丙胺违法行为有关意见的批复》（公复字［2015］1号）和浙江省公安厅《关于在吸毒嫌疑人尿液中检验出“甲基安非他明”成分能否认定吸毒问题的批复》（浙公复［2009］35号），在吸毒嫌疑人尿液中检验出“甲基安非他明”成分，能构成合理申辩理由的只有帕金森症患者治疗时服用的药物司来吉兰（处方药，该药物经人体代谢后能产生“甲基安非他明”和“安非他明”成分），因杨某没有帕金森症病史，排除服用其他药物对甲基安非他明检测的影响干扰；（4）杨某在2016年9月24日因吸食海洛因被银川市西夏区公安分局兴泾镇派出所作出罚款300元的行政处罚，但杨某未对该行政处罚提出行政复议或行政诉讼，因此我局认定杨某有吸食毒品的前科。其二，我局依据《治安管理处罚法》第72条第3项之规定，作出银宁公（巡）行罚决字［2018］××号行政处罚决定书，认定事实清楚，证据确凿，适用法律正确，请求驳回原告的诉讼请求。

上述事实，有原、被告当庭陈述，被告提交的行政处罚案卷，被告提供的行政复议卷宗，原告杨某提交的照片、诊断证明、处方、门诊导诊单、门诊收费票据、药房售药单、购药票据、微信支付截图、复方甲氧那明日胶囊说明书、复方甘草片说明书、复方甘草片一瓶、复方甲氧那明胶囊一盒在案为凭，予以印证。

2. 审理要点提示

（1）本案原、被告之间争议的焦点问题是什么？

（2）被告认定原告吸食毒品的事实，证据是否充分？

（3）被告提取毛发但没检测的执法行为，如何评价？

（4）被告对杨某的处罚是否恰当？

3. 参考法律法规

（1）公安部作出的公复字［2015］1号《关于根据实验室检测结论认定吸食甲基苯丙胺违法行为有关意见的批复》。

（2）公安部《涉毒人员毛发样本检测规范》。

实训材料四：周某不服某市人力资源和社会保障局不予认定工伤案

1. 判决书原文摘要

原告周某，男，45岁（其他信息自拟）。

被告某市人力资源和社会保障局（其他信息自拟）。

2015年1月16日，被告某市人力资源和社会保障局作出某人社伤险认决字［2015］××号不予认定工伤决定书，认定周某所患的腰椎间盘突出不符合《工伤保险条例》第1条、第14条之规定，决定不予认定工伤。

原告周某诉称，2013年6月9日，其在绿都集团股份有限公司东方红分公司装车皮时不慎扭伤了腰，后经黑龙江省森工总医院诊疗，武警黑龙江省总队医院住院手术治疗。原告认为依据《工伤保险条例》的相关规定，应当享受工伤保险待遇，为此曾向被告提出工伤认定申请，但被告作出不予认定工伤决定书。原告认为自己与绿都集团股份有限公司东方红分公司存在劳动关系，受伤事实存在，应当予以认定工伤。被告认为原告因工作造成的腰椎间盘突出属自身疾病，是无任何道理的，不符合《工伤保险条例》第14条的规定，违背《工伤保险条例》的立法宗旨。原告认为，被告作出的行政行为无法律依据，凭所谓的“经请示上级业务部门，查阅相关资料，结合病例分析，本机关评议”等方法得出结论是不可接受的，原告依法提起行政诉讼，请求法院秉承公道，维护劳工合法权益。

原告提供以下证据：(1) 武警黑龙江省总队医院门诊医疗手册；(2) 黑龙江省森工总医院诊疗手册，证明原告在上述医院就诊，在工作中扭伤腰部，杯诊断为腰椎间盘突出。

被告某市人力资源和社会保障局辩称，其一，周某所患的腰椎间盘突出症不符合工伤认定情形。《工伤保险条例》第 18 条第 1 项和第 3 项规定，提出认定申请应当提交工伤认定申请表、医疗诊断证明或者职业病诊断书。《工伤认定办法》第 6 条规定，提出工伤认定申请应当填写《工伤认定申请表》，并提交劳动、聘用合同及医疗机构出具的受伤后诊断证明或者职业病诊断书。周某虽然提交了相关诊断、病例，但所提交的材料中均没有体现周某所患的腰椎间盘突出症是因受到工作中事故伤害的描述，并且自述腰痛 3 年，伴右下肢疼痛、麻木 5 个月，加重 6 天。可见其所患的腰椎间盘突出属于自身疾病。周某没有提交职业病诊断证明书，《职业病分类和目录》（国卫疾控发［2013］48 号）也没有将腰椎间盘突出症列入目录中。其二，腰椎间盘突出症是因椎间盘变性，纤维环破裂，髓核突出刺激或压迫神经根、马尾神经所表现的一种综合征，它不是突然发生的事故可以马上引起的疾病。综上，人民法院应依法维持我局作出的决定。

被告提供以下证据：(1) 工伤认定申请表（复印件）；(2) 周某提交的医疗诊断及病例（复印件）；(3) 工伤认定程序中止通知书（复印件）、送达回证（复印件）；(4) 仲裁裁决书（复印件）；(5) 恢复工伤认定程序通知书（复印件）、送达回证（复印件）；(6) 工伤认定申请不予受理通知书（复印件）、送达回证（复印件）、撤销《工伤认定申请不予受理通知书》的通知（复印件）、送达回证（复印件）；(7) 不予认定工伤决定书（复印件）、送达回证（复印件）；(8) 诊断书、CT 报告单（复印件）；(9) 武警黑龙江省总队医院病历（复印件）；(10) 职业病分类和目录（复印件）；(11) 腰椎间盘突出理论解释（复印件）；(12) 李某军、彭某义、李某荣书面证言（复印件）；(13)《工伤保险条例》第 18 条、第 19 条、第 14 条、第 17 条（复印件），《工伤认定办法》第 6 条第 2 项（复印件），证明作出不予认定工伤决定书的事实依据及法律依据。

经过庭审质证，原告对被告提供的证据没有异议，被告对原告提供的证据真实性没有异议，但认为在申请工伤认定时未提交，本院对上述证据真实性予以确认。

2. 审理要点提示

(1) 被告认定工伤事实理由是否充分，程序是否合法？

(2) 原告的“椎间盘突出”的疾病能否认定成工伤？

五、行政审判实训操作要领指引

请按照如下开庭程序，结合实训材料完成实训任务。

行政案件开庭审理基本程序
（适用普通一审程序）

（一）法庭准备阶段

（书记员首先查明当事人和其他诉讼参与人到庭情况、查明是否有证人、鉴定人出庭。）

书记员：请法警值庭。

全体肃静，现在宣布法庭纪律。

为维护法庭秩序，保障审判活动的正常进行，根据《人民法院法庭规则》第 17 条的规定，全体人员在庭审活动中应当服从审判长或独任审判员的指挥，尊重司法礼仪，遵守法庭纪律，不得实施下列行为：

（1）鼓掌、喧哗。

（2）吸烟、进食。

（3）拨打或接听电话。

（4）对庭审活动进行录音、录像、拍照或使用移动通讯工具等传播庭审活动。

（5）其他危害法庭安全或妨害法庭秩序的行为。

诉讼参与人发言或提问，应当经审判长或独任审判员许可。

旁听人员不得进入审判活动区，不得随意站立、走动，不得发言和提问。

媒体记者经许可实施第 1 款第 4 项规定的行为，应当在指定的时间及区域进行，不得影响或干扰庭审活动。

全体起立，请合议庭成员入庭。

（待合议庭成员就座后，转身面对审判长）报告审判长，原告、被告（第三人）及其委托代理人均已到庭，庭前准备工作已经就绪，现在可以开庭。

审判长：请坐下！

（二）开庭

审判长：（敲击法槌）现在开庭。根据《行政诉讼法》第 54 条之规定，某铁路运输法院在本院第×法庭公开（不公开）审理原告×××诉被告×××（案由）一案（因×××与本案有利害关系，本院追加×××为第三人参加诉讼）。本案庭审过程全程录音录像（并同步进行互联网直播）。现在核对到庭当事人及其他诉讼参与人身份。

审判长：原告将基本身份情况及委托代理事项向法庭报告。

原　告：（略）

委托代理人：（略）

审判长：被告将单位基本信息、行政机关负责人出庭情况、委托代理事项向法庭报告。

被　告：（略）

委托代理人：（略）

审判长：第三人将基本身份情况向法庭报告。

第三人：（略）

委托代理人：（略）

审判长：原、被告及第三人对各方当事人及其委托代理人的身份有无异议？

原　告：（略）

被　告：（略）

第三人：（略）

审判长：经核对，各方当事人及诉讼代理人的身份均符合法律规定，可以参加本案诉讼。

根据《行政诉讼法》第68条之规定，本案适用普通程序审理，由某铁路运输法院审判员×××担任审判长，与审判员（人民陪审员）×××、×××依法组成合议庭，由审判员×××主审本案。书记员×××担任法庭记录。各方当事人是否听清？

原　告：（略）

被　告：（略）

第三人：（略）

审判长：根据《行政诉讼法》第55条之规定，当事人有申请回避的权利。如果你们认为合议庭组成人员、担任法庭记录的书记员（翻译人员、鉴定人、勘验人）与本案有利害关系或者有其他关系可能影响公正审判的，有权申请回避。各方当事人是否申请回避？

原　告：（略）

被　告：（略）

第三人：（略）

审判长：当事人的诉讼权利和义务告知书庭前已送达各方当事人，现不再当庭告知，各方当事人有无异议？

原　告：（略）

被　告：（略）

第三人：（略）

（三）法庭调查

审判长：下面进行法庭调查，由主审法官×××主持。

主审法官：请原告陈述起诉的事实理由和诉讼请求。

原　告：（略）

主审法官：被告就原告陈述的事实理由、诉讼请求进行答辩。

被　告：（略）

主审法官：第三人就原告陈述的事实理由、诉讼请求进行陈述。

第三人：（略）

主审法官：现在进行法庭举证、质证。根据《行政诉讼法》第34条的规定，被告对作出的行政行为负有举证责任，应当提供相关证据和规范性文件，出示证据时应明确证据名称、证据形式、证据来源及证明目的。首先由被告向法庭出示证据（该举证顺序为作为类案件，其他案件视具体情况另行确定）。

被　告：（略）

主审法官：由原告对该证据发表质证意见。

原　告：（略）

主审法官：第三人对该证据发表质证意见。

第三人：（略）

主审法官：原告向法庭出示证据。出示证据时应明确证据名称、证据形式、证据来源及证明目的。

原　告：（略）

主审法官：由被告对该证据发表质证意见。

被　告：（略）

主审法官：第三人对该证据发表质证意见。

第三人：（略）

主审法官：第三人有无证据向法庭提交？

第三人：（如有则组织举证、质证）

主审法官：法庭举证、质证结束，现在进行法庭发问。各方对本案事实有无问题互相发问？

原　告：（略）

被　告：（略）

第三人：（略）

（合议庭如果有问题可以发问。）

（四）*法庭辩论*

审判长：法庭调查结束，现在进行法庭辩论。本案争议焦点为×××。双方围绕以上争议焦点发表辩论意见，首先由原告发表辩论意见。

原　告：（略）

审判长：被告发表辩论意见。

被　告：（略）

审判长：第三人发表辩论意见。

第三人：（略）

审判长：法庭辩论结束。根据《行政诉讼法》第 60 条、第 62 条的规定，除行政赔偿、补偿以及行政机关行使法律、法规规定的自由裁量权的案件外，行政案件不适用调解。但原告有撤诉的权利，被告有改变被诉行政行为的权利。本院没有裁决之前，双方可以行使上述权利。原告是否愿意撤回本案起诉？

原　告：（略）

审判长：被告是否愿意改变已经作出的行政行为？

被　告：（略）

审判长：各方当事人做最后陈述。

原　告：（略）

被　告：（略）

第三人：（略）

（五）评议与宣判

［当庭宣判用］

审判长：原告×××诉被告×××一案，本法庭依法进行了审理。在法庭调查阶段，被告出示了×××证据；原告出示了×××证据，第三人出示了×××证据。相关证据已经当庭举证、质证。在法庭辩论阶段，原、被告及第三人充分发表了意见，并进行了辩论。各方的观点和意见，合议庭均已听清并记入笔录。在评议时将结合已查明的案情，充分考虑各方的观点，依法决定是否予以采纳。现在休庭×分钟，合议庭进行评议（敲击法槌）。

书记员：全体起立，请合议庭成员退庭。

（合议庭成员退庭后）请坐下。

请大家坐好保持安静。请原被告及第三人入庭。

全体起立，请合议庭成员入庭。

审判长：请坐下（敲击法槌）。现在继续开庭。

合议庭对本案进行了认真评议。根据《行政诉讼法》第80条的规定，现在进行当庭宣判。

（审判长简要概述审理查明的事实、证据，原、被告意见、建议是否成立，是否采纳，判决的理由及适用的法律）判决（裁定）如下……（敲击法槌）

书记员：全体起立。

审判长：（宣布裁判结果，告知上诉权利义务。）原被告及第三人是否听清？是否上诉？

原　告：（略）

被　告：（略）

第三人：（略）

审判长：判决书（裁定书）将于10日内向当事人送达，案件最终裁判结果以送达当事人的裁判文书为准。各方当事人核对庭审笔录无误后签字。现在闭庭（敲击法槌）。

［不当庭宣判用］

审判长：原告×××诉被告×××一案，本法庭依法进行了审理。在法庭调查阶段，被告出示了×××证据；原告出示了×××证据。相关证据已经当庭举证、质证。在法庭辩论阶段，原、被告及第三人充分发表了意见，并进行了辩论。各方的观点和意见，合议庭均已听清并记入笔录。在评议时将结合已查明的案情，充分考虑各方的观点，依法决定是否予以采纳。

本案择期宣判。各方当事人核对庭审笔录无误后签字。现在休庭（敲击法槌）。

六、开庭阶段实训操作重难点提示

（一）开庭实训操作重难点提示

引导问题 1：与民事和刑事诉讼相比，行政诉讼有什么显著的特征？

首先，主体特殊。行政诉讼就是俗称的“民告官”，即诉讼的原告是公民法人或其他组织，被告是行政机关。

其次，行政诉讼审理对象特定。人民法院审理行政案件，只以具体行政行为是否合法作为审查对象，紧紧围绕具体行政行为是否合法这一中心进行，看该具体行政行为所发生的行政法律关系是否应该成立，有何事实和法律根据，进而对具体行政行为是否合法作出判断。

最后，审判权行使的方式独具特色。行政诉讼中的审判组织只有合议庭一种形式，不能采取独任制；对被告一方当事人经两次合法传唤无正当理由拒不到庭的，可以缺席判决，但不能强制到庭；庭审中排斥调解、和解；对合法的具体行政行为予以维持，不合法的予以撤销，变更判决仅被限定在“行政处罚显失公正”这一很小的范围。

引导问题 2：如果开庭时原告忘记开庭时间未到庭参与诉讼，或撤回起诉，原告还能否再次以同一事由提起诉讼？

最高人民法院《关于适用〈中华人民共和国行政诉讼法〉的解释》第 60 条规定，人民法院裁定准许原告撤诉后，原告以同一事实和理由重新起诉的，人民法院不予立案。准予撤诉的裁定确有错误，原告申请再审的，人民法院应当通过审判监督程序撤销原准予撤诉的裁定，重新对案件进行审理。

引导问题 3：原告在法庭宣布开庭时，突然提出要求审判员回避？

依据《行政诉讼法》第 55 条的规定，当事人认为审判人员与本案有利害关系或者有其他关系可能影响公正审判，有权申请审判人员回避。

审判人员认为自己与本案有利害关系或者有其他关系，应当申请回避。

上述规定，适用于书记员、翻译人员、鉴定人、勘验人。

院长担任审判长时的回避，由审判委员会决定；审判人员的回避，由院长决定；其他人员的回避，由审判长决定。当事人对决定不服的，可以申请复议一次。

引导问题 4：行政案件开庭时，发现被告机关负责人没来，被告行政机关是否要受到相应处罚？

行政机关负责人，包括行政机关的正职、副职负责人以及其他参与分管的负责人。

行政机关负责人出庭应诉的，可以另行委托一至两名诉讼代理人。行政机关负责人不能出庭的，应当委托行政机关相应的工作人员出庭，不得仅委托律师出庭。涉及重大公共利益、社会高度关注或者可能引发群体性事件等案件以及人民法院书面建议行政机关负责人出庭的案件，被诉行政机关负责人应当出庭。

被诉行政机关负责人出庭应诉的，应当在当事人及其诉讼代理人基本情况、案件由来部分予以列明。

行政机关负责人有正当理由不能出庭应诉，应当向人民法院提交情况说明，并加盖行政机关印章或者由该机关主要负责人签字认可。

行政机关拒绝说明理由的，不发生阻止案件审理的效果，人民法院可以向监察机关、上一级行政机关提出司法建议。

引导问题 5：行政诉讼的案由如何表述？

行政案件案由是行政案件名称的核心组成部分，起到明确被诉对象、区分案件性质、提示法律适用、引导当事人正确行使诉讼权利等作用。关于案由的具体规定及表述方法，详见最高人民法院《关于行政案件案由的暂行规定》（法发［2020］44 号）。

（二）法庭调查实训操作重难点提示

引导问题 1：行政诉讼中被告举证责任的承担上有什么特点？

（1）被告不仅要提供作出行政行为的证据，还需要提供所依据的规范性文件。

（2）按照“卷宗主义”原则提交证据，即行政机关作出行政行为，必须“先取证，后裁决”，奉行“证据在先”原则。被告只能依据行为之前调查收集完成的案件卷宗中的证据来证明自己作的行政行为合法。诉讼过程中调查取得的证据，在诉讼中不可纳入。

（3）被告怠于举证的，视为没有举证，要承担不利后果。涉及第三方利益的，有利害关系的第三方可以向法院提供证据。第三方无法提供的，可以申请法院依职权调取。

引导问题 2：行政诉讼中原告举证责任的承担上有什么特点？

（1）一般情况下，原告仅需要提供符合法定起诉条件的证据。即：自己是适格的原告、有明确的被告、有具体的诉讼请求和事实依据、属于法院的受案范围和管辖这四方面的证据。

（2）在起诉被告不作为的案件当中，原告还应提供其在行政程序曾经提出申请的证据材料。

（3）在行政赔偿、行政补偿的案件中，无论是单独提起还是一并提起的，原告都应当对被诉行政行为造成损害的事实提供证据。因被告原因导致原告无法举证的，由被告承担举证责任。

引导问题 3：如何对被告提供的“作出具体行政行为的规范性文件”进行审查？

《行政诉讼法》第 53 条第 1 款规定：“公民、法人或者其他组织认为行政行为所依据的国务院部门和地方人民政府及其部门制定的规范性文件不合法，在对行政行为提起诉讼时，可以一并请求对该规范性文件进行审查。”这就赋予了公民、法人或者其他组织对规范性文件附带审查的请求权，也赋予了人民法院就规范性文件是否合法的判断权。应当从如下几个方面进行审查：

（1）审查程序的启动。原告可以在一审开庭前或庭审法庭调查阶段，将“对规范性文件进行合法性审查”作为一个单独的诉讼请求提出，并陈述该诉讼请求所依据的事实及理由。

（2）规范性文件的范围。由国务院各部门和地方人民政府及其部门制定的规范性文件，且是作为行政行为依据的具体条款。

（3）审查的内容。对规范性文件的有效性和合法性进行审查。有效性审查是形式审查，即审查规范性文件是否生效、废止、失效或被撤销、无效等情形。合法性审查是实质性审查，是对规范性文件的权限、内容和设立程序是否合法进行审查。

（4）审查的附带性属性。一是对象的附带性，只有直接作为被诉行政行为依据的规范性文件才可能成为人民法院的审查对象。二是审查模式的附带性，即对规范性文件的审查只能在针对行政行为合法性审查时附带提出，不能单独提出。三是审查结果的附带性，人民法院对规范性文件审查后，如确认该规范性文件不合法的，只是不把其作为认定行政行为合法的依据，但不就规范性文件的合法性作单独判定。

引导问题 4：原告在宣读完起诉状时，临时要求变更了一项诉讼请求，被告没有带该项请求对应的证据怎么办？

最高人民法院《关于民事诉讼证据的若干规定》第 53 条规定，诉讼过程中，当事人主张的法律关系性质或者民事行为效力与人民法院根据案件事实作出的认定不一致的，人民法院应当将法律关系性质或者民事行为效力作为焦点问题进行审理。但法律关系性质对裁判理由及结果没有影响，或者有关问题已经当事人充分辩论的除外。

存在上述情形，当事人根据法庭审理情况变更诉讼请求的，人民法院应当准许并可以根据案件的具体情况重新指定举证期限。

引导问题 5：原告在行政起诉状中列了诸多被告，法庭通过查明认为部分当事人不是适格被告，法庭询问原告是否变更被告，而原告坚决不变更，案件怎么处理？

如果法庭在审理过程中，发现原告所列被告不符合《行政诉讼法》第 49 规定的起诉条件的，且原告坚决不变更的，法庭应当按照原告的诉讼主张继续审理案件，在作出判决的时，应当根据最高人民法院《关于适用〈中华人民共和国行政诉讼法〉的解释》第 69 条的规定，裁定驳回其起诉。

引导问题 6：被告行政机关，开庭时出具了一份在举证期限未举证的证据，该份证据效力如何？

《行政诉讼法》第 34 条规定：“被告对作出的行政行为负有举证责任，应当提供作出该行政行为的证据和所依据的规范性文件。被告不提供或者无正当理由逾期提供证据，视为没有相应证据。但是，被诉行政行为涉及第三人合法权益，第三人提供证据的除外。”

最高人民法院《关于适用〈中华人民共和国行政诉讼法〉的解释》第 34 条和《行政诉讼法》第 36 条第 1 款规定，被告申请延期提供证据的，应当在收到起诉状副本之日起 15 日内以书面方式向人民法院提出。人民法院准许延期提供的，被告应当在正当事由消除后 15 日内提供证据。逾期提供的，视为被诉行政行为没有相应的证据。

引导问题 7：在原告起诉之后，被告行政机关还能否向原告收集证据？

不能。行政机关应当依法行政，以证据证明其行政行为认定的事实，以法律为依据作出行政行为，是对行政机关的基本要求。因此，行政机关应当“先取证，后裁决”，即行政机关只能以其在作出行政行为时收集的证据作为证明行政行为合法的依据。行政决定一旦送达生效，行政机关则不应再自行收集证据。因此在诉讼程序中，行政机关也不能为证明行政行为的合法性而再行收集新的证据。如果行政机关先作出行政行为，等行政行为被诉到法院后，再向原告、第三人和证人收集证据，就意味着行政机关可以“先裁决，后取证”，这就等于纵容行政机关在程序上违法，是与依法行政的原则相悖的。因此被告及其诉讼代理人在诉讼过程中，不得再自行收集证据。这样规定，可以促使行政机关依法行政，防止行政机关轻率、片面地作出行政行为，并可更好地保护公民、法人和其他组织的合法权益。

引导问题 8：原告诉讼请求确认违法的案件，原告法庭辩论结束后，想与被告行政机关以调解方式结案，法庭是否能准许？

依据《行政诉讼法》第 60 条第 1 款的规定，人民法院审理行政案件，不适用调解。但是，行政赔偿、补偿以及行政机关行使法律、法规规定的自由裁量权的案件可以调解。确认违法案件不在可调解的案件范围之内。

（三）法庭辩论实训操作重难点提示

本部分内容与民事审判的法庭辩论内容相似，请参照本教材工作任务五民事一审案件法庭辩论实训操作重难点提示进行操作。

（四）宣判与评议实训操作重难点提示

引导问题：行政诉讼判决结果有哪几种？

（1）驳回原告诉讼请求的判决。行政行为证据确凿，适用法律、法规正确，符合法定程序的，或者原告申请被告履行法定职责或者给付义务理由不成立的，人民法院判决驳回原告的诉讼请求。

（2）撤销并判令被告重新作出具体行政行为的判决：①主要证据不足的；②适用法律、法规错误的；③违反法定程序的；④超越职权的；⑤滥用职权的；⑥明显不当的。对于上述六种行政行为，人民法院在撤销或部分撤销的同时，可判决被告重新作出行政行为。

(3) 变更判决。行政处罚明显不当，或者其他行政行为涉及对款额的确定、认定确有错误的，人民法院可以判决变更。人民法院判决变更，不得加重原告的义务或者减损原告的权益。但利害关系人同为原告，且诉讼请求相反的除外。

(4) 确认判决。行政行为有下列情形之一的，人民法院判决确认违法，但不撤销行政行为：①行政行为依法应当撤销，但撤销会给国家利益、社会公共利益造成重大损害的；②行政行为程序轻微违法，但对原告权利不产生实际影响的。人民法院判决确认违法或者无效的，可以同时判决责令被告采取补救措施；给原告造成损失的，依法判决被告承担赔偿责任。

七、实训作业

(一) 实训作业清单

(1) 作业封面。

(2) 目录。

(3) 任务分配表。

(4) 选取的实训任务。

(5) 解决实训任务所依据的法律法规。

(6) 庭审卷宗（包括卷宗目录、起诉状、答辩状、证据清单、质证意见、证据、庭审笔录、双方代理词、判决书等资料）。

(7) 实训书面总结。

(二) 实训作业要求

(1) 作业封皮：标明案由、委托方、受委托方、完成日期。

(2) 案卷目录：具备序号、内容、页码、备注等目录的基本要素。

(3) 实训书面总结：对实训过程进行反思，对真实收获与不足进行总结，全面体现所有小组成员的心得。

要求：观点鲜明、条理清晰、文字简练，力戒空话、套话、大话、假话。字数在1500字以内。

八、实训过程评价与反馈

行政审判考核标准

序号	项目	考核标准	分值	得分
1	庭前准备	书记员查明当事人到庭情况、宣读法庭纪律、报告程序规范	5	

续表

<table>
<tr><th>序号</th><th colspan="2">项目</th><th>考核标准</th><th>分值</th><th>得分</th></tr>
<tr><td>2</td><td colspan="2">开庭</td><td>双方身份等相关信息查明全面
宣布案由、组成人员符合规定
权利义务告知全面、准确</td><td>5</td><td></td></tr>
<tr><td rowspan="3">3</td><td rowspan="3">法庭调查</td><td>审判组</td><td>（1）发问有针对性
（2）对举证、质证掌控得当
（3）进行必要的调查核实
（4）归纳法庭调查争议焦点</td><td>12</td><td rowspan="3"></td></tr>
<tr><td>原被告及第三人组</td><td>（1）发问具有针对性
（2）举证全面规范，证明目的明确
（3）质证切中要害
（4）举证、质证遵守审判长指挥</td><td>12</td></tr>
<tr><td>其他诉讼参与人组</td><td>（1）庭前准备充分，深入了解案情
（2）与原、被告及审判组配合默契
（3）言行符合诉讼角色，能有效地履行诉讼职能
（4）灵活应变，能妥善处置突发事件</td><td>12</td></tr>
<tr><td rowspan="2">4</td><td rowspan="2">法庭辩论</td><td>审判组</td><td>对法庭辩论程序掌控得当
善于抓住双方焦点，引导辩论</td><td>10</td><td rowspan="2"></td></tr>
<tr><td>原、被告组</td><td>（1）代理意见观点明确，论证完善适用法律正确
（2）互相攻辩围绕争议焦点</td><td>10</td></tr>
<tr><td>5</td><td colspan="2">庭审效果</td><td>精神饱满，投入度高</td><td>7</td><td></td></tr>
<tr><td>6</td><td colspan="2">实训总结</td><td>观点鲜明、条理清晰、文字简练</td><td>7</td><td></td></tr>
<tr><td>7</td><td colspan="2">作业形式</td><td>（1）作业要素齐全
（2）文书写作格式规范，校对仔细，无错别字
（3）封面、目录制作规范
（4）装订规范</td><td>20</td><td></td></tr>
<tr><td colspan="3">组别</td><td></td><td>100</td><td></td></tr>
</table>

第二部分
非诉讼实务

第三模块

法律咨询

工作任务八　常见案件的法律咨询

一、法律咨询学习情境描述

了解法律咨询的特点，分别以律师和案件当事人的身份，按照律师接待（会见）当事人的职业基本要求，模拟律师向当事人（客户）询问事实和解答法律问题，完成法律咨询服务的工作过程，提高应用相关法律解决实际问题的能力。

法律咨询沟通要领如下图所示：

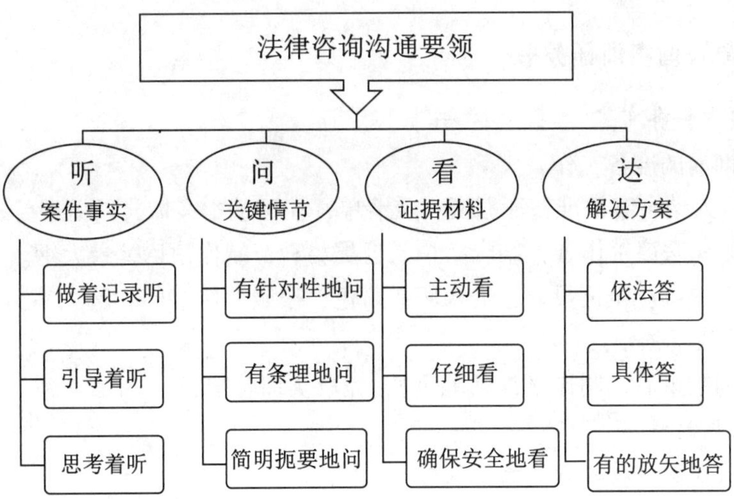

二、法律咨询实训目标

通过本工作任务的实训，学生应该掌握：

（1）小组成员之间分工协作，在研究探讨中模拟完成法律咨询工作，熟悉法律咨询的基本流程，掌握咨询过程中应当把握的基本沟通技巧。

（2）根据案情，依据角色不同，制作《咨询提纲》《谈话笔录》，提供合法有效、切实可行的解决问题的方案。

（3）对实训过程进行反思总结，养成良好的法律思维及严谨认真的工作习惯。

三、法律咨询任务分组

法律咨询任务分配表

<table>
<tr><td>班级</td><td></td><td colspan="2">组号</td><td></td><td colspan="2">指导老师</td><td></td></tr>
<tr><td>组长</td><td></td><td colspan="2">学号</td><td></td><td colspan="2"></td><td></td></tr>
<tr><td rowspan="4">组员</td><td colspan="2">姓名</td><td colspan="2">学号</td><td colspan="2">姓名</td><td>学号</td></tr>
<tr><td colspan="2"></td><td colspan="2"></td><td colspan="2"></td><td></td></tr>
<tr><td colspan="2"></td><td colspan="2"></td><td colspan="2"></td><td></td></tr>
<tr><td colspan="2"></td><td colspan="2"></td><td colspan="2"></td><td></td></tr>
<tr><td rowspan="2">任务
分工</td><td colspan="2">当事人</td><td colspan="5"></td></tr>
<tr><td colspan="2">接待律师</td><td colspan="5"></td></tr>
<tr><td>备注
说明</td><td colspan="7"></td></tr>
</table>

四、法律咨询实训任务书

（一）实训任务布置

（1）咨询前的准备工作：

①请当事人结合案情准备证据资料及清单，梳理基本案情，以便进行有效咨询。

②请律师（法律工作者）结合案情及证据材料，制作谈话笔录大纲。

（2）咨询过程：全情投入，进入职业角色，按照“听、问、看、答”的基本要领，进行法律咨询现场演示。

（3）咨询结束后，制作《谈话笔录》，完成实训总结。

（二）实训材料

1. 常见民事案件的法律咨询实训材料

实训材料一：赵某梅与王某东婚姻家庭纠纷案

（1）基本案情。

2016 年 3 月，赵某梅与王某东经人介绍后认识，于 2017 年 2 月登记结婚，婚后购买银川市兴庆区某小区住房一套，并一直居住于此。二人均有稳定工作，赵某梅为某小学教师，王某东为某事业单位职工。2019 年 8 月，二人婚生子王某博出生。2020 年 4 月，赵某梅发现王某东与他人保持不正当关系，发生争执后打算离婚。二人有存款

10 万元，由赵某梅保管。

2020 年 6 月，赵某梅来到某律所就离婚事宜寻求咨询服务。

（2）咨询提示。

①赵某梅来到律所后，谈及自己婚姻状况，情绪十分激动，忍不住多次落泪，无法明确其所要咨询的具体法律问题，面对如此情况你如何对当事人进行咨询，请列出事实询问清单。

②请你站在赵某梅的角度，对其离婚涉及的财产分割、债权债务承担、子女抚养等问题逐一分析并给出基本的咨询意见及法律依据。

③赵某梅如果要求诉至法院，可以提出哪些诉讼请求，并为其分析将面临的风险。

④赵某梅希望在诉讼中将王某东与他人保持不正当关系的微信聊天截图作为证据，请你结合相关法律规定，对该证据应如何保存并在法庭上如何有效出示做出说明。

实训材料二：李某北诉江某丽、王某楠民间借贷纠纷案

（1）基本案情。

李某北与江某丽系朋友关系，2016 年 8 月 20 日，江某丽因资金周转困难，向李某北借款 10 万元。因李某北没有钱，就从银行贷款 10 万元（银行贷款利息为年息 6.5%）借给江某丽，双方约定月息 3 分，借款期限 2 年，由江某丽的朋友王某楠为该借款提供连带保证责任，保证期间为主债务履行期限届满后 2 年，江某丽用自己的奔驰轿车向李某北提供抵押，但未办理抵押登记。2020 年 8 月，李某北向江某丽催收借款，但江某丽只愿意支付借款本金及按照银行同期贷款利率计算的利息，不愿承担原约定利息。

双方对此未达成一致意见，2020 年 10 月，李某北来到某律所就此事寻求咨询服务。

（2）咨询提示。

①根据基本情况，请撰写你与李某北的《谈话笔录》，重点关注案件相关事实、法律关系、诉讼时效等问题，为下一步代理李某北起诉提供基础。

②请你结合法律分析李某北与江某丽之间借款合同的效力。

③如李某北决定起诉江某丽，请你向李某北告知相关法律风险。

④请结合上述任务，向李某北提出相应的法律咨询建议。

实训材料三：徐某兵诉李某涛、中国人民财产保险股份有限公司机动车交通事故责任纠纷案

（1）基本案情。

2018 年 3 月 26 日 14 时 05 分，李某涛驾驶其所有的轻型普通货车沿××路由西向东行驶至××路镇河村村部路段时与同方向徐某兵驾驶的自行车发生碾压，造成徐某兵颌

面部多发骨折，双侧耻骨上下支、右侧髂骨骨折，胸 12 椎体骨折，左耳外伤，闭合性颅脑损伤，颜面部外伤，全身多发软组织损伤，左眼眼球破裂伤、眼球脱落，车辆及路灯杆受损的道路交通事故。徐某兵骑自行车被撞是在其上班途中。

银川市公安局交通警察支队某区二大队出具银公交认字［2018］第×××号《道路交通事故认定书》，认定李某涛承担此次交通事故的全部责任，徐某兵在此次交通事故中无责任。经银川市第一人民医院司法鉴定中心鉴定，徐某兵伤残等级为七级、十级，误工期为 180 日，营养期为 60 日，护理期为 90 日。李某涛为本案所涉车辆向中国人民财产保险股份有限公司购买了交强险与商业险。

另查，徐某兵为宁夏星通信息服务技术有限公司职员，但上班仅两天，仍在试用期，公司没有为其缴纳社会保险。

徐某兵来到某律所就此事寻求咨询服务。

（2）咨询提示。

①徐某兵提出咨询，其受伤的各项损失能否得到赔偿，能够向谁主张，请你结合案情制作一份《谈话笔录》，笔录应围绕后续诉讼请求进行设置。

②请根据案情为徐某兵设计诉讼方案，包括法律关系的分析，诉讼主体、管辖法院、损失计算等内容。

③请分别针对上述诉讼方案撰写起诉状，明确诉讼请求，并结合法律说明请求权基础。

2. 常见刑事案件的法律咨询实训任务书

实训材料一：李某盗窃案

（1）基本案情。

事实经过：2000 年 10 月 24 日，经某镇人民政府批准，某村三社与某兴砖厂（蔡某有个体经营）签订《砖厂用地合同书》，村民王某凤将 95 亩土地承包给蔡某有开办砖厂，合同期限 10 年，每年蔡某有向王某凤支付 6000 元承包费。该合同到期后，蔡某有与王某凤又于 2011 年 1 月 8 日续签了一份《土地转包合同书》，合同期限为 5 年，转包费合计 10 万元整，每年支付 2 万元。

2012 年，蔡某有在未通知王某凤的情况下，擅自将砖窑转让给了贾某岗。因蔡某有拖欠 2014 年和 2015 年的承包费，王某凤多次找蔡某有催要，他说：“砖厂我 180 万卖给贾某岗了，承包费你们去找贾某岗要吧。”2016 年 4 月 6 日，王某凤在砖厂找到贾某岗，但他说没钱，就出具了一份保证，内容是：“原欠王某凤土地使用费叁万捌仟元于 2016 年 4 月 30 日前一次性付清，如付不清，铲车或砖机作为抵押或者搬离。”落款签字的是贾某岗，还有他的手印，日期是 2016 年 4 月 6 日。当年 4 月底，贾某岗按照保证，向王某凤付了 2014 年和 2015 年两年的承包费 38 000 元。

此后，2016 年至 2020 年五年间，贾某岗没有续签合同，也没有向王某凤支付承包费。2017 年 2 月，砖厂因环保问题一直处于停产状态。2020 年 5 月 28 日，王某凤之子李某找到蔡某有，让他签署了一份《土地转包合同终止申明》后，便开始平整土地，打算恢复耕种。因土地上有一套砖机设备，影响耕种，李某于2021年6月25日以3万元的价格把砖机作为废品卖给了废品收购人员杨某。2021年7月1日，贾某岗报案称价值80万元的砖机被盗，某县公安局于2021年7月5日立案，认为李某的行为已经涉嫌构成盗窃罪，并于7月9日对李某进行了刑事拘留。

2021年7月10日，犯罪嫌疑人李某之母王某凤手持某县公安局立案决定书（某公刑立字［2021］××号）、刑事拘留通知书、两份土地承包合同、一份保证书（均为原件），前来律师事务所，咨询其子涉嫌盗窃罪相关事宜。

（2）咨询提示。

①面谈前，请结合王某凤提供的证据及基本案情，制作谈话笔录大纲，确定在提供咨询服务前，需向当事人询问核实的问题有哪些。

②你认为（某公刑立字［2021］××号）刑事立案决定书在内容和结论上是否存在问题？王某凤对其子李某涉嫌罪名不服，从程序上应当如何救济？

③请完成一份与王某凤的《谈话笔录》。

实训材料二：赵某芳高空抛物案

（1）基本案情。

赵某芳，女，1980年×月××日出生，汉族，初中文化，无业，户籍地某省某县，家住某省某县。因涉嫌犯高空抛物罪，于2022年12月14日被取保候审。

2022年12月9日1时许，赵某芳和其朋友韩某娜、白某华等人在赵某芳家喝酒，后韩某娜、白某华等人离开到赵某芳家楼下时，赵某芳站在自家北侧卧室窗边喊韩某娜、白某华等人回去继续陪她，为引起韩某娜等人的注意，赵某芳通过北侧卧室窗户向外陆续扔下二十余本书、两个塑料盒、一个档案袋，致使张某恒停放在楼下的轿车被划损。

在院子里散步的居民王某麟看到此情景后，当即报案。2022年12月14日，公安机关决定立案，同时对赵某芳作出了取保候审的决定。上述事实公安机关提取了书本、塑料盒等物证，户籍证明、归案情况说明、涉案记录情况说明、谅解书等书证，证人王某麟、张某恒、白某华、张某凯、陈某娇、韩某娜的证言，被告人赵某芳的供述，扣押笔录、清单及扣押物照片、称量笔录、清单及称量照片、指认笔录及指认照片、现场勘验笔录、车辆、现场检查笔录等证据。案发后，赵某芳积极向被损害轿车的车主赔礼道歉并获得谅解。

2022年12月20日，犯罪嫌疑人赵某芳前来律师事务所，咨询其涉嫌高空抛物罪的相关事宜。

（2）咨询提示。

①面谈前，请结合赵某芳提供的证据及基本案情，制作谈话笔录大纲，确定在提供咨询服务前，需向当事人询问核实的问题有哪些。

②从刑事辩护人的角度，你认为应当给赵某芳从定罪、量刑及程序方面提供哪些建议？

③请完成一份与赵某芳的《谈话笔录》。

实训材料三：高某帮助信息网络犯罪活动案

（1）基本案情。

高某，男，1994年×月××日出生于黑龙江省汤原县，高中文化，务工，户籍所在地黑龙江省佳木斯市汤原县，住湖北省武汉市。因涉嫌犯帮助信息网络犯罪活动罪，于2022年10月13日被某县侦查机关刑事拘留，同年10月27日被依法逮捕。现羁押于某县看守所。

案发经过：2022年9月初，被告人高某在抖音上看到一个关于帮助信息网络犯罪活动罪的短视频，在评论区置顶有一条帮助别人“跑分”的信息，高某便将自己的QQ号留给对方，对方加其QQ后让其提供银行卡、身份证、手机用于过账，并许诺给予4万元好处费。

2022年9月17日，高某乘机从黑龙江省哈尔滨市到达福建省厦门市，对方安排网约车将高某拉到广东省揭阳市。2022年9月18日上午，对方开车将高某拉到一偏僻处并换乘另一辆车，在车上高某将其名下的一张银行卡及身份证、手机交给对方操作，其间高某配合对方做了一次人脸识别，一直到当天下午六点半左右才结束过账，高某获利4万元。经查，2022年9月18日，高某的中国农业银行卡（卡号6228×××××××）共进账资金454万余元，关联被害人邹某、张某、黄某等36起被骗案。

2022年10月12日，被告人高某接到侦查机关电话通知后主动到案，并退缴了违法所得4万元。

你作为高某委托的辩护人，前往看守所对其进行了首次会见。

高某对犯罪事实不持异议，也表达了已认识到自己的错误，且认罪认罚，并提出了家中经济困难且还有患病的母亲需要照顾，希望对其从轻处罚的意思。

（2）咨询提示。

①会见前，请结合高某提供的证据及基本案情，制作谈话笔录大纲，确定在提供咨询服务前，需向当事人询问核实的问题有哪些。

②从刑事辩护人的角度，你认为应当给高某从定罪、量刑方面提供哪些建议？

③请完成一份与高某的《谈话笔录》。

3. 常见行政及其他案件的法律咨询实训任务书

实训材料一：李某豆诉宁夏开源科技有限公司劳动争议纠纷案

（1）基本案情。

2018年3月，李某豆应聘至宁夏开源科技有限公司担任公司课程辅导教师，月工资为4000元，公司并没有为其缴纳社会保险。2020年5月，宁夏开源科技有限公司通知李某豆，公司将其工作岗位调整为课程营销，工资调整为每月 3000 元。李某豆不同意公司调岗，与公司协商未果后离职，但未签订《解除劳动合同协议》或办理任何离职手续。

2020 年 6 月，李某豆到某律所，找到你想就此事寻求咨询服务。

（2）咨询提示。

①根据基本情况，请撰写你与李某豆的《谈话笔录》，明确与当事人沟通案件时应核实的问题。

②请针对李某豆面临的情况，分析法律关系、法律风险并提出解决方案。

③如李某豆决定采取劳动仲裁的方式维护自己的权利，请帮助李某豆提出仲裁请求并具体计算其能获得的赔偿金、补偿金等。

实训材料二：王某诉宁夏优才教育培训有限公司劳动争议纠纷案

（1）基本案情。

2020 年 12 月，王某将宁夏优才教育培训有限公司诉至银川市兴庆区劳动争议仲裁委员会，《仲裁申请书》具体内容如下：

申请人：王某，其他：略；被申请人：宁夏优才教育培训有限公司，其他：略。

仲裁申请：①依法裁决被申请人支付申请人 2019 年 12 月份少发工资 2153 元，业绩提成 1020 元，2020 年 2、3 月工资 5600 元；②依法裁决支付申请人因迟签劳动合同双倍工资 12×2800＝33 600 元；③依法裁决被申请人给申请人补缴保险（2019 年 1 月和 2 月）。

事实与理由：申请人于 2019 年 1 月 1 日入职宁夏优才教育培训有限公司，工作岗位为教育咨询师，月工资为底薪 2800 元，业绩提成 6%，每月 15 日发基本工资和提成。入职后于 2 月 14 日签订了劳动合同，1 月和 2 月未缴纳社会保险。2020 年 3 月底接到人事电话通知本人解除劳动合同。

综上所述，为维护申请人的正当权益，特向劳动仲裁委员会提出申请，请求支持申请人的请求。

2020 年 12 月，宁夏优才教育培训有限公司收到银川市兴庆区劳动仲裁委应诉通知书、仲裁申请书等材料后就本案的应对方案寻求咨询服务。

（2）咨询提示。

①面谈前，请简要告知当事人应准备的资料清单，以便进行有效咨询。结合仲裁申请书及基本案情，制作谈话笔录大纲，确定在提供咨询服务前，需向当事人询问核实的问题有哪些。

②请针对《仲裁申请书》向当事人分析法律关系、法律风险，并提供应对的建议。

③请完成一份与宁夏优才教育培训有限公司的《谈话笔录》。

实训材料三：张某溢诉某市公安局某区分局《行政处罚决定书》行政复议纠纷案

（1）基本案情。

张某溢对某市公安局某区分局出具的《行政处罚决定书》不服，于2021年7月27日到律师事务所咨询，希望获得进一步维权的救济方案。该处罚决定书的主要内容如下：

2021年6月25日，张某寒报警称2021年1月12日，在某市某凤凰花园××室家中，其与丈夫张某溢因家庭琐事发生争吵，被张某溢从床上拖下来进行殴打，致使其身体多处受伤。某派出所接110指令出警并展开调查。相关证据证实，2021年1月12日，张某寒至某市某区吉泰润园××室，告知其父亲张某瑞、妹妹张某雁自己被张某溢殴打。2021年1月18日，张某寒至某市某区妇女儿童中心做心理咨询，告知工作人员贺某其被家暴。

2021年7月26日，某区公安分局作出某公（长）行罚决字［2021］×××号《行政处罚决定书》，给予张某溢行政拘留5日的处罚。

张某溢声称，公安机关在其妻报警后，曾两次传唤他，他都否认殴打妻子的事实。妻子给公安机关提供了一份录音，但录音并非案发当时所录，具体时间不详，只能听见双方争吵，听不到双方打架的情况。妻子还提供了一张受伤照片，但说不清楚照片是何时拍摄的。

他因不服该行政处罚决定，前来咨询。

（2）咨询提示。

①面谈前，请结合仲裁申请书及基本案情，制作谈话笔录大纲，确定在提供咨询服务前，需向当事人询问核实的问题有哪些。

②某公（长）行罚决字［2021］×××号《行政处罚决定书》在内容和结论上是否存在问题？张某溢不服该行政处罚决定，从程序上应当如何救济？

③请结合《行政处罚决定书》的内容，完成一份与张某溢的《谈话笔录》。

五、法律咨询实训操作要领指引

（一）法律咨询准备阶段

法律咨询是指律师或法律工作者就有关法律事务问题在梳理案件事实的基础上，就相关法律问题作出解释、说明，提出建议和解决方案的活动。解答法律咨询，是律师执业的入门课，也是基本功，一次成功的解答，可以全面地展示律师的业务素质，获得当事人的信任。为了更好地展示律师的职业形象，在咨询前，应从如下几个方面，做好充分的准备工作：

（1）精神面貌准备。接待当事人时，应当充满自信、仪态庄重大方、精神饱满、精力集中。

（2）仪容仪表准备。应着职业装，不穿T恤衫、运动衫、短裤等与职业形象不符的服装，不披衣、敞胸，不穿拖鞋、运动鞋、旅游鞋等与职业形象不相称的鞋子。男律师不留长发、蓄胡须，不佩戴项链、手链、耳环等首饰；女律师不化浓妆，不佩戴怪异夸张的首饰。

（3）工作场所及氛围准备。尽量将约谈的场所放在律所封闭的会议室内，确保沟通不受打扰，也能让当事人感受律师服务的氛围和律所的实力。

（二）法律咨询中应当把握的基本要领

1. 听案件事实的要领

（1）做着记录听。应当认真、仔细，对关键情节做好记录，便于梳理案件事实。

（2）引导着听。对表达能力差或易激动、易跑题、自我表现欲强的当事人，需要将当事人的陈述引导到解决问题必须了解的关键事实上，不能任由当事人任意发挥，偏离案件事实。

（3）思考着听。在听案件事实的同时，思考如下法律适用问题：①法律关系，本案有几个法律关系，哪些是主要的，哪些是次要的；②管辖，为避开地方保护主义，找出最有利于我方的管辖地；③主体，谁是原告，有几个被告，有无第三人；④证据及取证的方向，现有证据是否齐备，还需要调取哪些证据以及取证的难度。

2. 问关键情节的要领

（1）有针对性地问。通过发问抓住案件的焦点问题，引导当事人讲清所存在的矛盾点，回忆某些重要的过程和重要情节，从模糊不清的问题中抓住矛盾和争议的焦点，如目的、证据、时效、管辖、主体、背景等。

（2）有条理地问。对当事人陈述的事实，按照一定的逻辑顺序提出问题，帮助当事人科学理性地对案件事实进行梳理，达到高效沟通的效果。

（3）简明扼要地问。问题应简洁、清楚，易于回答。

3. 看证据材料的要领

（1）主动看。当事人往往无法确定所提供的材料哪些是有用的，哪些是无用的，也没有主动向律师出示的意识，律师主动索要证据材料，也是高效帮助当事人厘清案件事实的重要手段。

（2）仔细看。证据材料是对当事人所陈述事实的最好诠释，对材料应当认真阅读，不放过材料中的任何一个细节，并就材料有针对性地提出问题。

（3）确保安全地看。明白证据材料原件与复印件的区别，告知当事人妥善保管原件的重要性，提示相应的法律风险，做好退还原件保留复印件的手续。

4. 解答解决方案的要领

（1）依法答。解答一定要以法律、法规为依据，这是方案得以实施的基本保证。

（2）具体答。解决方案的内容要具体，方法要切实可行，语言要通俗、浅显易懂。

（3）有的放矢地答。法律咨询所解决的是人与人之间的社会矛盾，矛盾会随着人的认识、事态的发展不断变化，所预设的解决方案应当是以满足某种条件为前提，方案不是数学题，没有统一的标准答案，往往是灵活的，有弹性的，不是绝对的。

（三）对当事人陈述的固定方式——制作《谈话笔录》

《谈话笔录》是律师与当事人初步核实过程中，为了了解、调查与案件有关的情况，所制作的记载调查情况的笔录。

1. 制作《谈话笔录》的必要性

（1）《谈话笔录》有助于更全面地了解案件事实，梳理法律关系，明确当事人的诉求。

（2）《谈话笔录》是法律工作者进行执业风险防范的重要方式。

对于当事人陈述的事实，在没有其他书面证据证明的情况下，很难判断其客观真实性。作为代理律师，尤其是特别授权的代理律师，在法庭上代表当事人陈述相关事实需要承担相应的法律风险，为了避免当事人虚假陈述给代理律师带来的执业风险，制作完整的《谈话笔录》能够有效地固定当事人陈述的客观事实。

2.《谈话笔录》制作要点

（1）坚持准确性、统一性原则。

所谓准确性原则，是指准确地记录当事人的原意，不能掺杂自己的主观认识。记录人更不能为了胜诉，故意改变当事人的陈述，按照自己的意思任意扩大或者缩小客观事实。

所谓统一性原则，是指在咨询过程中，当事人如因心理紧张或者其他原因，导致陈述出现意思跳跃或者矛盾等差错的情况下，律师应当将前后意思统一起来，形成当事人真正的意思表示。如果律师没有遵循统一性原则，就会在同一份笔录里出现矛盾点或者衔接不一致，这会给事实认定带来一定的困难。

（2）具体步骤。

准备阶段：在准备阶段应当提前告知当事人需要准备的材料以及可能需要向其核实的问题，阅读材料后将问题提前记录在《谈话笔录》中，准备阶段还要准备必要的记录工具，如笔、墨水、笔录头、记录纸、印泥等。

笔录形成阶段：这是谈话笔录的关键阶段，应重点围绕当事人的陈述，记录要明确具体，不能含混不清。要记录当事人所陈述的主要事实，如实反映事情的全貌，特别是时间、地点、在场人、情节、金额等内容。记录时，对没有听清的问题，可以再行确认。记录人在记录时，争取做到文字通顺，表达流畅，意思清晰准确，字体不潦草，没有错别字，尽量少涂改。

《谈话笔录》记录结束后，当事人核对与其陈述是否一致，应当在笔录上签名并签字捺印。谈话笔录范文如下：

XX 律 师 事 务 所
谈 话 笔 录

接待时间：2018 年 11 月 20 日 10:00—11:00

接待地点：XX 律师事务所接待室

接待人：　张 XX　　王 XX　　　　　　记录人：王 XX

被接待人：[illegible]，女，汉族，1981 年 8 月 12 日生，身份证号：****8，*******村人，现住该村，电话：*****。

律师问（以下用“？”表示）：请问你来律师所有什么事需要律师帮助？

当事人答（以下用“：”表示）：因为我与丈夫离婚纠纷一事想咨询，并请律师代理离婚之诉。

？你讲一下你丈夫以及你们婚姻的基本状况。

：****，男，汉族，1981 年 8 月 12 日生，身份证号：****8，*******村人，现住该村，电话：*****

2006 年 9 月，我们经媒人介绍认识，认识时间不长仓促订立婚约。10 月份就到民政局办理结婚登记手续，12 月份，按照农村习俗举行结婚仪式，开始共同生活。婚后共同生育了二个子女，女儿 2007 年 11 月 7 日出生，儿子 2013 年 5 月 26 日出生。

婚后，我慢慢发现与他脾气性格均不相投，经常因为家庭琐事发生争执，感情一直不和，没有共同语言。我丈夫个人专断独行，不顾及我的想法，不尊重我。他父母经常挑拨两人间的关系，他不仅不信任我，甚至经常欺骗我。婚后，他一直出门打工，两人实际上相处时间很短，夫妻感情淡薄，且矛盾频发经常分居生活。

？分居有多长时间了？

：没有连续分居，他打工常年在外，只有过年过节回来，一年能回来五六次。

？他有家庭暴力行为吗？有没有赌博吸毒等不良嗜好？

：家庭暴力应该没有，就是我们经常吵架，他也赌博吸毒等不良嗜好。

？你们有什么财产及债务么。

：没有

？对孩子的抚养你有什么要求。

：我要求抚养两个孩子，他每月支付孩子抚养费各 1500 元。我不希望两个孩子分开抚养。

？孩子的抚养权有几个原则，两周岁以下的哺乳期的孩子一般归女方，十周岁以上的征求孩子的意见，2 至 10 周岁之间的根据孩子的生活环境和有利于孩子的成长条件确定。十周岁以上，听取孩子意见。至于你的具体要求双方可以进行协商，协商不成向法庭说明理由，是否准许，法院会根据有利于孩子成长的情况确定。

：我知道了。

？还有什么事要讲么？

：没有了。

？在这里我需要明确告知你几个事，你仔细听明白。

第一，如果没有确凿的证据证明有法定离婚是由，法院会从挽回婚姻的角度考虑，有可能不判决离婚。

第二，关于离婚之诉的时间，如对方下落不明，需公告送达则时间会偏长一些，如对方配合则会时间短些，总之时间可能会从 1、2 个月到 1 年多而不等。

第三，关于孩子的抚养、抚养费承担以及财产和债务等问题，律师会按照法律规定尽力维护你的合法权益。

第四，你确保向我们陈述的事实和诉求都是真实的，如因虚假陈述造成对你不利的诉讼后果，你自己要承担相关法律责任。

？上述问题你听明白了么。

：听明白了。

？你再仔细看一下上述笔录，看看与你讲的是否一致。

：我看过了，也听你读过了，与我说的一致，我都明白上述笔录的意思。

2018年11月20日

六、法律咨询实训操作重难点提示

（一）法律咨询准备阶段实训操作重难点提示

引导问题 1：律师在接待当事人时，为什么要注重树立职业形象？

形象是“无声胜有声”的最高级而有效的沟通手段，热情礼貌、亲切真诚、气质干练的律师形象可以给客户传递信任、展示能力。树立良好的律师形象，有助于打开与客户交流的大门，提高信任度。

引导问题 2：接待当事人时，对场所的选择有什么要求？

律师接待当事人时应选择相对封闭、安静整洁的场所，律师事务所专门的接待室或者一间独立无打扰的办公室都是最佳的选择。这样可以让当事人放松专注地谈论案情，如果案情涉及当事人的隐私，可以适时地进行保护，降低律师的职业风险。在律师事务所这样专业的场所接待当事人，也有助于增强当事人对律师的信任度，同时也方便复印材料、查阅资料，提高工作效率。

（二）法律咨询基本要领实训操作重难点提示

引导问题 1：当事人在陈述事实时，情绪十分激动，把你当成了倾诉对象，应当如何处理？

当事人因遇到纠纷而感到惶恐和无助，从而导致情绪管理失控，把具有法律专业素养的律师作为“救命稻草”而大倒苦水是实践中常有的现象。律师首先要平稳自己的情绪，不能被当事人“牵着鼻子走”，应当采用平和的语气尝试与当事人对话，允许当事人在可控的范围内自然地发泄情绪，适度的宽容和忍让可以让当事人静下心来，为顺畅交流奠定基础。其次应当通过提问，合理地打断滔滔不绝但谈不到案件重点上的当事人，以其亟待解决的问题为抓手，围绕事实、法律，引导当事人尽快进入交流主题。

引导问题 2：当事人提出“如果打官司，我能否胜诉”的问题时，应当如何应对？

诉讼是对激烈社会争端的博弈，争议利益的巨大性和变量的多元性，决定了诉讼过程复杂曲折，结果具有一定的不可预测性。当事人在准备启动或应对一场诉讼时，确实需要对诉讼的风险与结果作出预先评估，但不是简单地用“是”或“不是”来武断回答，或者是忽悠式的“包胜”之类的营销用语，而是需要理性、科学、有价值地进行评估。

一般情况下，除案件事实、证据及相关法律规定等硬性因素外，当事人及律师在法律范畴内诉讼技巧的应用情况，当事人对案件的重视程度，律师的专业度、责任心，不同法官处理结果的差异性等主观人文因素，也会对诉讼结果造成影响。所以在没有判决之前，任何人对诉讼结果均不能作出完全肯定性、绝对性的回答。

引导问题 3：在咨询过程中，当事人向你出示了证据原件，应注意哪些事项？

如果在接待中需要审查证据原件，应当谨慎保管，防止证据损毁灭失。审查结束后，应立即将证据归还给当事人，并提示当事人在诉讼准备阶段尽量使用证据复印件，原件只在诉讼关键场合出示，以防止丢失损毁，造成无法弥补的法律风险。咨询结束后，如有代理意向，需要存留证据进一步研究案情的，一般只收取证据的复印件，若情况特殊，确实需要收取证据原件的，应制作交接证据清单，以证明证据的接收情况。

引导问题 4：通过倾听当事人的陈述，应当获取哪些有效信息？

在倾听过程中，尽可能不要打断当事人的陈述。在"倾听—询问—再倾听—再询问"的流程中，把获取到的信息进行整理、归纳、要点概括，并参考如下要点具体确认相关信息：

（1）案件的主要事实和核心证据是什么？

（2）当事人陈述的事实中，有没有自相矛盾、极不合理的内容？

（3）是否存在其他需要了解的案件细节问题？

（4）当事人的主要目标和核心诉求是什么？

引导问题 5：在咨询过程中，如何对当事人进行引导性提问？

聆听当事人的谈话，并不意味着由着对方的性子，信马由缰、漫无边际，而是应当通过温和地引导性提问，控制谈话节奏和谈话方向。可以参考如下方式进行提问：

概括引导法。先对对方的内容进行概括，然后提示谈话的方向，这主要针对话比较多又抓不住重点的当事人。比如"关于你们签订合同的过程，我已经听明白了，下面请谈一谈合同履行的情况"。

鼓励引导法。先对对方之前的谈话内容进行肯定，再引导谈话方向，这主要针对情绪低落、自信心较差的当事人。比如"你的思路很清晰，我对你的意思已经领会了，下面谈一谈你的诉求"。

（三）谈话笔录制作实训操作重难点提示

引导问题 1：制作谈话笔录前应当做好哪些准备工作？

笔录一般应由两名律师共同完成，对询问和记录进行合理分工。在接待当事人时，不着急立即进行笔录制作，应当做好如下准备工作：

（1）准备好笔录制作的电子模板。笔录作为常用的法律文书，法律规定了固定的格式与结构，所以在接待当事人时，应当携带电脑，提前准备好笔录电子模板，为制作出规范的笔录做好准备工作。

（2）了解案情，对案件的关键环节作出判断。在接待当事人时，笔录制作不是必须和谈话同步进行。先通过谈话了解案情，并对谈话的内容及当事人出示的证据进行分类筛选，判断关键环节，做到心中有数后，再着手制作笔录，会达到事半功倍的效果。

（3）罗列出笔录提纲。对了解的案情以罗列问题的方式，制作笔录提纲，这样可以增强笔录的目的性、条理性和逻辑性。不要认为很正式的东西才能被称为"提纲"，信手写来的内容也是提纲，关键在"写"，把想要问的东西写下来，才可能使"问"更具有针对性。

引导问题 2：笔录中记录当事人的谈话内容，是否必须原封不动地记录原话?

笔录是对谈话过程的书面再现，对内容和逻辑都有较高的标准和要求。在笔录中，要抓住问题的关键，不能把笔录记成一本流水账。做笔录并不是简单地把谈话内容原封不动地记录下来，而是带着问题去记、带着思考去记。记笔录的过程也是对谈话信息的筛选过程，应将对分析案件有意义的事实客观准确地记录下来，把与案件无关的谈话内容剔除出去。只有了解案件的基本要素，才能抓住关键、突出重点，制作出有价值的笔录。

引导问题 3：怎样做好笔录的收尾工作?

制作笔录的目的是更全面地了解案件事实，梳理法律关系，明确当事人的诉求，同时也是律师进行执业风险防范的重要方式，一份规范的谈话笔录就是一份有力的证据。所以应按照证据的标准，做好笔录的收尾工作，注意如下细节：

(1) 注意给笔录添加页码。添加页码可以确保笔录整体的完整性，防止内容被替换、变造。

(2) 签字确认。笔录制作完成后，当事人应当认真阅读笔录的内容并签字确认。如果笔录内容比较重要，可以让当事人在每一页上都签字确认，一般的谈话笔录应当让当事人在最后一页签字确认，并标明签字日期。注意签字日期应当和笔录首页的记录日期保持一致。

(3) 捺印。在签字处、页码处、重要金额处，进行捺印确认。

七、法律咨询实训作业

(一) 实训作业清单

(1) 作业封面。

(2) 目录。

(3) 任务分配表。

(4) 咨询(接待)笔录。

(5) 实训总结。

(二) 实训作业要求

(1) 作业封皮：标明案由、当事人、法律工作者、完成日期。

(2) 案卷目录：具备序号、内容、页码、备注等目录的基本要素。

(3) 实训书面总结：对实训过程进行反思，对真实收获与不足进行总结，全面体现所有小组成员的心得。

要求：观点鲜明、条理清晰、文字简练，力戒空话、套话、大话、假话。字数在 1500 字以内。

八、法律咨询实训过程评价与反馈

法律咨询考核标准

<table>
<tr><th>序号</th><th colspan="2">项目</th><th>考核标准</th><th>分值</th><th>得分</th></tr>
<tr><td rowspan="8">1</td><td rowspan="8">现场演示</td><td rowspan="2">精神面貌</td><td>接待用语准确，文明礼貌，仪表大方</td><td>5</td><td></td></tr>
<tr><td>精神饱满，注意力集中</td><td>5</td><td></td></tr>
<tr><td rowspan="2">语言表达</td><td>口齿清晰、普通话标准、声音洪亮、语速适中</td><td>5</td><td></td></tr>
<tr><td>法言法语使用正确</td><td>5</td><td></td></tr>
<tr><td rowspan="4">咨询过程</td><td>提问恰当，合理引导当事人陈述事实</td><td>10</td><td></td></tr>
<tr><td>事实叙述清晰、准确、完整</td><td>10</td><td></td></tr>
<tr><td>解答条理清晰，方案切实可行</td><td>10</td><td></td></tr>
<tr><td>适用法律准确</td><td>10</td><td></td></tr>
<tr><td rowspan="2">2</td><td colspan="2" rowspan="2">谈话笔录</td><td>格式规范，要素齐全</td><td>5</td><td></td></tr>
<tr><td>内容记录准确，条理清晰，重点突出</td><td>5</td><td></td></tr>
<tr><td>3</td><td colspan="2">实训总结</td><td>观点鲜明、条理清晰、文字简练</td><td>10</td><td></td></tr>
<tr><td rowspan="4">4</td><td colspan="2" rowspan="4">作业形式</td><td>作业要素齐全</td><td>5</td><td></td></tr>
<tr><td>写作格式规范，校对仔细，无错别字</td><td>5</td><td></td></tr>
<tr><td>封面、目录制作规范</td><td>5</td><td></td></tr>
<tr><td>装订规范</td><td>5</td><td></td></tr>
<tr><td colspan="3">组别</td><td></td><td>100</td><td></td></tr>
</table>

第四模块

合　同

工作任务九　合同谈判

一、合同谈判情境描述

分别以合同当事人及其代理人的身份，按照合同谈判流程，明确谈判目标、收集整理谈判相关的信息、准备谈判方案、正式进行谈判，以及完成合同起草，确保各谈判主体明确其工作任务、熟悉工作流程，以达到顺利完成谈判的工作目标。谈判流程如下图所示：

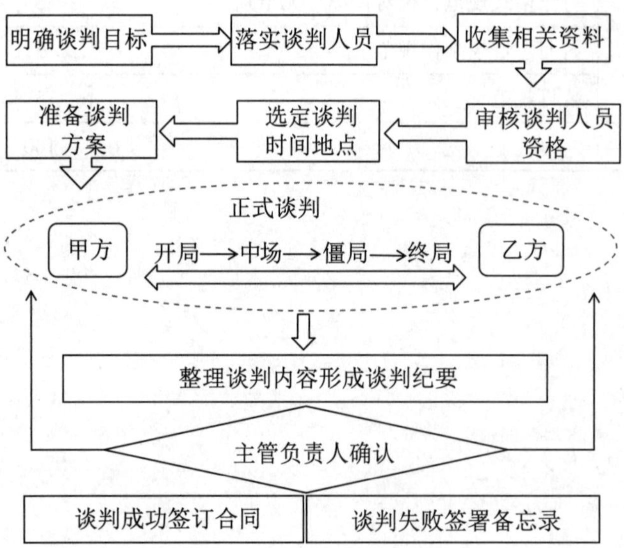

二、合同谈判实训目标

通过本工作任务的实训，学生应该能够掌握：

(1) 小组成员之间分工协作，在研究探讨中模拟完成合同谈判工作过程，通过对实体案件的程序操作，提高法律应用能力。

(2) 依据谈判角色，结合案情，制作与谈判相关的常用的法律文书。

(3) 对实训过程进行反思总结，养成良好的法律思维及严谨认真的工作习惯。

三、合同谈判任务分组

谈判模块任务分配表

<table>
<tr><td>班级</td><td></td><td>组号</td><td></td><td>指导老师</td><td></td></tr>
<tr><td>组长</td><td></td><td>学号</td><td></td><td></td><td></td></tr>
<tr><td rowspan="4">组员</td><td>姓名</td><td>学号</td><td>姓名</td><td colspan="2">学号</td></tr>
<tr><td></td><td></td><td></td><td colspan="2"></td></tr>
<tr><td></td><td></td><td></td><td colspan="2"></td></tr>
<tr><td></td><td></td><td></td><td colspan="2"></td></tr>
<tr><td rowspan="3">任务
分工</td><td>甲方</td><td colspan="4"></td></tr>
<tr><td>乙方</td><td colspan="4"></td></tr>
<tr><td>观察员</td><td colspan="4"></td></tr>
<tr><td>备注
说明</td><td colspan="5"></td></tr>
</table>

四、合同谈判实训任务书

实训任务一：驾校服务合同纠纷

1. 基本案情

2017 年 2 月，大学生崔某与程某经同学介绍，认识了某驾校教练员安某（后查证安某无执教资格）。同年 3 月 1 日，二人以每人 3800 元的价格与驾校签订服务合同，责任教练员为安某。其后两人将学车费用转账至安某账户，安某立即将费用转至驾校银行托管账户。付款完成后，驾校工作人员将学员计时卡与学员 VIP 卡交给崔某与程某。此时，安某谎称计时卡由教练保管，让两人拍照后，将计时卡拿走。

2017 年 3 月 17 日，驾校场地因检验不合格被查封，二人于 5 月 20 日知晓此事，找到安教练商讨此事，安教练声称可在其他驾校场地练车，二人提出对方不能按合同规定进行场地教学，要求退学。教练声称不能满足合同要求系驾校责任，且本人和驾校存在劳务纠纷，现在已不在该驾校工作。后二人通过湘潭驾培协会官网查询到安某在未教授课程的前提下盗刷课时牟利，共计获利 4500 元。二人遂联系驾校要求退学赔偿，驾校未明确回应。后崔某联系两位类似遭遇的同伴（黄某和潘某）一同前往湘潭市交通局举报投诉。后在交通局调解下，驾校校长口头承诺，驾校一旦恢复业务，立即全额退款。

2018 年 11 月 15 日，崔某致电湘潭市交通局确认该驾校场地已通过审批，具备营业资格。于是决定重启谈判要求退款，校方支持部分请求，但要求引入第三方安某，否则不能保证全额退款，崔某反对，谈判陷入僵局。

2. 问题提示

（1）在本事件中，你认为崔某、程某两人应当如何确立谈判目标？存在哪些谈判优势和劣势？

（2）安教练未实际授课，但刷掉课时、领取教练费的行为应当如何认定？其在谈判中的地位应如何确定？

（3）驾校在本事件中应当承担什么责任？应当如何确立谈判目标？存在哪些谈判优势和劣势？

3. 工作任务布置

（1）请分别模拟崔某、程某、驾校和安教练的身份，按照谈判的准备流程，明确谈判目标，落实参与谈判的人员，收集谈判证据资料清单，各自准备谈判方案。

（2）全情投入，进行正式谈判现场演示。

（3）观察员负责全程记录谈判过程，并在谈判结束后概括说明谈判过程。

（4）谈判成功的，由观察员负责制作完成《协议书》；谈判失败的，由观察员制作完成《谈判备忘录》。

（5）总结谈判过程。

实训任务二：货物买卖合同纠纷

1. 基本案情

中国某公司（买方）谈判人员王某林与美国某公司（卖方）谈判人员罗某在中国签订水泥管机械设备买卖合同，美方首次报价 800 万美元。但中方经过市场调查证实美方报价严重高于市场价格，驳回了美方的报价。后美方提出其产品质量过硬，声誉良好，以此来证明报价的合理性。但中方已经知晓美方的产品参数，遂提出要求美方提供该产品与市场其他同类产品的比较优势。美方自知谈判落于下风，主动终止谈判要求请示总经理。

第二轮谈判开始后，美方提出可在原基础上减价 80 万美元，但与中方经过充分市场调研提出的价格仍然有 20 万美元的差距。

双方僵持不下时，王某林提出由于外汇管理中方价格为其能提出的最高价，若美方仍然坚持原定价格，中方将选择购买日本、德国价格更低的同类产品。美方感受到了来自潜在竞争第三方的压力，陷入挣扎境地：要么降价达成协议，要么谈判就此告终。美方经过再三考虑，最终接受了中方的报价。

2. 问题提示

（1）中方能做到两次主导谈判的原因是什么？

（2）结合本案，分析如何在谈判开始前占据优势？

（3）结合本案，分析如何在谈判陷入僵局时争取最大利益？

（4）分析法律谈判主要特点？

3. 工作任务布置

（1）请分别模拟中美双方，按照谈判的准备流程，明确谈判目标，落实参与谈判的人员，收集谈判证据资料清单，各自准备谈判方案。

（2）全情投入，进行正式谈判现场演示。

（3）观察员负责对谈判过程全程进行记录，并在谈判结束后，对谈判过程进行概括说明。

（4）谈判成功的，由观察员负责制作完成《协议书》；谈判失败的，由观察员制作完成《谈判备忘录》。

（5）总结谈判过程。

实训任务三：消费者维权纠纷

1. 基本案情

2019 年 3 月，王倩（化名）在西安利之星 4S 店购置一辆 66 万元的全新奔驰小轿车。

3 月 20 日，王倩交完首付款、保险费等几笔费用后，该 4S 店表示要进行新车检验后再交付轿车。

3 月 27 日，王倩去提车，但是签单提车不到五分钟，在车刚开到 4S 店门口时，仪表盘显示发动机异常，推回 4S 店维修。

3 月 28 日，销售人员称，车要进行系统升级，下午又告知该车发动机可能漏油，让王倩授权拆开检查发动机。之后王倩拿到了一份检测报告，报告显示 3 月 27 日发现发动机漏油。4S 店的工作人员要求给他们三天时间解决这个问题，4 月 1 日再给予答复。

但 4S 店以 4 月 1 日是休息日为由没有回复。4 月 4 日，4S 店表示不换车只换发动机。对此，王倩无法接受。同时还发现了一个问题，由于是贷款买车，当时 4S 店还收取了她 12 575 元的金融服务费且该款项流入 4S 店私人账户，不能开发票。

4 月 11 日，西安利之星汽车有限公司声称已经与客户消除误解，达成友好共识。然而，王倩却表示自己至今没有收到奔驰官方或者 4S 店官方给予的相对正式的回复。

2. 问题提示

（1）分析法律谈判各方诉求。

（2）结合本案，分析消费者维权法律谈判初期消费者的劣势和解决方案。

（3）请试为王倩女士拟定谈判解决方案。

3. 工作任务布置

（1）请分别模拟王倩女士、西安利之星4S店、西安利之星汽车有限公司的身份，按照谈判的准备流程，明确谈判目标，落实参与谈判的人员，收集谈判证据资料清单，各自准备谈判方案。

（3）观察员负责对谈判过程全程进行记录，并在谈判结束后，对谈判过程进行概括说明。

（4）谈判成功的，由观察员负责制作完成《协议书》；谈判失败的，由观察员制作完成《谈判备忘录》。

（5）总结谈判过程。

实训任务四：物业服务合同纠纷

1. 基本案情

某教师公寓开发商与某物业管理有限公司签订物业服务合同、某教师公寓项目情况：总建筑面积35 800平方米，占地面积6250平方米，是一栋单体住宅楼，开发商为某实业有限公司。业主主要是该高级中学的教师和部分行政人员。

项目物业管理服务主要有：物业公共部分和相关场地的清洁卫生；公共绿化养护和管理；公共秩序维护与安全防范；车辆停放管理；单元楼道梯间照明的维护等。委托管理期限为3年，开发商要求海涛物业提供报价方案。

海涛物业从客户主要年龄和消费观念等方向入手，积极进行市场调研，到了约定的谈判日，海涛物业初步定服务费为每个月每平方米3元，并将事先拟定好的物业管理合同交给开发商负责人。后双方就价格问题的谈判僵持不下，开发商提出物业费应为海涛物业提出价格的一半，否则转投其他物业公司，后双方终止谈判。海涛物业了解到，他们的竞争对手对此项目虎视眈眈，而且价格更低。因此，如何说服开发商与海涛物业合作，接受他们的报价并尽快将合作方案确定下来是此次谈判的关键。

2. 问题提示

（1）结合本案及相关案例，简述海涛物业服务费定价的依据。

（2）分析后续谈判的合同起草应当注意的事项。

（3）结合本案及相关案例，分析后续谈判中海涛物业的谈判策略。

（4）若开发商提出将住户列为第三方，请试为海涛物业后续谈判谋划策略。

3. 工作任务布置

（1）请分别模拟海涛物业、开发商的身份，按照谈判的准备流程，明确谈判目标，落实参与谈判的人员，收集谈判证据资料清单，各自准备谈判方案。

（2）全情投入，进行正式谈判现场演示。

（3）观察员负责对谈判过程全程进行记录，并在谈判结束后，对谈判过程进行概括说明。

（4）谈判成功的，由观察员负责制作完成《协议书》；谈判失败的，由观察员制作完成《谈判备忘录》。

（5）总结谈判过程。

实训任务五：商品房买卖合同案件

1. 基本案情

银川市某在建楼盘，向购房者销售期房，房屋买卖合同中约定开发商交房时间为2008年10月31日，并约定了违约责任。

2008年10月31日，合同履行期届满，开发商没有完成房屋建设工程，未取得相关证书，不能按合同约定向购房者交房。按照合同约定，开发商不按时交房应对购房者承担违约责任。开发商聘请张律师解决此合同纠纷。张律师分析后，认为不应采用诉讼手段解决纠纷。开发商现决定采用谈判方式争取和购房者达成和解。

2. 问题提示

（1）分析张律师不采用诉讼手段解决纠纷的原因。

（2）结合相关案例，分析各方在谈判开始前获取谈判主动权的方式。

（3）分析张律师的谈判要点。

3. 工作任务布置

（1）请分别模拟购房者、开发商的身份，按照谈判的准备流程，明确谈判目标，落实参与谈判的人员，收集谈判证据资料清单，各自准备谈判方案。

（2）全情投入，进行正式谈判现场演示。

（3）观察员负责对谈判过程全程进行记录，并在谈判结束后，对谈判过程进行概括说明。

（4）谈判成功的，由观察员负责制作完成《协议书》；谈判失败的，由观察员制作完成《谈判备忘录》。

（5）总结谈判过程。

五、合同谈判实训操作要领指引

合同谈判是合同订立的前奏，所谓合同谈判，是指准备订立合同的双方或多方当事人，为了达成合作或交易的目的，在相互了解、平等自愿、互惠互利的基础上对合同条款进行会谈和商讨，共同确定合同权利义务而进行的谈判活动。[1]

（一）合同谈判前的准备

合同谈判前的准备工作至关重要，一般来讲主要包括以下几个方面：

［1］余斌：《合同全流程实务指南》，中国法制出版社2021年版。

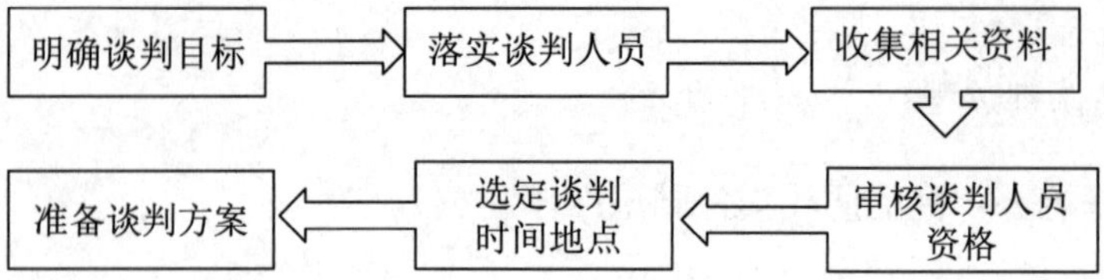

（1）确定谈判目标。在谈判前应列出自己的谈判目标，并分析该目标是否正确、合理，是否切合实际，是否能为对方接受以及接受的程度。

（2）落实谈判人员。一般来说，在合同谈判中，任何一方的谈判人员应由二人以上组成，应包括行业技术人员、行业法律法规人员和行业经济方面的专家等。

（3）收集整理有关资料。内容包括与合同谈判有关的情况、与谈判对象有关的情况、竞争者的情况、己方的情况。

（4）准备谈判方案。拟定合同谈判方案时，要考虑双方的共同利益、合作或交易的可行性、双方的利益冲突、项目可能面临的风险等因素，整理相应明确、具体的谈判要点。拟定谈判方案请参照如下格式：

谈判方案

一、谈判主题及背景

二、谈判团队人员组成

三、谈判目标

1. 价格目标
2. 交货期目标
3. 付款方式目标
4. 数量目标
5. 质量目标

…………

四、谈判程序及策略

1. 谈判议题先后顺序
2. 开局阶段策略
3. 报价阶段策略
4. 让步的总体设计
5. 总体策略

…………

五、双方利益及优劣势分析

1. 我方核心利益
2. 对方利益
3. 我方优势及劣势

4. 对方优势及劣势

…………

六、谈判风险及效果预测

1. 谈判风险

2. 对方可能对我方采取的手段和策略

3. 谈判效果预测

七、谈判预算费用

…………

（二）正式谈判的技巧及策略

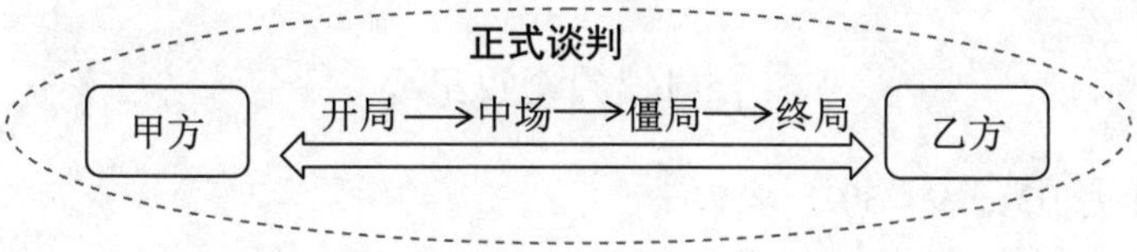

1. 开局阶段

开局意味着双方正式进入面对面谈判，谈判者将获得对方的初次印象，透露谈判的基本信息（如性格、风格、态度、策略、期望等），形成谈判的基本气氛，明确双方的基本态度，确定谈判的基本方式和程序。这一阶段的任务是通过寒暄营造氛围，尽快切入谈判主题，切忌为了营造氛围离题太远。

常见的开局方式有如下几种：

（1）一致式开局。以问询方式或者对对方的问题进行补充的方式引导对方走入己方既定安排，从而使双方达成共识。

（2）保留式开局。对谈判对手提出的关键性问题不作彻底的、确切的回答，而是有所保留，从而制造神秘感，以吸引对手步入谈判。

（3）坦诚式开局。以开诚布公的方式向谈判对手陈述自己的观点或想法，从而为谈判打开局面。

（4）进攻式开局。通过语言或行为表达己方强硬的姿态，制造心理优势，引起对方重视，促使谈判顺利开局。

（5）挑剔式开局。抓住对手的某些失误严加指责，使其感到内疚，从而达到营造低调气氛、迫使对方让步的目的。

2. 中场阶段

开局进入正题后，双方针对谈判的争议焦点，根据拟定的谈判方案，逐条进行磋商，此阶段为谈判的中场阶段。本阶段的主要任务是各方完整地表达自己的诉求，并认真听取对方的诉求，在表达与聆听中求同存异，为顺利达到谈判目标奠定基础。

3. 僵局阶段

谈判僵局是指在谈判过程中，双方因暂时不可调和的矛盾而形成对峙。出现僵局不等于谈判破裂，但它严重影响谈判的进程，如不能很好地解决，就会导致谈判破裂。

4. 终局阶段

终局就是谈判双方在已经充分了解对方诉求的基础上，根据谈判目标，寻求合适的契机，亮出底牌结束谈判的过程。谈判结束的方式有三种：成交、破裂、中止。

（三）谈判纪要的制作

谈判纪要是记载谈判情况的文书。谈判各方对谈判内容或合同条款进行会谈后，应以纪要的形式记录谈判的内容，供各方签署。谈判纪要是下一步起草合同的重要依据，也是谈判人员向有关企业管理者汇报谈判情况和成果的载体。谈判纪要具有一定的契约性，对双方有一定的约束性，但并不具备直接的法律约束力。谈判会议纪要参照如下范文完成：

合同谈判会议纪要

20××年 11 月 02 日 9：30

会议地点：×××××××××会议室

会议内容：×工程施工合同谈判

参会人员：×风电公司：×××、×××、×××、×××；×省水电工程局：×××、×××、×××、×××

主持：××

记录：×××

20××年 11 月 2 日，在×××公司副总经理××主持下，×风电公司就×××项目与×省水电工程局进行合同谈判。经过参会人员充分讨论，达成一致意见，形成会议纪要如下：

一、双方就×××项目决定按照×××方案进行处理。

二、×风电公司在工程施工过程中仍严格按照原招标文件、投标文件要求，积极投入设备、人员、机械对本项目进行施工作业，不得延误本项目工期。

三、在合同执行过程中，×省水电工程局应重点注意工程建设过程中所涉及的环境保护、水土保持问题，严格按照合同约定的法律法规及相关措施实施，不得野蛮施工，违规操作。

日期：20××年 11 月 2 日

参会人员签字：

附：

1. 合同签订分项价格表。

2. 会议签到表。

（四）谈判结果

（1）谈判成功签订合同（草拟签署合同详见本教材工作任务十合同的草拟，在此不赘述）。

（2）谈判失败签署备忘录。

备忘录记录的是谈判各方对条款的各自意见和观点，这些意见双方并未达成一致意见，需要在下一次谈判中进一步协商，因此它只能作为参考性资料来使用，只具有提醒备忘的作用，本身并不具有法律约束力。谈判备忘录作为参考性资料，能有效引导谈判方下一次谈判的方向，避免重复讨论，提高工作效率，有利于尽快促成交易。谈判备忘录参照如下范文完成：

龙湖公司与××公司会谈
备忘录

中国龙湖公司（以下简称“甲方”）与×国××公司（以下简称“乙方”）的代表，于200×年×月×日在××市甲方总部就兴办合资项目进行了初步协商，双方交换了意见，并作出有关承诺。为便于将来继续洽谈，形成备忘条款如下：

一、依据双方的交谈，乙方同意就合资经营××项目进行投资，投资金额大约为×××万美元。投资方式待进一步磋商。甲方用厂房、场地、机器设备作为投资，其作价原则和办法，亦待进一步协商。

二、关于利润分配的原则，没有取得一致意见。乙方认为自己的投入既有资金，又有技术，应该占60%~70%，甲方则认为应该按投资比例分成。乙方代表表示，利润分配比例愿意考虑甲方的意见，希望另定时间协商确定。

三、合资项目生产的××产品，乙方承诺在国际市场上销售产量的45%，甲方希望乙方将销售额提高到70%~75%，其余的在中国市场上销售。

四、工厂的规模、合资年限以及其他有关事项，尚未详细讨论，双方都认为待第二项内容向各自的上级汇报确定后，再进行商议。

五、这次洽谈虽未能解决主要问题，但双方都表达了合作的愿望。期望在今后的两个月内再行接触，以便进一步协商洽谈合作事宜。再次洽谈的具体时间待双方磋商后再定。

中国龙湖公司　　　　×国××公司

代表×××（签章）：　　　　代表×××（签章）：

××年×月×日

六、合同谈判实训操作重难点提示

（一）谈判准备阶段实训操作重难点提示

引导问题 1：合同谈判主体与合同主体是一样的概念吗？

合同谈判主体与合同主体是两个不同的概念。合同谈判的主体是指实际谈判合同的人，既可以是合同当事人，也可以是合同当事人的代理人。而合同主体是合同关系的当事人，是具有相应民事权利能力和民事行为能力、享有合同权利并承担合同义务的自然人、法人或非法人组织。

引导问题 2：收集整理与合同谈判有关的信息的渠道有哪些？

可以通过政府有关部门的门户网站和第三方查询网站、行业咨询部门或行业咨询单位、大型行业展览活动、参观考察、尽职调查等方式获得与合同谈判有关的信息。

引导问题 3：准备谈判方案的核心理念是什么？

在把握谈判方案格式中所提示的基本要素的同时，要提前将自己预设成谈判对手，站在对方的立场上提出问题，给出解决方案，分析双方的优劣势，找出双方的共赢点，这样才能做到有的放矢，进退自如。

（二）正式谈判阶段实训操作重难点提示

引导问题 1：为什么在谈判开局阶段，要营造适当的谈判气氛？

良好的谈判气氛有利于促进谈判的顺利进行。要建立良好的气氛，可先以轻松的、易于交流感情的话题开始，如各自经历、共同交往过的人、热点问题等，通过双方共同感兴趣的、利益一致的问题沟通感情、增进了解来顺利切入谈判正题。

引导问题 2：如何营造共赢的谈判氛围？

谈判的目标是达成共赢，要始终坚持“共赢”的理念。当双方发生分歧时，不要直接反驳对方，而应当先表示理解对方的感受。对人的态度要温和，不要咄咄逼人，避免产生对抗性的氛围，但在道理、原则上要坚持自己的观点和底线，可以通过陈述自己的观点将问题引向一个新的方向。

引导问题 3：谈判中应如何进行有效倾听？

要边听、边想、边分析，并不断向对方提出问题，以确保自己完全正确地理解了对方的诉求。通过倾听和提问，结合对方谈判时提出的要求，分析其背后的需求和利益，了解其真实的意图，为最终找到互利的方案打好基础。

引导问题 4：谈判中应如何有效地表达诉求？

保持同理心，学会换位思考，尽量站在对方的立场上表达自己的诉求。通过与对方“谈信任”“谈共识”“谈感情”“谈困境”“谈未来”进行全方位的沟通，做到步步为营。无论对方提出什么样的问题，我们只表达自己听后的感受，而不是评价对方的行为和要求，避免对方的负面反应和僵局。只有维系好谈判双方的人际关系，才能达成好的谈判结果。

引导问题 5：谈判过程中，为什么要保持良好的心态？

保持耐心是赢得谈判的法宝。谈判策略和技巧无处不在，但谈判根本上是对双方心理的考验。在谈判的过程中，态度上不卑不亢、不骄不躁，方法上有理有据、刚柔并济，策略上稳中求进、留有余地。这既体现了人生哲学，也体现了为人处世之道。只有葆有诚心、耐心，才能确保谈判的顺利推进。

引导问题 6：谈判过程中，应当如何让步？

让步是谈判的最高艺术。让步要避免一步到位，不要让对方发现你的让步模式和规律，更不要越让越多。正确的做法是逐渐减少让步的幅度，也就是越让越少。另外，在做出让步后，同样可以向对方索要交换利益。简言之，就是权衡自己拥有的谈判筹码交换对方的谈判筹码。另外，还要注意让步的时机以及让步的幅度。

引导问题 7：谈判陷入僵局后，应采取哪些策略打破僵局？

归纳谈判陷入僵局的类型、原因及应对策略，如下表所示：

僵局类型	形成原因	应对策略
策略性僵局	为给对方制造压力，扰乱阵脚，谈判一方故意为之。	（1）适当让步，以柔克刚。“给面子”是打破僵局的基本手段。 （2）以弱者的面目，一再声明我方的立场、观点和诚意。 （3）坚持原则，以硬碰硬。因为对方并非希望中断谈判，无功而返。
情绪性僵局	（1）由无关紧要的立场、观点对立，导致僵局。 （2）由情况不熟、态度不当，言行不慎等沟通障碍，导致僵局。 （3）由知识经验、策略技巧不足或人品等素质问题，导致僵局。 （4）由谈判人员个人的偏见或成见，导致僵局。	（1）暂时休会，静候反思，把人与问题分开，等到情绪心态恢复正常后再谈判。 （2）自我暗示，调整失控的心理，及时转换现场气氛。 （3）审时度势，在迫不得已的情况下及时换人。
实质性僵局	（1）谈判的外部环境，如政策等因素发生变化。 （2）双方对交易内容的条款要求和想法差别较大，对各自所期望的收益存在很大差距。	（1）诚恳对待，耐心说服。 （2）列举事实，以理服人。 （3）反复斟酌，求同存异。采用行之有效的迂回战术，找到解决问题的钥匙。 （4）沉着应战，后发制人。不妨多听少说，多问少答，冷眼旁观，待时机一到，反戈一击，常能出奇制胜。

引导问题 8：谈判进入终局阶段以后重点采取的策略有哪些？

（1）黑脸白脸策略。

此策略在谈判中的应用频率很高。在谈判过程中，我方可以进行角色配合，分别扮演黑脸和白脸。如果遇见对方使用此策略，则可以通过直接拆穿“白脸”的方式化解对方的策略。

（2）收回策略。

如果遇见非常不诚信的对手，在不得已的情况下，可以收回已经让步或谈好的条件，使谈判“一夜回到解放前”，让对手的“如意算盘”化为泡影。

（3）赞扬对方。

在谈判结束后，无论哪方赢得了最终的谈判，都不要忘记夸奖对方，赞美对方的谈判能力，恭喜对方达成了解决方案。让对方感觉是自己赢得这场谈判。这样有利于与对方维系长期的合作关系。

（三）谈判纪要制作实训操作重难点提示

引导问题：制作谈判纪要应当注意哪些问题？

在制作时谈判纪要应注意：一是严谨，必须忠于谈判记录，真实、准确地反映谈判情况，不可随意更改记录内容；二是明确，应明确、具体地表述谈判中达成一致意见的问题、有争议的条款等；三是精简，语言表达要简练、准确，切忌模棱两可；四是层次清晰，避免前后矛盾或逻辑混乱。

（四）谈判备忘录制作实训操作重难点提示

引导问题：谈判纪要与谈判备忘录有什么区别？

谈判纪要与谈判备忘录的区别主要体现在两个方面：（1）效力不同。谈判纪要一经双方签字，即具有一定的约束力，在某些纠纷案件中可以作为证据使用；而谈判备忘录没有约束力，只起提示备忘作用，在纠纷中一般也不能作为证据使用。（2）内容不同。谈判纪要中记载的主要是谈判各方达成的一致性意见，而谈判备忘录中所记载的则不一定是谈判达成的一致意见，往往只是为下一次谈判提示问题。

七、合同谈判实训作业

（一）实训作业清单

（1）作业封面。

（2）目录。

（3）任务分配表。

（4）甲方入卷材料：谈判方案。

（5）乙方入卷材料：谈判方案。

（6）观察员入卷材料：谈判记录、备忘录或者协议。

（7）实训书面总结。

（二）实训作业要求

（1）作业封皮：标明案由、谈判甲乙双方观察员、谈判结果、完成日期。

（2）案卷目录：具备序号、内容、页码、备注等目录的基本要素。

（3）实训书面总结：对实训过程进行反思，对真实收获与不足进行总结，全面体现所有小组成员的心得。

要求：观点鲜明、条理清晰、文字简练，力戒空话、套话、大话、假话。字数在1500字以内。

八、合同谈判实训过程评价与反馈

合同谈判考核标准

序号	项目	考核标准	分值	得分
1	谈判方案	双方优劣势分析全面，考虑问题充分	10	
		解决问题、达成目标的途径多元合理	5	
		方案制作格式规范	5	
2	谈判过程	谈判流程完整规范	5	
		能够在规定时间内完成谈判过程演示	5	
		双方的诉求及反驳意见明确具体	5	
		能够使用恰当的谈判策略与技巧	10	
3	谈判纪要	谈判纪要格式规范	5	
		要对谈判过程的记录简洁清晰完整	5	
4	合同或备忘录	合同或备忘录格式规范	5	
		最终谈判结果记录表述清晰明确精准	5	
		适用法律正确	5	
5	实训总结	观点鲜明、条理清晰、文字简练	10	
6	作业形式	作业要素齐全	5	
		写作格式规范	5	
		封面、目录制作规范	5	
		装订规范	5	
组别			100	

工作任务十　合同草拟

一、合同草拟学习情境描述

合同的草拟是合同法律实务中最重要的环节，也是法律工作者的基本功之一。要求学生以律师的身份，按照合同当事人的要求，模拟完成合同的草拟工作，确保草拟的合同内容合法合规，并满足当事人的个性化需求。合同草拟的流程参照如下流程图：

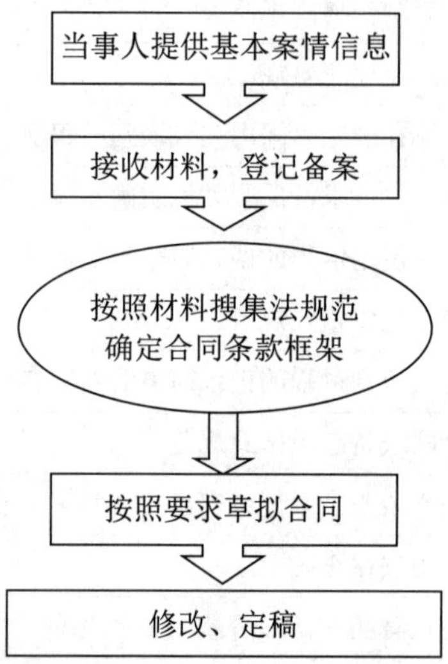

二、合同草拟实训目标

通过本工作任务的实训，学生应该能够掌握：

（1）小组成员之间分工协作，在研究探讨中模拟完成合同的草拟工作过程，通过对实体案件的程序操作，提高法律应用能力。

（2）依据合同草拟的角色，结合案情，草拟出合法合规并满足当事人个性需求的合同；

（3）对实训过程进行反思总结，养成良好的法律思维及严谨认真的工作习惯。

三、合同草拟任务分组

合同草拟任务分配表

<table>
<tr><td>班级</td><td colspan="2"></td><td colspan="3">组号</td><td colspan="2"></td><td colspan="3">指导老师</td><td colspan="2"></td></tr>
<tr><td>组长</td><td colspan="2"></td><td colspan="3">学号</td><td colspan="2"></td><td colspan="3"></td><td colspan="2"></td></tr>
<tr><td rowspan="4">组员</td><td colspan="3">姓名</td><td colspan="3">学号</td><td colspan="3">姓名</td><td colspan="3">学号</td></tr>
<tr><td colspan="3"></td><td colspan="3"></td><td colspan="3"></td><td colspan="3"></td></tr>
<tr><td colspan="3"></td><td colspan="3"></td><td colspan="3"></td><td colspan="3"></td></tr>
<tr><td colspan="3"></td><td colspan="3"></td><td colspan="3"></td><td colspan="3"></td></tr>
<tr><td rowspan="4">任务
分工</td><td colspan="6">研究分析案情</td><td colspan="6"></td></tr>
<tr><td colspan="6">检索合同范本</td><td colspan="6"></td></tr>
<tr><td colspan="6">检索法律依据</td><td colspan="6"></td></tr>
<tr><td colspan="6">草拟完成合同</td><td colspan="6"></td></tr>
<tr><td>备注
说明</td><td colspan="12"></td></tr>
</table>

四、合同草拟训任务书

实训任务一：草拟借款合同

1. 基本案情

杨某硕、王某、张某三人系大学同学。王某毕业后自己创业，成立了一家公司。2020 年 6 月，受新冠疫情影响，公司经营不善，需大笔资金周转，王某遂向杨某硕借款 80 万元，并请张某做保证人。杨某硕慷慨解囊，愿意帮助曾经的同窗渡过难关，且表示该笔借款不收取利息，但要求必须一年后还款，逾期将追究违约责任。张某同意承担连带保证责任。

2. 工作任务布置

（1）请检索本案涉及的所有法律依据。

（2）请帮杨某硕起草一份《借款合同》。

实训任务二：草拟离婚协议书

1. 基本案情

杨某楠和陈某琪系大学同学，二人大二相恋，毕业后于2016年6月1日在上海市徐汇区民政局办理结婚登记手续，并于2018年5月25日生育一子杨某华。孩子出生后，杨某楠多次以工作忙为由对妻子和孩子不闻不问，二人经常因为生活琐事吵架、冷战，感情逐渐淡漠。2021年8月20日，双方经过深思熟虑决定离婚，并约定由陈某琪拟定离婚协议，杨某楠审查后签署。

2021年8月21日，陈某琪通过朋友推荐找到你，委托你帮她起草一份离婚协议书。2021年8月22日，你和陈某琪在律所面谈后，整理出以下信息：

男方杨某楠，住上海市徐汇区，身份证号：310×××××××××××××××。女方陈某琪，住上海市浦东新区张江高科技园区，身份证号：310×××××××××××××××。二人于2016年6月1日在上海市徐汇区民政局办理结婚登记手续，并于2018年5月25日生育一子杨某华，身份证号：310×××××××××××××××。

二人约定：儿子杨某华由女方抚养，男方按月支付抚养费，抚养费标准为每月3000元，医疗费、教育费及保险费等大额支出另算，不包含在上述抚养费中。男方要求每周至少和孩子生活一天，且女方不得擅自给孩子改姓，否则应支付20万元违约金。二人婚前各有一套房屋，婚后共同居住在女方所有的房子里，婚后无共同房产。婚后共有存款30万元，其中男方名下账户有22万元，女方名下账户有8万元。女方因抚养孩子、操持家务、照顾老人较多，主张分得18万元，经与男方沟通，男方同意。二人婚姻关系存续期间无外债。

2. 工作任务布置

（1）检索本案涉及的所有法律规定。

（2）根据上述案情，起草一份《离婚协议书》。

实训任务三：草拟债权转让协议

1. 基本案情

钱某于2020年10月1日借给张某100万元，期限为1年，约定利息为2万元，到期一次性还本付息。2021年4月1日，钱某因投资需要向王某借款100万元，约定借期3个月。2021年7月1日，钱某因投资失败无力偿还借款，与王某协商将其对张某的102万元债权转让给王某，用以抵顶钱某向王某的借款。后张某得知此事，钱某、张某、王某三人一致同意签订债权转让协议。

2. 工作任务布置

（1）检索起草本合同时涉及的所有法律法规。

（2）根据上述案情，起草一份《债权转让协议》。

实训任务四：草拟冰箱采购合同

1. 基本案情

宁夏鹏翔餐饮有限公司因经营需要急需采购一批冰箱，经与重庆海尔电器销售有限公司银川分公司洽谈，采购冰箱的型号、规格、数量及单价如下：

序号	产品名称	型号	规格（升）	数量（台）	单价（元/台）
1	海尔冰箱	BCD-646WLHSS9EN9U1	646	20	11000
2	海尔冰箱	BCD-656WGHTDV9N9U1	656	15	5000
3	海尔冰箱	BCD-601WDGX	601	15	6500
4	海尔冰箱	BCD-521WSGKU1	521	10	10000
5	海尔冰箱	BCD-600WGHSS19B8U1	600	10	5000
合计：542 500 元					

重庆海尔电器销售有限公司银川分公司承诺合同生效后 5 日内送货上门，如产品有质量问题，一个月内包换，免费维修 15 年。宁夏鹏翔餐饮有限公司于合同成立后 3 日内支付全部价款的 10%作为定金，货物验收合格后 3 日内一次性付清其余款项。

2. 工作任务布置

（1）请检索本案涉及的所有法律法规。

（2）根据案情，起草一份《冰箱采购合同》。

实训任务五：草拟商铺租赁合同

1. 基本案情

2021 年 5 月 5 日，银川锦业房地产项目开发有限公司部门经理王某来律所委托你帮他起草一份商铺租赁合同。王某述称：公司拟将位于宁夏回族自治区上海西路开元商业广场的商铺租赁给银川市麦斯咖啡有限公司开设咖啡店。经双方协商，该房屋租赁期限为 10 年，从 2021 年 8 月 28 日起至 2031 年 8 月 27 日止。2021 年 5 月 21 日至 2021 年 8 月 27 日为房屋装修期，不收取租金及管理费。租金及物业管理费按如下方式收取：第 1 年至第 3 年该房屋月租金（含物业管理费）为税后营业净额抽成 7%；第 4 年至第 6 年该房屋月租金（含物业管理费）为税后营业净额抽成 8%；第 7 年至第 10 年该房屋月租金（含物业管理费）为税后营业净额抽成 9%。税金各自依法缴纳，电费、水费、电话费等由使用方负担。咖啡店应交 5 万元押金。

2. 工作任务布置

（1）检索起草本合同时涉及的所有法律法规。

（2）根据上述案情，起草一份《商铺租赁合同》。

实训任务六：草拟保密和竞业限制协议

1. 基本案情

银川市东大精密仪器技术开发有限公司因生产经营需要打算招聘一批技术人员，该批技术人员在工作过程中会接触公司的商业秘密，如果该批技术人员泄密将对公司造成较大损失。

2. 工作任务布置

（1）检索本案涉及的所有法律法规。

（2）根据上述案情，为银川市东大精密仪器技术开发有限公司草拟一份《保密和竞业限制协议》。

五、合同草拟实训操作要领指引

（一）合同范本及法律规范的检索

1. 合同范本的检索

起草一份合同前，检索同类交易的合同范本，可以帮助我们尽快掌握此类合同的重点所在。起草合同时，也可以根据具体案情参考其中某些典型的条款和措辞。

首先，应掌握相应的检索技术，而不是简单地在搜索引擎上直接搜索合同范本。如在检索框中输入“filetype：doc+检索内容”可以快速找到 doc 相应文件类型的文件，这些文件是比较规范的，通过此操作进行快速的分类，减少检索的范围，有效地进行检索，从而得到一个初步的合同范本。以房屋买卖合同为例进行演示，如下图所示：

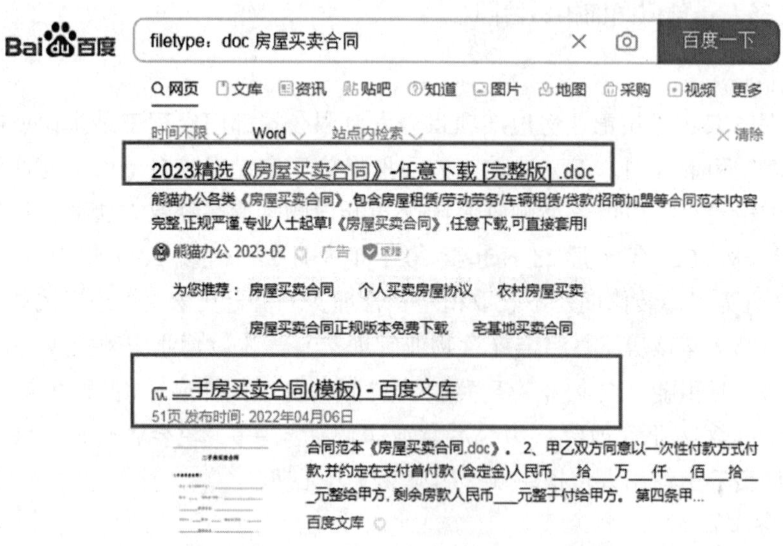

同时，针对检索出的结果，从各个特征分辨其是不是真实使用过的合同，因为只有真正使用过的合同，才有可参考之处。比如通过检索结果的命名、整体的架构或者

内容的填充等细节进行判断，也可利用百度搜索引擎中的图片搜索功能进行辅助，从而提升检索到的参考范本的质量，图片检索如下图所示：

综合而言，通过技术和自己的筛选办法检索出高质量的参考合同范本，是需要不断自我优化的法律检索内功修行。

2. 法律规范的检索

合同范本主要为我们提供格式上的参考，查阅合同所涉事项相关的全部法律法规、司法解释、部门规章、国际惯例等可以帮助我们分析合同基本法律关系，归纳其中的法律问题和可能存在的法律风险。针对所归纳的法律问题，找出相关法律条文，排除业已作废的法律规范，初步判断合同是否成立，是否存在无效或可撤销的风险。

如何准确、快速地检索到适用于手头案件的法条，关系诉讼的结果成败，所以法律检索不仅是法律人基本的实务技能之一，还是法律人进行实务学习的重要工具。从如下三个方面进行介绍：

（1）法律检索的来源推荐。

①北大法宝。中国法律检索的主流数据库是“北大法宝”。北大法宝中，最常用的子库系“中央法规库”“公报案例库”与“裁判文书库”。

②中国裁判文书网。“中国裁判文书网”由最高人民法院创设，最高人民法院的民商事判决生效后需在规定时限内上传至该网站。

③其他常见数据库。还有中国人大网的“法律释义与问答”、中国法院网的“法律文库查询”、司法部的国家法律法规信息系统、汇法网等。

（2）法律检索的方法推荐。

①体系检索法。法律是有体系的，所以我们可以从体系出发进行检索。以民法领域中的“无权代理”为例，从民法体系出发就该问题进行检索时，可判断该问题必然主要规定在《民法典》及相关司法解释中。从北大法宝中检索出《民法典》，利用“代理”做关键词进行页面筛选并聚焦命中，就可以发现《民法典》中与无权代理相关的法条。

②关键词检索法。选定关键词及相应的法律数据库后进行检索时，若因检索所得结果过多，难于人工筛选，则需要缩小检索口径。此时，可通过加长关键词（如将“代理”改为“无权代理”）；加多关键词（如将“代理”改为“代理、效力”）；增多检索项（如将发布机关限定为最高人民法院）等方法缩小检索口径，得到范围限缩后的检索结果。若检索所得结果过少，需要扩大检索口径，则反之。

③案例倒查法。案例倒查法是从案例找法条的归纳的思路。可以先通过“体系检索法”在相应法条下自动检索的裁判文书中找案例，也可以通过“关键词检索法”在公报案例库和裁判文书库中找案例。找到案例后，逐个浏览筛选案例全文，重点关注法院在“本院依据……法”部分引用的法条。

（3）检索所得法条效力的甄别。

①对检索所得法条是否有效进行甄别。法条是否已被废止、是否已经公布但尚未施行、是否属于法院的裁判可依据的文件范围。

②法条在事项效力上是否适用于本案的甄别。其一，需要注意法律文件的标题对适用事项范围的界定。以最高人民法院《关于审理城镇房屋租赁合同纠纷案件具体应用法律若干问题的解释》为例，该文件的标题已经明确了其不适用于农村房屋的租赁纠纷。其二，需要注意法律文件的条文对适用事项范围的界定。如最高人民法院《关于人民法院审理借贷案件的若干意见》（已失效）第 1 条已经将企业间借贷排除于该法适用范围。

③法条在时间效力上是否适用于本案的甄别。民商事实体立法一般不具有溯及力，程序立法或司法解释即时适用。注意司法解释末条的一审、二审、再审的程序适用（适用的时间范围）条款。

（二）确定合同的基本内容

1. 合同的基本条款

根据《民法典》第 470 条的规定，合同的内容由当事人约定，一般包括下列条款：（1）当事人的姓名或者名称和住所；（2）标的；（3）数量；（4）质量；（5）价款或者报酬；（6）履行期限、地点和方式；（7）违约责任；（8）解决争议的方法。当事人可以参照各类合同的示范文本订立合同。

2. 合同的组成部分

（1）合同首部。作为正式条款前的内容，主要由合同名称、当事人身份、合同引言三个部分组成。

（2）合同正文。具体包括合同条款的全部内容，一般用有规律的序号加以编排和连接。

（3）合同尾部。合同正文之后的所有内容都属于合同尾部，主要是内容不等的签署栏。某些合同的尾部还有审批、公证等第三方意见栏。简单的签署栏应包括当事人及签署时间，复杂的则会包括当事人的名称和地址、开户银行及账号、签订地点和签订时间、授权代表、电话号码和电子邮箱等。

（4）合同附件。合同附件主要是证明当事人主体资格的文件或标的的细节参数等，这类内容与合同条款不属于同一层面，但往往又是合同的必备前提条件或具体的执行标准，因此只能以附件的形式而不是以合同条款的形式出现。

3. 合同的语言

（1）在起草合同时，应尽可能地使用规范性的法律用语，以避免理解歧义。同时应注意对容易产生误解和歧义的词语进行解释，对非量化或定性的专业词语进行定义。在首次使用具体的某个术语、概念时要下定义并勤于解释合同中的术语和概念。

（2）合同主体简称必须在合同开头部分有提示，注意避免在合同主体较多时发生混淆。

（3）使用数字时要汉字和阿拉伯数字即大小写并用，并且要注明大小写不一致时以大写为准，而且要有准确的量词。

（4）合同用词尽量避免非精确性的形容词，如“优良的”“完整的”“严重的”“重大的”“合理的”等。避免使用模棱两可的副词，如“左右”“大约”“相当”“等等”。另外要谨慎运用“包括但不限于”一词。

（5）要避免一些由文字混淆引起的法律混淆，如“成立”与“生效”混用、“预约意向”与“本合同”不分，“违约金”与“赔偿金”混淆等。避免在合同中使用模棱两可的词句或多义词。

（6）合同中的相关性条款内容应当集中，尽量不要分散，不要重复陈述或反复强调同一内容。

（7）合同的语句应尽量使用短句，要精练、清晰、直接而准确，通俗易懂。

4. 合同的格式

（1）合同编排层次分明。

合同编排一般是指合同章、节、条、款、项的排列布局形式。最为严谨的合同采取“章、节、条、款、项”进行排列，结构层次的序号按第一层为“一”，第二层为“（一）”，第三层为“1”，第四层为“（1）”的顺序排列，或者按第一层为“1”第二层为“1.1”，第三层为“1.1.1”，第四层为“1.1.1.1”的顺序排列。

合同体例既要符合委托人要求和情况，又要与合同所涉事项、金额、履行方式、有效期、操作难易程度等因素相一致，即因人而异、因事而异，非千篇一律。合同编排体例也取决于合同草拟者的个人习惯、经验和对合同所涉事项的理解程度乃至其心情和态度。合同体例和用语本身具有多样性，无所谓孰优孰劣。

（2）合同印装签章规范。

① 合同的印装。合同适宜采用A4纸打印，左侧装订，字体和排版应当美观大方，

符合习惯，避免照搬国外的排版。

②合同的签章。一般情况下，签字和盖章最好同时具备，防止出现因未盖章只有经办人签字，或无签字只有公章，被以印章丢失、被盗等理由摆脱责任等情形的出现。签字包括由营业执照记载的法定代表人或负责人签署，或者由授权委托书载明的代理人、双方接洽的经办人签署。为了避免难以辨认手写的签字，手签的姓名和印刷体姓名应同时具备。双方要在每页合同上签字或者加盖骑缝章。

③合同签订的时间地点。如果双方是在同一时间和地点签订的合同，则建议将时间和地点作为合同的一个条款放在合同尾部或首部。如果约定合同签订地法院为诉讼管辖法院的，合同各方尤其应当注意合同的签订时间和地点的约定。

六、合同草拟实训操作重难点提示

（一）合同范本及法律规范检索的实训操作重难点提示

引导问题：进行法律规范检索时，如何选取关键词？

关键词的选取能力是检索经验、中文功底、法律功底的综合体现，只有选取了恰当的关键词，才能检索到目标法条和典型案例。推荐如下几个途径：

（1）从中文文本出发发现关键词，如同义词、近义词、反义词。

（2）根据法理发现关键词，如检索无权代理就要想到表见代理，检索无权处分就要想到善意取得。

（3）从相关法条的表述中发现关键词。

（4）从判决的行文中发现关键词。

（5）从行业习惯用语出发发现关键词。

（二）确定合同基本内容的实训操作重难点提示

引导问题 1：如何给合同“起名字”？

合同的名称，不仅是一个代号，也是对交易结构的一种总结，写好合同名称可以高效地确定合同各方的权利义务。所以，给合同“起名字”要做到“名副其实”。

首先，可采用“拿来主义”——直接从法律规定中获取合同名称。我国《民法典》合同编罗列了 19 类“有名合同”，专门归纳出了合同名称。如果草拟 19 类合同之一，名称直接对应选择即可，包括：买卖合同、赠与合同、借款合同、保证合同、租赁合同、承揽合同、建设工程合同、运输合同、保管合同、仓储合同、委托合同、物业服务合同、中介合同、合伙合同等。

其次，还可参照如下原则给合同起名字。其一，简洁明了。合同名称要简洁明了，让人一眼就能理解合同的内容。其二，突出重点。合同名称应突出交易的重点。例如，“××鞋销售合同”突出产品。其三，具有辨识度。合同名称应有较强的识别标志，便于搜索和管理。如果有多个相同类型的合同，可以通过在合同名称中添加编号、日期或其他标志，以便进行区分。

引导问题 2：合同标的和合同标的物是一个概念吗？

合同标的和合同标的物紧密相连，但是是两个不同的概念。

合同标的是指合同当事人之间存在的权利义务关系；合同标的物是指双方权利义务指向的对象。所有的合同都有标的，但有些合同就没有标的物。比如在提供劳务的合同中，标的是当事人之间的劳务关系，而不存在标的物；比如某甲以 500 万元的价款将一套商品房卖给某乙，签订的买卖合同中，标的是房屋买卖合同关系，标的物是所交易的商品房。

引导问题 3：为什么在草拟合同时，要考虑双方权利义务的平衡性？

合同是平等主体之间就某一事项经过友好协商而达成的合意，应当避免起草“义务多、责任重、权利少”或“权利多、义务少、责任轻”的“一边倒”合同，忌讳“霸王条款”，否则另一方可能以该合同违背公平原则为由提出撤销合同的诉求，导致交易破产，合作关系中断。若不考虑合同相对方的利益或者不注意合同的平衡性，则是不合格的合同文本。

引导问题 4：《民法典》合同编第 470 条规定的示范性条款，是不是每个合同都必须具备？

《民法典》第 470 条以列举方式列出了八个合同基本条款规范。其中当事人、标的及数量条款是合同的必备条款，缺一不可，其他条款并非每个合同都必须具备的，缺少其中的一个或几个条款并不当然导致合同不成立或不生效。

具体到个案合同应具备哪些条款，根据情形不同，内容也各不相同。但在实践中，经常发生因疏忽大意或经验不足等造成合同内容不具体或关键条款缺失的情形，这些条款虽不影响合同的成立，但会导致在合同履行过程中出现歧义，进而引起纷争。所以，在草拟合同时应当从全面保护双方合法权益、避免引起纠纷的角度，高度重视影响合同顺畅履行的条款，认真拟定。

引导问题 5：没约定合同的违约条款，是不是就不需要承担违约责任了？

不是。只要双方订立的合同是合法有效的，就受法律保护，违约责任有约定，按照约定履行，没约定则按照法律规定承担。当事人一方不履行合同义务或者履行合同义务不符合约定的，应当承担继续履行、采取补救措施或者赔偿损失等违约责任，这是法律对违约方采取的强制制裁措施。

引导问题 6：合同违约金的最高限额是多少？

《民法典》第 585 条规定，当事人可以约定一方违约时应当根据违约情况向对方支付一定数额的违约金，也可以约定因违约产生的损失赔偿额的计算方法。约定的违约金低于造成的损失的，人民法院或者仲裁机构可以根据当事人的请求予以增加；约定的违约金过分高于造成的损失的，人民法院或者仲裁机构可以根据当事人的请求予以适当减少。当事人就迟延履行约定违约金的，违约方支付违约金后，还应当履行债务。一般来说，合同违约金上限是实际损失的 30%，若违约金数额过高或者过低可以请求法院给予减少或者增加。

引导问题 7：草拟民间借贷性质的借款合同应注意哪些核心问题？

（1）甄别合同签约主体。

民间借贷是指自然人、法人、其他组织之间及其相互之间进行资金融通的行为。上述主体与银行、信贷公司、消费金融公司、典当行、信托公司等形成的借贷关系的性质为金融借贷。民间借贷与金融借贷主体不同，所适用的法律也不同。

（2）明确借款本金。

①“砍头息”的问题。在民间借贷中，出借人往往会在实际出借资金之前将全部或部分利息予以扣除后再发放给借款人，但约定的借款金额却是本金与扣除的利息之和，此行为俗称“砍头息”。根据《民法典》的规定，借款的利息不得预先在本金中扣除。利息预先在本金中扣除的，应当按照实际借款数额返还借款并计算利息，“砍头息”的方式是不被法律所认可的。

②本金给付方式。借款合同为实践合同，实际发放借款是借贷关系成立最为核心的一环，所以在合同中必须明确约定本金的给付方式。对本金的给付方式，建议优先采用银行转账的方式进行操作，便于保留给付证据。应谨慎采用现金方式给付，若必须通过现金给付的，注意以录音录像等方式保留给付证据，以防止法律风险。

（3）明确借款利率。

①借款利息必须明确约定，否则视为没有利息。《民法典》第 680 条明确规定：“禁止高利放贷，借款的利率不得违反国家有关规定。借款合同对支付利息没有约定的，视为没有利息。借款合同对支付利息约定不明确，当事人不能达成补充协议的，按照当地或者当事人的交易方式、交易习惯、市场利率等因素确定利息；自然人之间借款的，视为没有利息。”

②借款利率必须符合法律规定的标准。2021 年 1 月 1 日起施行的最高人民法院《关于审理民间借贷案件适用法律若干问题的规定》第 25 条规定：出借人请求借款人按照合同约定利率支付利息的，人民法院应予支持，但是双方约定的利率超过合同成立时一年期贷款市场报价利率四倍的除外。“一年期贷款市场报价利率”是指中国人民银行授权全国银行间同业拆借中心自 2019 年 8 月 20 日起每月发布的一年期贷款市场报价利率。

引导问题 8：起草离婚协议书应注意哪些事项？

（1）应慎用笼统性表述。应当慎用如“双方各自名下的其他财产归各自所有”“财产已经分割完毕”等诸如此类的表述，因为其往往会给掌握财产较多的一方制造隐瞒财产的机会。

（2）明确子女抚养权和探望权条款。应当明确抚养费的金额、支付方式、期限等，对探望权的行使时间、方式的约定应具有可操作性，不能只是笼统地表述为“一方有探望权”等，避免今后产生不必要的纠纷。

（3）房屋分割条款的约定。约定房屋权属后，还会涉及房产过户等程序性事项，一般都需要另一方到场配合，或者一方需要支付给另一方一定的折价款。为避免离婚协议签订后一方不履行协议，在离婚协议中可以明确一方不履行义务的惩罚措施。比如，逾期不支付房屋对价的惩罚办法、不配合办理产权变更手续的法律后果等。

（4）离婚协议中的条款不能违反法律的强制性规定。比如约定离婚后一方不能再婚、不能生育等属于无效条款。

引导问题9：什么是债权转让协议？需要符合哪些条件？

债权转让，是指不改变债权债务关系的内容，债权人将其债权移转给第三人的法律行为。债权人为转让人，第三人为受让人。债权转让一般应具备四个条件：（1）须存在有效的债权；（2）被让与的债权须具有可让与性；（3）让与人与受让人须就债权的转让达成协议，并且不得违反法律的有关规定；（4）债权的让与须通知债务人。

引导问题10：草拟买卖合同应注意哪些事项？

（1）合同主体。包括当事人的姓名（名称）、住所、联系方式等。

（2）货物的参数、货物的质量要求、货物的包装标准。

（3）合同履行的期限、地点、方式，其中，交货的时间、地点和方式是合同的关键内容，应予以明确。

（4）检验标准、时间、方法、结算方式。

（5）违约责任。为了确保合同的顺利履行，应当明确具体地约定违约责任条款。

（6）解决争议的方法要明确具体。合同纠纷由被告住所地或者合同履行地人民法院管辖。对于争议的管辖问题，双方可以在合同中明确约定。

引导问题11：草拟房屋租赁合同时要关注哪些条款？

（1）合同主体。包括当事人的姓名（名称）、住所、联系方式等。

（2）住房具体情况。住房的具体位置、住房面积、住房装修情况、配备设施和设备、住房的产权证号、产权人及是否得到产权人的委托出租住房等。对租赁标的物及装修情况、家具等约定不明确，容易导致纠纷。

（3）注明租房用途。如果对租赁房屋的使用用途约定不明确，承租人对租赁房屋进行超负荷、掠夺性的任意使用，致使租期届满后租赁房屋的租赁状况堪忧，可能导致房屋无法继续合理使用的风险。

（4）合同要写明租赁期限。租赁期限的最长时限20年，超过部分将被认定无效。

（5）明确房租及支付方式。住房租金由出租人和承租人协商确定，在租赁期限内，双方可约定出租人不得擅自提高房租。

（6）住房修缮责任。根据法律规定，房屋的修缮义务一般由出租人承担，也可由双方约定。但如果租赁房屋的维护义务和修缮义务约定不明确，在履行中房屋出现问题时，可能会导致合同解除时的保证金退费产生纠纷。

（7）住房状况变更。为了避免纠纷，可在协议中约定承租人应该爱护住房和各种设施，不能擅自拆、改、扩建或增加。

（8）是否同意转租的问题。在合同中应明确是否可进行转租，方便双方当事人行使各自权利。

引导问题 12：简要归纳竞业禁止义务和保密义务的区别？

（1）竞业禁止义务和保密义务的性质不同。竞业禁止义务是一种约定义务，若用人单位和劳动者之间不存在竞业禁止的约定，那么劳动者就不存在竞业禁止义务。保密义务则是一种法定义务，我国《反不正当竞争法》就侵犯商业秘密的情形作出了相应的规定。因此，即使用人单位与劳动者之间不存在保密协议，用人单位仍然可以通过侵权诉讼来追究劳动者违反保密义务的法律责任。

（2）竞业禁止义务和保密义务限制的行为不同。竞业禁止义务限制的是劳动者在离职后从事某种专业、服务或经营某类产品或服务的行为。保密义务限制的是劳动者离职后自己使用或向第三人泄露、披露其在本单位工作时获得的商业秘密或其他秘密，其并不限制劳动者从事竞争业务或到竞争企业工作的行为。

（3）竞业禁止义务和保密义务的期限不同。劳动者在职的竞业禁止期限是劳动关系的存续期间，劳动者离职后的竞业禁止期限可以由用人单位和劳动者具体协商确定，但最长不得超过《劳动合同法》规定的两年期限。而保密义务的存在是没有期限限制的，只要作为保密协议对象的商业秘密存在，那么劳动者的保密义务就一直存在。

七、合同草拟实训作业

（一）实训作业清单

（1）作业封面。

（2）小组分工表。

（3）检索的法律依据。

（4）起草的合同。

（5）实训总结。

（二）实训作业要求

（1）作业封皮：标明作业的标题——合同草拟、合同主体、完成日期。

（2）案卷目录：具备序号、内容、页码、备注等目录的基本要素。

（3）实训书面总结：在对实训过程进行反思后，对真实收获与不足所做出的总结，全面体现所有小组成员的心得。

要求：观点鲜明、条理清晰、文字简练，力戒空话、套话、大话、假话。字数在1500 字以内。

八、实训过程评价与反馈

合同草拟考核标准

序号	项目	考核标准	分值	得分
1	合同草拟依据	检索的法律依据全面	5	
		检索的依据准确	5	

续表

序号	项目	考核标准	分值	得分
2	合同形式	合同编排层次分明	10	
		合同印装签章规范	10	
3	合同条款	合同条款全面	10	
		双方义务均衡、合理	10	
		合同条款文字表述准确精炼	10	
		合同整体逻辑严密，前后表述一致	10	
4	实训总结	观点鲜明、条理清晰、文字简练	10	
5	作业形式	作业要素齐全	5	
		写作格式规范，校对仔细，无错别字	5	
		封面目录制作规范	5	
		装订规范	5	
总组别			100	

工作任务十一　合同修改

一、合同修改学习情境描述

合同修改的过程，不仅是对合同文字和条款的阅读，还包括对合同整体的考量。要求学生以律师的身份，从专业角度对合同甲方提供的合同提出修改意见，模拟完成合同的修改工作，确保修改的内容合法合规，满足当事人的个性化需求。合同修改的流程参照合同草拟流程。

二、合同修改实训目标

通过本工作任务的实训，学生应该能够掌握：

（1）小组成员之间分工协作，在研究探讨中模拟完成合同的修改工作过程，通过对实体案件的程序操作，提高法律应用能力。

（2）依据合同修改的角色，结合案情，提出合同修改意见。

（3）对实训过程进行反思总结，养成良好的法律思维及严谨认真的工作习惯。

三、合同修改任务分组

合同修改任务分配表

<table>
<tr><td>班级</td><td></td><td>组号</td><td></td><td>指导老师</td><td></td></tr>
<tr><td>组长</td><td></td><td>学号</td><td></td><td></td><td></td></tr>
<tr><td rowspan="4">组员</td><td>姓名</td><td>学号</td><td>姓名</td><td colspan="2">学号</td></tr>
<tr><td></td><td></td><td></td><td colspan="2"></td></tr>
<tr><td></td><td></td><td></td><td colspan="2"></td></tr>
<tr><td></td><td></td><td></td><td colspan="2"></td></tr>
<tr><td>任务
分工</td><td colspan="5"></td></tr>
<tr><td>备注
说明</td><td colspan="5"></td></tr>
</table>

四、合同修改实训任务书

实训任务一：李某强与韩某梅的借款合同

1. 基本情况

2021 年 3 月 3 日，李某强为购买房屋向好友韩某梅借款 80 万元，双方约定月利率 2%，借款期限为一年。现委托你作为律师审查李某强提供的借款合同，合同审查无误后双方计划于 2021 年 4 月 3 日由韩某梅向李某强转款。合同如下：

借款合同

甲方（出借人）：　韩某梅　　身份证号码：××××××××××××

乙方（借款人）：　李某强　　身份证号码：××××××××××××

乙方因购房需要向甲方借款，甲方同意出借款项。依照《民法典》等相关法律法规的规定，经双方协议一致，特订立本合同，以资共同遵守。

1. 借款金额及利息

1.1 借款金额：人民币（大写）捌拾万元整（￥800 000）。

1.2 借款利息：月利率 2%，按月付息（或利随本清），每月 30 日前支付利息，逾期须按 2.4 条的规定承担违约责任。

2. 借款期限及违约责任

2.1 借款期限为一年，于甲方实际转款之日起开始计算。

2.2 甲方于 2021 年 4 月 3 日以银行转账方式向乙方支付 800 000 元。

2.3 乙方应于 2022 年 4 月 3 日之前还清全部本息，如逾期未偿付本息，则视为违约。

2.4 乙方应向甲方支付未按期偿付款项 20%的违约金，并承担甲方因维护权益向乙方追偿的一切费用（包括但不限于律师费、诉讼费、保全费、交通费、差旅费、鉴定费等）。

3. 争议解决方法

如发生争议，各方应协商解决，协商不能解决的，任何一方可向被告所在地人民法院提起诉讼或向仲裁委员会申请仲裁。

4. 其他条款

4.1 本合同一式贰份，合同各方各持壹份，具有同等法律效力。

4.2 各方在本合同中所留的电话为各方认可的联系方式，身份证所载明的地址（或签字落款时所留地址）视为双方送达催款函、对账单、法院送达诉讼文书等的合法地址，如有变更应及时告知，否则其不利后果由违约方承担。

甲方：　　　　　　　　乙方：

日期：　　　　　　　　日期：

2. 工作任务布置

（1）请指出合同中不合理之处，重点审查合同中利息条款，违约责任与违约救济条款诉讼管辖条款等是否符合法律规定，对有异议处进行修改，确保我方利益。

（2）除审查合同本身外，针对本次借款向委托人提出合理化建议，提示出借风险。如最高人民法院《关于审理涉及夫妻债务纠纷案件适用法律有关问题的解释》（已失效）确立了“共债共签”的原则，也就是说，夫妻一方举债，另一方未签字或未认可的，法院一般不认定为夫妻共同债务。该解释的内容亦为后续《民法典》第1064条所吸收。具体到借条出具的场合，如果债权人希望借款人的配偶一并承担还款责任，则需要求借款人的配偶在借条上的借款人处一并签名并按指印。

（3）收集本合同所需要的所有法律依据。

实训任务二：裴玄教育有限公司与明明诚信装饰材料经销部的采购合同

1. 基本情况

2019年5月9日，裴玄教育有限公司欲采购一批办公家具，家具规格价格要求如下。

品 名	规格（毫米）	数量	单位	单价（元）	总价（元）	附图	产地	材质说明
保密柜	1800＊900＊400	6	张	1200	7200	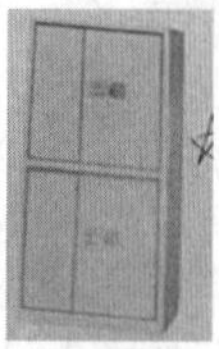	广东	加厚冷轧钢板
大写：柒仟贰佰元整（此价格含普通发票）					7200			

现裴玄教育有限公司委托你作为律师审查办公家具采购协议，帮助双方最终达成合作。合同如下：

办公家具采购协议

甲方：裴玄教育有限公司

乙方：明明诚信装饰材料经销部

甲乙双方就甲方采购乙方办公家具一事，为明确甲乙双方责任，经双方友好协商，根据《民法典》等相关规定，本着平等互利，等价有偿的原则，甲乙双方同意按下述条款签订本协议。

1. 货物名称及数量

本协议所提供的货物款式，规格型号，单价及数量最终协议交易总额为：7200元（大写：柒仟贰佰元整）。

2. 交货方式及期限

2.1 乙方收到全部款项后将货物运输至甲方指定工作场所交货并安装完毕。

2.2 甲方应作好货物到厂安装前的清理工作。甲方向乙方提供工作场地电源等条件，乙方工作人员在安装工程中应严守甲方工作场所的工作纪律及相关规定。

3. 价款和支付

3.1 协议总价款：7200 元（大写：柒仟贰佰元整），家具安装验收完毕后甲方一次性付给乙方。

3.2 货款支付时，甲方应按照本协议约定，将款项转入乙方指定账户。乙方所指定的开户银行及银行账号以本协议中所注明为准，如有变更，乙方应在协议规定的相关期限前 6 日以书面方式通知甲方，通知应加盖乙方公章。

4. 质量保证及售后服务

4.1 本协议所提供系列办公家具必须符合国家和行业标准及规范要求。质量保证期为 3 年，质量保证期内，乙方所供办公家具有质量问题乙方负责无偿修理。

4.2 乙方对所供家具负责终生维护服务。注：部分五金件（包括椅子角轮、气压杆、万向轮、抽屉划轨、锁具）免费保修 3 年。保修期内，如因产品自身质量问题发生损坏，乙方负责免费维修或更换相关的部件。超过保修期，乙方维修时只向甲方收取相关的维修成本费用。

4.3 乙方在本市必须设立售后服务机构，负责质量保证期内和货物整个使用期间的售后服务。乙方对甲方提出的售后服务需求最晚不迟于 2 个工作日到达现场进行处理，保证让甲方认可满意。

5. 交付安装和验收全款付清

5.1 安装及验收标准：甲乙双方确定货物数量、质量、外观、型号完全符合甲乙双方协议相关约定。

5.2 交付及安装地点：甲方指定地点。

5.3 履行方式：乙方按 5.2 条约定地点送货，完成全部家具的安装，交付并通过甲方验收，乙方按协议约定将货物全部安装完毕后，甲方必须在 2 个工作日内组织清点、验收并在乙方供货明细单上确认签字或盖章。甲方接到乙方通知逾期 2 个工作日不进行清点、验收，即视为甲方所供的货物数量准确，质量合格。货物的风险自乙方安装完成交货后乙方顺期自动转移至甲方。

5.4 验收结果与协议约定不符的甲方有权拒绝接受该货物，乙方应及时更换被拒绝的货物。如不及时更换，甲方可按照合同约定追究乙方违约赔偿责任。

6. 运输

6.1 乙方负责运输和货物保险，负责将货物运抵协议约定的交付地点，并承担一切费用，运输方式由乙方根据货物安全需要和履行本协议需要自行确定。

7. 违约责任

7.1 乙方所供货物时间逾期或安装未达到协议相关约定要求，甲方有权要求换货或调试货物，乙方应向甲方承担协议总价每天千分之一的违约金。

7.2 甲方未按期接收货物或未按照协议约定付款，每逾期一天应向乙方支付迟延支付货款部分千分之一的违约金。

7.3 任何一方违反其在本协议的陈述、保证及未履行其约定的义务，给对方造成损失的应向对方承担全部赔偿责任。

甲乙双方因不可抗力无法继续履行合同的，应当书面通知对方，双方协商后可解除协议且免除责任。

8. 其他约定

8.1 书面修改

对本协议的任何修订必须采用书面形式。

8.2 本协议附件为本协议的组成部分

附件：《供货明细一览表》。

8.3 本协议未尽事宜，经双方协商可以签订补充协议。

8.4 协议生效

本协议在各方法人或合法授权代表签字盖章之日起生效。

8.5 本协议一式两份，双方各持一份，享有同等法律效力。

9. 争议解决

如果在履行本协议中发生争议，各方应友好协商予以解决。如果在发生争议后协商未能解决，则本协议有关的一切争议均在相关区域所在地法院起诉解决。

甲方：裴玄教育有限公司	乙方：明明诚信装饰材料经销部
授权代表：	授权代表：
年　月　日	年　月　日

2. 工作任务布置

（1）审查、修改合同中标的条款，服务内容及服务质量条款，合同价款、支付方式与发票条款，违约责任与违约救济条款，诉讼管辖条款等，对有缺失处或不合理处进行修改，确保我方利益。

（2）根据未改动的协议向委托方裴玄教育有限公司做出风险分析，如果最终明明诚信装饰材料经销部无法交货，该协议该如何修改。

（3）收集本合同所需要的所有法律依据。

实训任务三：青青科技有限公司中央空调采购及安装合同

1. 基本情况

2021 年 11 月 3 日，青青科技有限公司因装修需要为整层办公楼采购中央空调，并要求由供货方小金工程有限公司提供安装服务，现双方拟签订《中央空调采购及安装合同》一份，青青科技有限公司委托你作为本方律师审查、修改这份合同，要求关注本合同结算方式、时间是否合理。合同如下：

中央空调采购及安装合同

发包方：青青科技有限公司（以下简称“甲方”）

承包方：小金工程有限公司（以下简称“乙方”）

甲乙双方根据《民法典》以及相关法律、行政法规，结合本工程的具体情况，经双方充分协商，签订本合同，以共同遵守。

一、安装项

1. 工程名称：青青大厦×号楼××层小金商用中央空调系统

2. 建设地点：青青大厦×号楼

3. 承包方的范围和内容：

（1）提供工程所需的空调系统相关配件（详见设备清单），并运至工地现场，并且包装完好。

（2）空调系统设备安装全部按照图纸施工。

（3）空调末端系统设备控制系统的调试及安装。

（4）空调系统的风口安装等。

（5）所有空调铁皮风道改造。

（6）空调智能控制系统提供、安装及调试。

（7）向业主培训使用和日常维护管理知识等。

4. 所有空调系统动力线及外机基础由甲方提供到安装位置。

5. 合同工程总承包金额：叁拾壹万捌仟捌佰捌拾捌元整（小写：318 888 元）。其中设备及控制部分金额为贰拾伍万伍仟元整（小写：255 000 元）；安装费（含工程材料部分及人工费）金额为陆万叁仟捌佰捌拾捌元（小写：63 888 元）。

此合同价为按图包干价格（详见合同附件）；若施工时与图纸有出入，无论工程量是否增加，均以此包干价格为最终价格。

6. 施工期限：在不影响甲方施工的情况下，设备到货后乙方安排进场施工，安装调试总时长为 15 天，保证在甲方主要工程全部完成时完工。

二、安装质量

1. 安装质量及验收依据：乙方根据甲方提供的图纸，经甲方、乙方认可的合同中约定的条款施工。

2. 货物质量标准：合格。

3. 保修条件、期限：自设备安装验收交付使用之日起空调设备免费质保 24 个月，享受终身厂家售后服务。

质保期内，非乙方原因，由使用、维修或保管不当及不可抗拒力造成的损坏不在保修范围内。

超过质保期，厂家售后服务仅收取损件更换费用，换件费用标准按照厂商提供价格标准执行，不再收取其他任何费用。

4. 根据国家相关法律法规之规定，本工程项目预留合同总额的3%作为质保金，以便工程缺陷责任期内，乙方负责维修和质保。

5. 本工程项目自安装工程交付验收之日起计算，缺陷责任期为2年，到期后退还质保金。

6. 预留质保金不计息。

三、甲乙双方的义务和责任

（一）甲方

1. 甲方有负责协调乙方和设计单位、各施工单位之间关系的责任（如协调装饰单位预开风口等）。

2. 安装过程中甲方有权随时监督、抽查。

3. 配合乙方将工程施工所需的水、电、材料、场地提供到位。

4. 指导和监督施工中的相关技术环节，如方案变更，及时通知乙方，以方便调整正常施工进度。

5. 按照本协议及时向乙方拨付施工费用。

6. 乙方提供风口尺寸给甲方，由甲方与装修工程队协调开相应的风口，以便于乙方安装相应的风口和设备。乙方不再支付风口的费用。

7. 在施工过程中不再产生总承包配合费及管理费等。

8. 负责安装前设备到货验收，查验项目包括设备型号核对和完好性确认。

9. 负责空调室外机底座基础的浇筑和空调、通风设备室内电源以及空调风口的木工开口。

（二）乙方

1. 乙方必须按照甲方审核的施工图纸、材料单、产品明细表和设备安装规范进行施工并接受甲方的监督。

2. 乙方应严格按照施工图和说明书以及施工技术规范和操作规程进行施工，确保工程质量，及时完工。

3. 乙方派工地代表，全面负责本工程的施工管理，对工程进度、工程质量进行监督，解决应由乙方解决的问题等事宜。

4. 乙方提供的设备产品符合中华人民共和国专业标准，设备应外观完好无损、可正常使用，质量合格且无产品缺陷。

5. 安装附属材料符合中华人民共和国专业标准，质量合格且无产品缺陷。

6. 乙方提供设备、关键材料需经甲方验收合格后方可进行安装；对于验收不合格产品及时进行更换。

7. 乙方在施工过程中违反操作规范而造成的设备损坏和人员安全等其他事故，均由乙方承担责任，甲方不承担任何责任。

8. 甲方付款时，乙方须提供相应票据。

9. 乙方负责提供到位外机电源。

四、违约责任

1. 由乙方人为因素造成安装不能按合同规定时间及质量交付使用的，乙方应承担全部责任。

2. 乙方安装出现严重质量问题或工期拖延对安装造成影响的，甲方有权单方终止合同，损失由乙方承担。

3. 乙方提供的产品按照产品说明书和保修卡进行保修，凡因施工造成设备损坏或乙方原因造成设备损坏，由乙方无偿更换。

4. 甲方不按照本合同约定条款付款的，自违约日起，每天按照合同总款的3‰付违约金给乙方；自违约日起5日内甲方仍不能按照本合同约定条款付款的，乙方有权单方终止合同，乙方所有经济损失由甲方承担。

5. 乙方负责向使用方操作人员技术培训。

6. 乙方负责所有合同约定设备的安装与售后维修服务，在接到甲方的故障通知后24小时内派技术员赶到现场进行故障检测并及时维修。

五、结算方式

本合同总金额按照时间节点分期结算，具体如下：

1. 自合同签订之日起3个工作日内，甲方向乙方支付设备及控制部分金额的20%，额度为人民币伍万壹仟元整（小写：51 000元）。

2. 待设备到货无误后，甲方向支付设备及控制部分的剩余金额，额度为贰拾万肆仟元整（小写：204 000元）。

3. 待设备全部完成安装调试，达到验收交付使用条件后，甲方支付工程安装费金额人民币伍万肆仟叁佰贰拾贰元整（小写：54 322元）。

4. 剩余款项留作质保金，金额为玖仟伍佰陆拾陆元整（小写：9566元），待缺陷责任期满后予以返还。

六、其他约定事项

1. 甲方因生产或使用需要，变更设计时应以书面形式通知乙方，按照规定办理变更手续，签订变更合同或补充协议，无论工程量是否增加，均按照本合同价格执行。

2. 如遇停电、停水及人力不可抗拒的因素，协商解决。

3. 合同清单及说明与本合同具有同等法律效力。

4. 甲乙双方认可的附件具有同等法律效力。

5. 合同附件内容与本合同有冲突时以本合同为主，合同其他未尽事宜由双方协商解决。

6. 甲、乙一方如果出现违反合同的行为，应在友好、平等的前提下协商解决。如经甲、乙双方协商，不能达成共识，任何一方均有权向人民法院起诉。

7. 本合同一式叁份，甲方执贰份，乙方执壹份，双方签字盖章之日起生效。

甲方：	乙方：
法定代表人：	法定代表人：
地址：	地址：
委托代理人：	委托代理人：
联系电话：	联系电话：
日期：　　年　月　日	日期：　　年　月　日

2. 工作任务布置

（1）了解明确本次交易目的，对合同主体进行审查。

（2）审查、修改合同中标的条款，服务内容及服务质量条款，合同价款、支付方式与发票条款，违约责任与违约救济条款，诉讼管辖条款等，对有异议处或不合理处进行修改，确保我方利益。

（3）合同的结算方式及付款节点是否合理，剩余未付款项能否对安装工作起到约束作用，如果不合理请做出修改。

（4）收集本合同所需要的所有法律依据。

五、合同修改实训操作要领指引

（一）合同文本形式审查

首先，从整体上对合同文本进行形式审查，审查的要点如下：

（1）合同文本结构是否完备。即合同是否具备首部、正文及尾部三部分内容。

（2）合同当事人的基本信息是否正确。审查当事人名称与营业执照上的名称是否一致，当事人的银行账号、联系地址、联系电话等重要信息是否存在缺漏，当事人法定代表人、地址等信息与营业执照登记信息是否一致等。合同当事人在文本中的称谓是否前后一致。如买卖合同中，是否同时存在“买方、卖方”与“甲方、乙方”两种称谓，且没有指代关系。

（3）文本行文逻辑是否前后一致、约定是否明确。合同中是否存在前后逻辑混乱、表述矛盾、词义含糊不清、约定不明确等情况。

（4）排版是否规范、整齐、美观。是否存在层级条款的序号不符合使用规范、字体大小不一、页码不连续等情况。

（5）合同签章是否规范。审查签字人是否为法定代表人或其授权代表、授权代表的签字是否与授权书上受托人的名字一致、自然人对方的签字是否与身份证上的名字一致等。印章上的公司名称与合同中书写的单位名称是否一致、印章是否为公章或合同专用章、签署部分的签章及日期是否有缺漏、日期是否前后一致等。

(二) 合同实质审查

1. 合同主体的审查

审主体，要审合同双方以及涉及的第三人，审核合同主体是否具备完全的民事行为能力，是否具备特定的专业资质和专门许可，还可进行必要的资信调查等。

(1) 主体名称是否准确。审查主体名称、统一社会信用代码与营业执照是否完全一致，合同主体是否与签字盖章主体一致。

(2) 是否为适格合同主体。审查是否为限制行为能力人或无行为能力人，是否为没有营业执照或登记证书的机构。

(3) 是否为本次交易的合适主体。审查是否为本次交易权利人、所有人或有权处分人，是否有资质、许可从事该交易。

(4) 是否有遗漏主体。是否存在共同权利人、优先购买人、需要其配合合同履行的其他主体、是否需要增加担保人。

(5) 是否具备相应的履约能力。考虑是否增加担保，加重违约责任，更改交易流程（如要求对方先付全款或部分款项）。

2. 对合同条款分类审查

按照重要性从高到低，将合同分为基本条款、重点条款、辅助条款、配套条款四种类型。应当充分认识到，不同合同条款的重要程度差别很大，对重点条款应重点审查、重点修订。对于不太重要的条款细节问题，无需过多修改，以免影响交易达成，对于重要条款则要认真审查确保符合委托方利益。分类审查原则如下图所示：

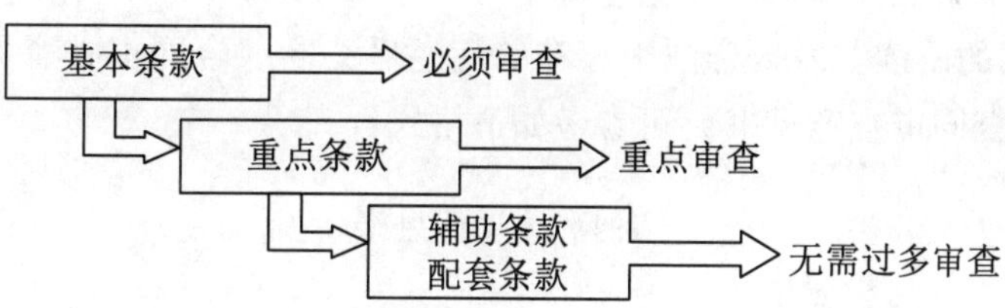

(1) 基本条款。包括标的、价款、质量等条款。

①标的条款审查要点。首先，标的要具有合法性。法律禁止流通的物不得作为买卖标的物，如淫秽书刊。法律限制流通的物只能在限定的领域流通，如枪支。其次，标的必须具有特定性。若标的是物，则可通过名称、规格、型号、颜色、成分、产地、厂家、商标、登记等使标的物特定；若标的是行为，可通过行为内容使标的特定；若标的是权利，应明确权利的载体、所对应的权利人、权利证书、权利状态。

②合同价款条款的审查要点。主要审查价款标准、付款时间和付款方式三个要点。合同中的价款标准一般包括单价和总价；支付时间通常分为一次性支付和分期支付；支付方式主要有现金支付、银行汇款、移动支付方式、承兑汇票等有价证券支付、债权债务互抵等方式。

③质量条款审查要点。应明确不同标的物的质量标准。货物的标准要客观、确定。

对于国家、地方或行业制定有通行标准的（如 GB、DB/T 等），应当明确具体的质量标准；没有通行标准的，看是否有企业标准；都没有的，应由合同当事人约定具体的标准（即约定标准）。行为通常体现为服务，如物业服务、咨询服务、代理等，一般无通行标准，需要合同当事人专门约定，因此带有较强的主观性。其标准要完整、可评价，可从培训师资、时间、地点、频次、时长等方面进行约定。权利的标准要完整、可处置，还要考虑价值的构成要素。

（2）重点条款。

①违约责任类条款。违约责任有如下五种承担方式：一是继续履行；二是采取补救措施；三是赔偿损失；四是支付违约金；五是定金罚则。

②交易结构类条款。价款相关内容包括各类费用的承担、费用报销、税费承担等；标的相关内容包括质量、包装、交货、运输、安装、验收、售后服务等；还有风险转移、权利保证、权利义务期限、授权许可、独家权利等。

③担保类条款。包括保证、抵押、质押、定金、其他连带责任、补充责任约定等。

④合同特殊生效条件条款。包括附生效条件的合同、附生效期限的合同。

（3）辅助条款和一般通用配套条款。

辅助条款包括定义与解释条款中关于合同中特定术语的定义、交易结构方面的辅助性安排、配套条款中的管辖条款、联系方式条款、合同附件对具体事项的说明。

一般通用配套条款包括首部的引言条款、一般定义与解释条款、部分无效处理、不可抗力等条款、一般的签署生效条款（包括合同份数、签字生效等）。

（三）出具《合同审查意见书》

通过对合同的研读，发现合同中存在的问题后，以《合同审查意见书》的形式提出修改意见。《合同审查意见书》可参考如下格式：

合同审查意见书

合同名称：

合同编号：

送审人：

送审时间：

一、合同基本情况

二、合同存在的主要问题

三、审查修改意见及法律依据

四、其他需要说明的问题

合同审查人：

年　月　日

六、合同修改的实训操作重难点提示

（一）合同文本形式审查的实训操作重难点提示

引导问题 1：要保证合同文本前后逻辑保持一致，应注意哪些问题？

（1）称谓前后不一致，如前面称甲方、乙方，后面称买方、卖方。

（2）签约日期前后不一致，打印体的签约日期和手签的日期不一致。

（3）签约主体前后不一致，如签字落款处的主体和合同首部的主体不一致。

（4）金额大小写不一致，合同总额与分期付款总额不一致。

（5）法律用语不准确，前后表述不一致，如定金与订金、权利与权力等。

引导问题 2：签署合同必须法定代表人签字吗？

法定代表人是依法代表法人行使民事权利、履行民事义务的主要负责人，所以由公司的法定代表人签署合同是最稳妥的。但这并不意味着只有法定代表人才能代表公司签署合同，公司也可以采取书面授权的方式，委托代理人来签署合同。这种情况下，就需要对委托代理人的代理权限、行为能力等进行全面的审查，避免与无权代理、越权代理、无权处分的主体签订合同，否则会产生合同被变更、被撤销或无效的法律风险。

（二）合同实质审查的实训操作重难点提示

1. 合同主体审查的实训操作重难点提示

引导问题 1：父母为了规避未来的遗产税，可以直接让未成年人作为房屋买卖合同的买方吗？

未成年人不具有完全民事行为能力，作为房产交易主体，其行为会受到法律的限制。

首先，签订《房地产买卖合同》时，在购房人名称处，除填写未成年人的姓名外，应一并写明监护人的姓名（一般为父母，除父母一方去世或无监护能力外，父母均需签名）。

其次，办理交易过户时，需要提交监护关系证明。证明包括未成年人的出生证或独生子女证、监护人的身份证，如监护人为一人的，还需提交经过公证的监护人证明书，证明仅此一人具有监护人资格。

再次，在购房合同及房产证上，不仅应记载房屋所有权人即未成年人的名字，也应记载未成年人监护人的名字，但监护人并不因此享有房屋所有权。

最后，未成年人房产在转让时，监护人必须出示是为了未成年人利益才出售房产的声明书，并需要提供监护人签名和保证其具有监护人资格的证明书，否则不得转让。

引导问题 2：公司的分支机构（分公司）有签订合同的权利吗？

根据公司法的规定，公司可以设立分公司。设立分公司，应当向公司登记机关申请登记并领取营业执照。分公司不具有法人资格，其民事责任由总公司承担。

总公司设立分公司的目的是充分地、更方便地开展经营业务，分公司可以自己的名义对外开展业务，其中包括签订合同。分公司在签订合同时，只要加盖分公司的印章即可，不必在每个合同上都加盖总公司的印章。对于与分公司开展业务的公司或个人来说，也没有必要要求分公司在合同上加盖总公司的印章。只要审查总公司对分公司的授权委托书，以及其登记的营业执照，就能查明分公司的业务范围，分公司在总公司的授权范围内所签订的合同有效。

引导问题 3：公司的职能部门有签订合同的权利吗？

企业的职能部门属于企业的内设机构，是一个公司不可或缺的组成部分，负责对企业某项职能进行分工管理，只有内部管理权。公司的职能部门如下图所示：

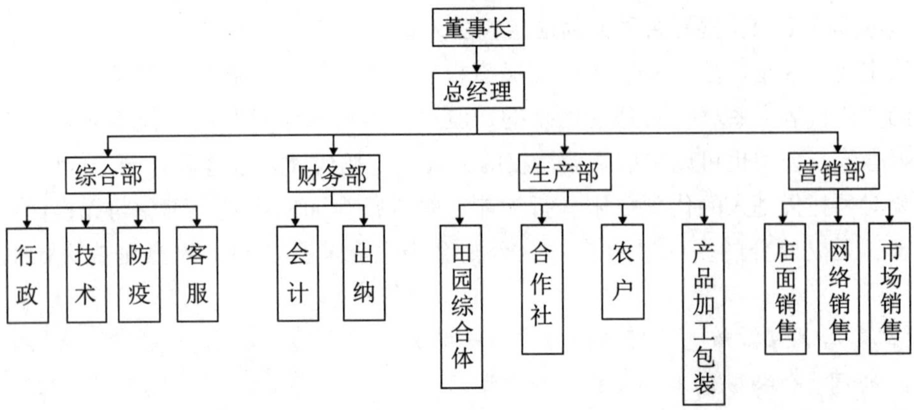

任何一个职能部门都不能单独代表公司对外行使权利，而签署合同就是公司的重要的对外权利之一。所以，企业的职能部门因不具有签署合同的主体资格，不能对外签署合同。

若一份合同仅加盖公司某职能部门的印章，而没有公司的公章，则属于效力待定合同，应当督促公司加盖正式公章，只有得到公司的追认，该合同才具有法律效力。

2. 对合同条款分类审查的实训操作重难点提示

引导问题 1：下面两份合同中的标的物存在什么问题？[1]

（1）A 公司建有加油站等设施，所使用的土地性质为划拨用地。A 公司欠 B 公司债款，双方达成还款协议，A 公司将加油站等设施转让给 B 公司（含土地使用权）。

存在的问题：标的物不合法。本还款协议中，交易的标的物包括划拨土地的使用权，因我国划拨土地为无偿使用，不得转让，所以本案所交易的标的物不合法。后经土地管理部门稽查，对 A 公司进行处罚，无偿收回土地，并处 13 万元罚款。

（2）甲、乙两单位签订了一份设备租赁协议，甲方将真空离子镀膜机出租给乙方，双方约定了租期、租金等事项。租期届满时，乙方交还设备，甲方发现不是其出租的设备，进而引发纠纷。

［1］ 本问题案例选编自法邦网。

存在的问题：标的物不特定。法院审查双方签订的协议内容时发现，协议中既未写明租赁设备的型号或特征，也未附上图片或照片。最终甲方不得不接受一台不属于自己的设备，约损失 15 万元。本问题发生的原因是甲方在签署合同时，没有对合同标的物进行特定化。

引导问题 2：如何使合同标的物特定化？

首先应当明确标的物的名称、型号。如问题一的第二个合同中，仅指明租赁物为“真空离子镀膜机”，这种表述过于概括，应当以设备的型号对机器进行特定化。

其次应当明确标的物的数量。应规范使用数量或计量单位，避免“包、箱、袋、捆、打”等不确定的计量单位。标的物数量精确到最小计量单位，如“个、只、套”等，同时应注意统一使用一种计量单位。如只约定购买“一千袋大米”，就有可能出现“一袋 10 公斤”或“一袋 50 公斤”的歧义。

引导问题 3：合同价款约定中，常见的问题有哪些？

（1）单价和总价约定不明确。若只约定总价，而未就各个不同类商品分别确定单价，一旦发生部分履行时，双方可能就价款问题发生争议。

（2）支付期限约定不明确。如果将支付期限笼统约定为某种行为完成后几日，但是没有就行为完成的标准和时间进行具体界定，对方可能以此为由拖延付款。

（3）支付时间约定不合适。如分期付款中对付款的具体时间及具体付款的条件约定不明，约定“款项分三次三年内付清”。这一约定相当于没有约定，因不具体而实际操作性差，失去了约定分期付款的意义。

（4）其他操作失误。如金额只有小写没有大写、金额大小写不一致、数字计算错误、数量级错误、单位错误、分期付款总额与合同总金额不一致、合同金额前后不一致等。这些细节操作失误也可能导致双方产生争议。

引导问题 4：某合同中约定“2. 货物标准：合格。”本约定是否稳妥，应当如何修改？

本约定就属于典型的质量标准不明确。合格是一个非常笼统的概念，因具体标准不同，合格的结论亦有差异。一旦双方因质量问题发生争议，会使双方处于巨大的法律风险中。可将该条款修改为：“2. 货物标准：本合同项下乙方出售给甲方的货物执行 GB/T 25975-2010 国家标准。”

引导问题 5：约定继续履行的合同的，应当如何设定违约责任？

继续履行，又称实际履行，是指债权人在债务人不履行合同义务时，可请求人民法院或者仲裁机构强制债务人实际履行合同义务。

以租赁合同为例，可约定为：“出租方未能按照本合同的约定向承租方交付房屋的，承租方有权要求出租方在 30 日内交付房屋，该 30 日作为出租方的交房宽限期，在该宽限期内交付房屋的，出租方不承担违约责任，但免租期自实际交付之日起算，租期及付款期限相应顺延。30 日内出租方未交付房屋的，承租方有权向人民法院提起诉讼或向仲裁机构申请仲裁。”

引导问题 6：约定采取补救措施的，应当如何设定违约责任？

采取补救措施，针对质量不符合约定的情形，包括修理、重做、更换、退货、减少价款或者报酬等。

以服务合同为例，可约定为："若乙方未能按照本合同约定的标准提供服务，甲方有权要求乙方限期改正，甲方也可以向第三方另行采购类似服务予以替代，甲方因此支出的采购费用由乙方承担。甲方因此遭受其他损失的，乙方应予赔偿。"

引导问题 7：约定赔偿损失的，应当如何设定违约责任？

《民法典》第 584 条规定："当事人一方不履行合同义务或者履行合同义务不符合约定，造成对方造成损失的，损失赔偿额应当相当于因违约所造成的损失，包括合同履行后可以获得的利益；但是，不得超过违约一方订立合同时预见到或者应当预见到的因违约可能造成的损失。"

以商铺租赁合同为例，可约定为："一方提前解除本合同的，应当提前三个月通知对方，且应当支付相当于合同解除前六个月的租金作为对方的损失赔偿，该六个月的租金为双方均认为合理的赔偿数额。"

引导问题 8：约定支付违约金的，应当如何设定违约责任？

依据《民法典》第 585 条第 1 款的规定，当事人可以约定一方违约时应当根据违约情况向对方支付一定数额的违约金，也可以约定因违约产生的损失赔偿额的计算方法。

以买卖合同为例，可约定为："卖方迟延向买方交付货物的，每逾期一天，按照货款总额的 20%向买方支付违约金，迟延超过 15 天的，视为卖方不能交货，买方有权解除本合同，并按照本合同规定追究卖方不能交货的违约责任。违约金不足以弥补买方损失的，卖方应当继续予以赔偿。"

引导问题 9：约定定金罚则的，应当如何设定违约责任？

依据《民法典》第 586 条第 1 款的规定，当事人可以约定一方向对方给付定金作为债权的担保。定金合同自实际交付定金时成立。

以房屋买卖合同为例，可约定为："乙方向甲方支付总房价的 5%作为定金，若乙方不履行合同的，甲方有权没收定金不予退还，若甲方不履行合同的，应当双倍返还乙方定金。"

引导问题 10：如何对合同的争议解决办法进行约定？

（1）争议解决方式必须确定，不能或然。如"发生争议，各方应协商解决，协商不能解决的，任何一方可向被告所在地人民法院提起诉讼或向仲裁委员会申请仲裁"这样的约定就是无效的。

（2）选择的管辖法院的范围是限定的，即只能是在被告住所地、合同履行地、合同签订地、原告住所地、标的物所在地的人民法院中选择。

（3）约定管辖不得违反民事诉讼法对级别管辖和专属管辖的规定，如本应由中级人民法院管辖的案件就不能协议约定由基层人民法院管辖，本应由不动产所在地法院管辖的案件就不能协议约定由不动产所在地之外的法院管辖。

七、合同修改实训作业

（一）实训作业清单

（1）作业封面。

（2）选取的实训任务。

（3）小组分工表。

（4）检索的法律依据。

（5）合同审查法律意见书。

（6）实训总结。

（二）实训作业要求

（1）作业封皮：标明所修改合同的标题、修改人、完成日期。

（2）案卷目录：具备序号、内容、页码、备注等目录的基本要素。

（3）实训书面总结：对实训过程进行反思，对真实收获与不足进行总结，全面体现所有小组成员的心得。

要求：观点鲜明、条理清晰、文字简练，力戒空话、套话、大话、假话。字数在1500字以内。

八、合同修改实训过程评价与反馈

合同修改考核标准

序号	项目	考核标准	分值	得分
1	合同修改依据	检索的法律依据全面	5	
		检索的依据准确	5	
2	合同形式	合同编排层次分明	10	
		合同印装签章规范	10	
3	合同条款	合同条款全面	10	
		双方义务均衡、合理	10	
		合同条款文字表述准确精炼	10	
		合同整体逻辑严密，前后表述一致	10	
4	实训总结	观点鲜明、条理清晰、文字简练	10	
5	作业形式	作业要素齐全	5	
		写作格式规范，校对仔细，无错别字	5	
		封面目录制作规范	5	
		装订规范	5	
总组别			100	

第五模块

综合案例研判

工作任务十二　综合案例研判

一、综合案例研判学习情境描述

以中立裁判者的视角，撰写一份综合案例研判报告。报告要求从所给的真实法律案件材料入手，兼顾争议双方的诉求，完成如下三项工作：

（1）通过梳理当事人的陈述，分析判断证据材料，概括总结出案件事实。

（2）检索出与案件相匹配的法律依据，通过分析案件中存在的法律关系，给案件准确定性。

（3）紧密围绕事实和法律，探寻切实可行的案件处理思路，得出公平公正的案件结论。

研判案件，应把握如下核心问题：

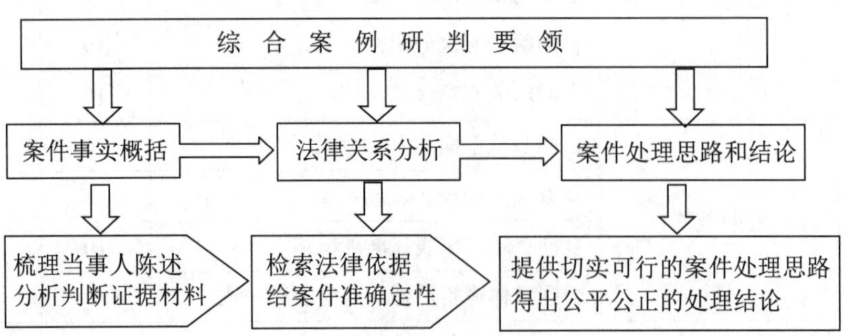

二、综合案例研判实训目标

通过本工作任务的实训，学生应该能够掌握：

（1）小组成员之间分工协作，在研究探讨中模拟完成案件研判工作过程，提高法律应用能力。

（2）以中立裁判者的视角，撰写案例研判报告，并制作 PPT 进行现场汇报，提高法律综合研判能力。

（3）对实训过程进行反思总结，养成良好的法律思维及严谨认真的工作习惯。

三、综合案例研判任务分组

综合案例研判任务分配表

<table>
<tr><td>班级</td><td></td><td colspan="2">组号</td><td></td><td>指导老师</td><td></td></tr>
<tr><td>组长</td><td></td><td colspan="2">学号</td><td></td><td></td><td></td></tr>
<tr><td rowspan="5">组员</td><td>姓名</td><td colspan="2">学号</td><td colspan="2">姓名</td><td>学号</td></tr>
<tr><td></td><td colspan="2"></td><td colspan="2"></td><td></td></tr>
<tr><td></td><td colspan="2"></td><td colspan="2"></td><td></td></tr>
<tr><td></td><td colspan="2"></td><td colspan="2"></td><td></td></tr>
<tr><td></td><td colspan="2"></td><td colspan="2"></td><td></td></tr>
<tr><td rowspan="3">任务
分工</td><td colspan="2">案件事实概括</td><td colspan="4"></td></tr>
<tr><td colspan="2">法律关系分析</td><td colspan="4"></td></tr>
<tr><td colspan="2">案件处理思路和结论</td><td colspan="4"></td></tr>
<tr><td>备注
说明</td><td colspan="6"></td></tr>
</table>

四、综合案例研判实训任务书

（一）实训任务布置

（1）在了解基本案情的基础上，组织研读案卷材料。

（2）围绕案件事实概括、法律关系分析（犯罪构成要件）、案件处理思路与结论三个方面对案件进行研讨后，形成书面案例研判报告。

（3）就研判结论，制作PPT，进行现场汇报。

（4）实训结束后，完成实训总结，装订案卷材料。

（二）实训材料

实训材料一（民事案件）

1. 基本案情

原告曹某诉称，其通过案外人刘某认识被告杨某。2017年1月，被告向原告借款，原告征得案外人刘某同意后，于2017年1月24日给被告转款5万元，但被告一直没有偿还，故诉请被告偿还本金5万元，并按照年利率6%支付利息。被告在答辩的同时，申请追加案外人刘某为本案共同被告。

本案证据材料见案卷附件列表。

2. 实训操作提示

（1）概述归纳案件基本事实及本案的争议焦点。

（2）分析本案存在的法律关系。着重分析被告人杨某与原告曹某之间是否存在借款关系？被告的主体是否适格？

（3）被告杨某能否申请追加案外人刘某为本案共同被告？

（4）如果你是法官，如何判决本案？

3. 附件材料

（1）原告起诉状。

（2）被告答辩状。

（3）工商银行转款凭证。

（4）借款说明。

具体附件如下：

附1　起诉状

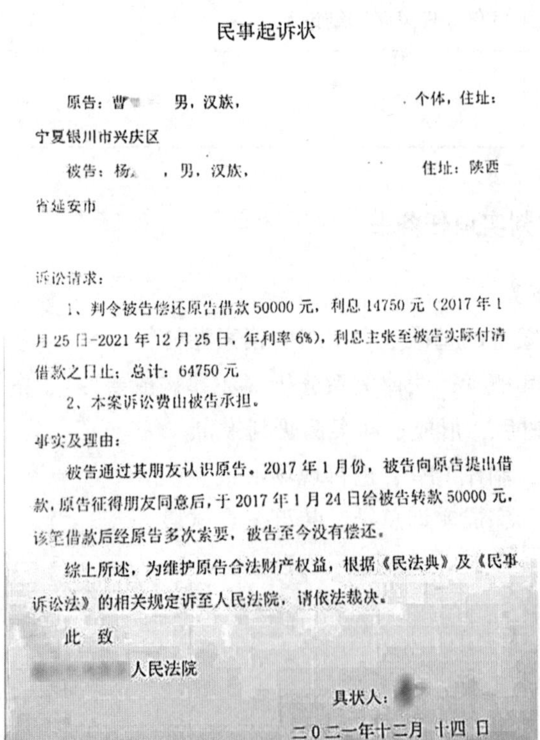

民事起诉状

原告：曹　男，汉族，　个体，住址：宁夏银川市兴庆区

被告：杨　，男，汉族，　住址：陕西省延安市

诉讼请求：

1、判令被告偿还原告借款50000元，利息14750元（2017年1月25日-2021年12月25日，年利率6%），利息主张至被告实际付清借款之日止；总计：64750元

2、本案诉讼费由被告承担。

事实及理由：

被告通过其朋友认识原告。2017年1月份，被告向原告提出借款，原告征得朋友同意后，于2017年1月24日给被告转款50000元，该笔借款后经原告多次索要，被告至今没有偿还。

综上所述，为维护原告合法财产权益，根据《民法典》及《民事诉讼法》的相关规定诉至人民法院，请依法裁决。

此　致

人民法院

具状人：

二0二一年十二月十四日

附 2　答辩状

民事答辩状

答辩人：杨某，男，汉族，住陕西省延安市

答辩人杨某就原告曹某诉答辩人民间借贷纠纷一案，提出如下答辩意见：

答辩人杨某与原告不存在民间借贷法律关系，原告并非案涉款项的出借人。案涉 5 万元款项系案外人刘某通过原告曹某转给被告杨某，用途是刘某与杨某之间项目合作经费。该 5 万元款项的债权债务发生在刘某与杨某之间，与原告曹某无关。因此答辩人与原告曹某之间不存在借贷关系，原告诉讼请求无任何事实和法律依据，请求法院依法驳回。

此致

人民法院

答辩人：杨某
二〇二一年十二月二十八日

附：借款说明1份

1

附 3　工商银行转款凭证

证据文字说明：此项转款凭证记录了 2017 年 1 月 24 日，曹某在中国工商银行银川悦海支行的 ATM 机上，通过银行转账从其账号为 6222×××××××××××的卡中往对方账户 6228×××××××××××××××转入 5 万元，对方账户户名为空。

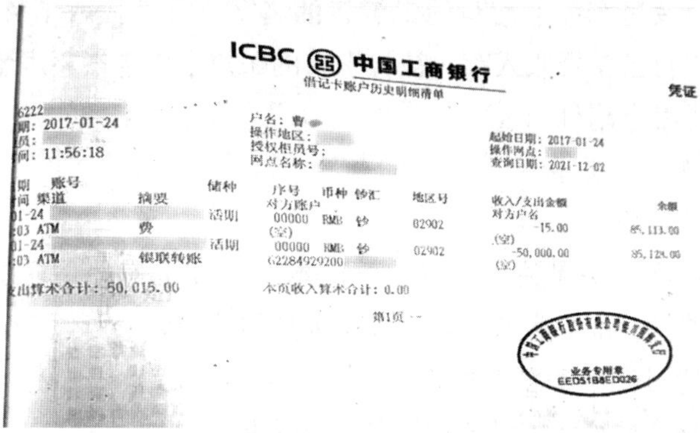
ICBC 中国工商银行
借记卡账户历史明细清单
凭证

6222
期：2017-01-24
员：
间：11:56:18

户名：曹
操作地区：
授权柜员号：
网点名称：

起始日期：2017-01-24
操作网点：
查询日期：2021-12-02

期 账号 间 渠道	摘要	储种	序号 对方账户	币种	钞汇	地区号	收入/支出金额 对方户名	余额
01-24 03 ATM	费	活期	00000 (空)	RMB	钞	02902	-15.00 (空)	85,113.00
01-24 03 ATM	银联转账	活期	00000 62284929200	RMB	钞	02902	-50,000.00 (空)	85,128.00

支出算术合计：50,015.00　本页收入算术合计：0.00

第1页

业务专用章
EED51B8ED026

附 4　借款说明

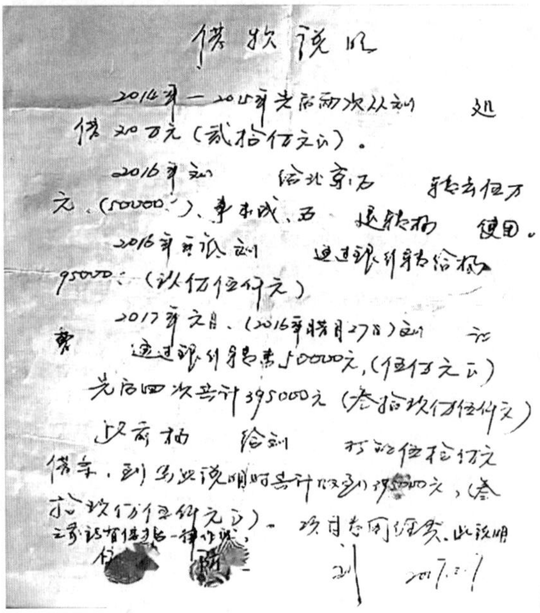

借款说明

先后四次共计395000元（叁拾玖万伍仟元）

实训材料二（民事案件）

1. 基本案情

原告马某诉称：2014 年 6 月，其与宁夏海亮房地产开发有限公司签订购房合同购买贺兰县住房一套，但由于自己的公务员身份，贷款额度少，因此当时购房合同、贷款手续及房产证上均写的二被告的名字，但所有的费用包括每月房贷都由其支付。现原告生病需支付高额医药费，为保障其晚年生活，要求法院将该套房子判为自己所有，二被告在该套房屋贷款还清后，配合其将该套房屋过户至其名下。被告李某未答辩，被告王某答辩称：该套房屋为其与被告李某婚姻关系存续期内购置，属夫妻共同财产，购房合同、贷款手续及房产证上均写的二被告的名字，且其提取了自己的公积金用于房屋装修，并每月将自己工资收入存入被告李某的账户中用于偿还房屋贷款。

本案证据材料见案卷附件列表。

2. 案例研判实训操作提示

（1）归纳本案争议焦点。

（2）分析本案存在的法律关系。注意关注本案实体上应使用民法典还是物权法？原告马某支付房屋首付、部分房款、契税等行为如何认定？

（3）原告马某应对哪些事实承担举证责任？

（4）本案中案涉房屋所有权的确定应使用什么规则？

（5）如果你是法官，如何判决本案？

3. 附件材料

（1）原告起诉状。

（2）被告答辩状。

（3）贷款担保合同。

（4）住房公积金提取申请审批表。

（5）其他证据材料。

具体附件如下：

附 1　起诉状

民事起诉状

原告：马　　，女，回族，1965 年 2 月 3 日出生，石嘴山市　退休干部，住银川市贺兰县　　　　，电话　　　。

被告：李　、男，回族，1986 年 10 月 2 日出生，宁夏　　有限公司员工，住银川市贺兰县　　　　，电话　　　　，身份证号码　　。

被告：王　，女，回族，1988 年 1 月 7 日出生，银川市　　教师，住银川市金凤区　　　　，电话　　　　，身份证号码　　。

诉讼请求：

1. 请求人民法院依法确认位于贺兰县德胜商住区大连路以南塞上名居续建工程　　号楼　单元　　室（现为贺兰县德胜开发区海亮六号地　　　室）归原告所有；

2. 请求人民法院依法判令案涉房屋按揭贷款还清后由两被告协助原告将案涉位于贺兰县德胜商住区大连路以南塞上名居续建工程　　号楼　单元　　室（现为贺兰县德胜开发区海亮六号地　　　室）房屋办理过户登记至原告名下，过户手续费由两被告承担。

3. 本案诉讼费由两被告承担。

事实与理由：

2014 年 6 月 17 日，原告为在贺兰德胜开发区购买住房将自己唯一的一套位于石嘴山大武口区的住房出售得款 323000 元。2014 年 6 月 23 日，原告与宁夏海亮房地产开发有限公司签订《银川市商品房买卖合同》购买位于贺兰县德胜商住区大连路以南塞上名居续建工程　　号楼　单元　　室（现为贺兰县德胜开发区海亮六号地　　　室）住房一套，因原告年纪较大银行贷款额度较少，故借用二被告的名义购买涉案房屋，该房从合同签订到交付首付款、办理按揭贷款及后续所有手续费包括但不限于契税、合同印花税、工本费、他项权证工本费、面积补差、装修及每月按揭还款均是原告承担的事实。2019 年 6 月 21 日原告确诊为乳腺恶性肿瘤，期间经历三次手术六次化疗共计九次住院治疗，同时由于子宫肿瘤病变不得已切除全部子宫连同附件，腰椎骨转移待排，目前还在持续治疗复查中，每三个月的复查费和治疗费就将近 5000 元，还不包括持续性服用的抗癌药物。原告退休工资

根本不足以覆盖每月的治疗费用，故原告与两被告商量房屋出售事宜，原告作为公务员每月工资不足以支付高额的医疗费，唯一的住房还登记在两被告名下，为保障自己巨额医疗费的支付和晚年生活安排，不给家庭和社会造成负担，原告不得已起诉至人民法院，请求人民法院依法判如所请。

此致

　　人民法院

具状人：

2023 年 3 月 28 日

附 2　答辩状

答辩意见

答辩人：王×，女，回族，×出生，住宁夏银川市金凤区，联系电话：××××。

被答辩人：马×，女，回族，×出生，住宁夏银川市贺兰县，联系电话：××××。

答辩人就马××所诉所有权确认纠纷一案，针对马×提出的诉讼请求及理由，答辩如下：

一、原告起诉状中所陈述事实与实际不符，其诉讼请求应被驳回，客观事实如下：

（一）2012 年 12 月 12 日，李×与王×登记结婚，婚后生育一子。李×与王×系夫妻关系，原告马×与李×系母子关系。

（二）2014年6月23日，李×、王×与宁夏海亮房地产有限公司签订宁海亮2014年第×号《银川市商品房买卖合同》，购买了位于宁夏银川市贺兰县德胜开发区的海亮六号地×室房屋，并在合同落款处签名。由于房屋仍有21万的房款未结清，二人将案涉房产抵押给招商银行股份有限公司银川分行进行贷款，用于支付剩余购房款。

（三）房屋交付后，王×及李×出资完成装修，并于装修完成后居住至今。

（四）2020年2月，李×与王×在贺兰县自然资源局办理了不动产权登记，产权证书上载明权利人为李×与王×，按份共有，产权比例：李×为60%，王×为40%。

（五）2021年1月，王×发现丈夫李×婚内出轨第三者，且屡次不改，致使二人夫妻关系不和，为此，王×已向法院提起离婚之诉。

（六）原告马×基于获知王×与李×的婚姻关系不和，王×已向法院提起离婚之诉的客观事实，担忧案涉房产被王×依法分割，故提出确认王×与李×婚后房产权属之诉。

二、原告马×所主张的案涉房产系王×与李×按份共有的不动产，宁［2020］贺兰县不动产权第×号不动产权证书所记载的权利人为王×与李×，物权权属清晰、明确，故应驳回马×所有权确认的诉讼请求。

案涉房产购买于李×与王×缔结婚姻关系后，办理的不动产权登记簿上的权利人为李×与王×，二人按份共有案涉房屋。

根据《民法典》第209条“不动产物权的设立、变更、转让和消灭，经依法登记，发生效力；未经登记，不发生效力，但法律另有规定的除外”，根据不动产法定公示公信效力，在物权权属已经登记且未被依法撤销的情况下，物权归属应以权属证书上载明的内容为准。案涉房产现登记在李×与王×名下，系双方按份共有的不动产，物权权属清晰且明确，应给予法律物权层面的保护。故原告马×的诉讼请求没有法律依据，应予以驳回。

三、案涉房产系李×与王×婚后共同财产，且王×将个人公积金提取后用于案涉房产的装修，并将个人工资收入存入李×的账户中，用于案涉房产贷款的偿还。

自王×与李×2012年结婚至今，已有长达十多年的婚姻关系，且二人育有一子，案涉房产自购买及办理抵押贷款后，一直用于李×、王×及孩子共同居住。

房屋购买后，于2016年5月1日，王×将个人公积金账户中的19 000元用于装修支出。由于案涉房产尚有房贷未偿还，王×还持续将个人工资存至李×所持账户中用于偿还案涉房产贷款，共计179 300元。根据《民法典》的规定，夫妻在婚姻关系存续期间所得的财产，为夫妻的共同财产，案涉房产为李×与王×婚后所得，为夫妻共同财产，归二人共同所有。

四、不存在原告马×主张的“借名买房”的事实和必要。

（一）王×作为案涉房产权利人，自始不知道原告所主张的“借名买房”事实，也没有与原告就此达成任何口头或书面协议；

（二）银川为房产的非限购地区，不存在“借名买房”的必要；

（三）原告知道因李×婚内出轨导致二人感情破裂时，提起诉讼，其诉讼目的明显能够印证不存在“借名买房”的客观事实。

综上，答辩人认为，马×提出的案涉房产归其所有的诉讼请求没有事实根据和法律依据，请贵院依法驳回。

此致

贺兰县人民法院

答辩人：王×

年　月　日

被告李×经法院依法传唤无正当理由未到庭参加诉讼，庭前向法庭提交书面答辩状，内容如下：房子首付60%房款来源于原告出售自己大武口翠欣园房产缴纳，我们没有参与。按揭一直由原告独自承担，税收由原告缴纳，因使用我的名字才能办理，所以我将办理的邮政储蓄卡交给原告。签订购房合同时我与王×并未在场，我们俩的名字均由原告代签，房产证是房地产公司打电话催促办理，我才去和王×签字办证。案涉纠纷起因是因为王×认为房产与原告无关，案涉房屋现在由原告居住。房屋装修款共计花费8万元，5万元是原告出资，3万元是由我和王×出资。

附3　贷款担保合同

证据文字说明：借款担保合同中借款人姓名及签字处为李×，抵押人姓名及签字处为李×、王×。

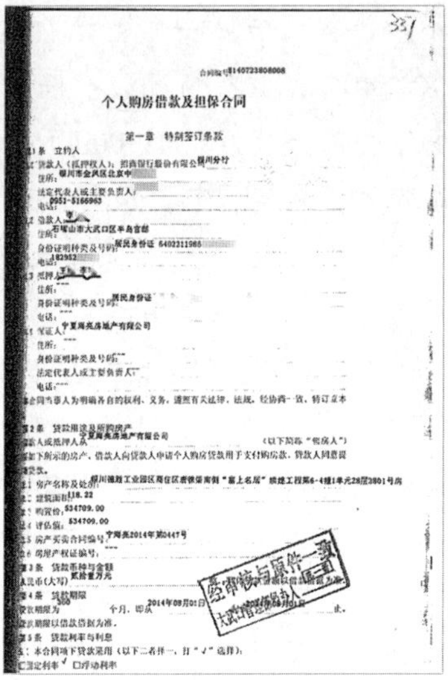

个人购房借款及担保合同

第一章　特别签订条款

第1条　立约人

贷款人（抵押权人）：招商银行股份有限公司银川分行

住所：银川市金凤区北京中

法定代表人或主要负责人：

电话：0951-5166963

借款人：李

住所：石嘴山市大武口区半岛首郡

身份证明种类及号码：居民身份证 6402211986

电话：182952

抵押人：王、李

住所：

身份证明种类及号码：居民身份证

电话：

保证人：宁夏海亮房地产有限公司

住所：

身份证明种类及号码：

法定代表人或主要负责人：

电话：

本合同当事人为明确各自的权利、义务，遵照有关法律、法规，经协商一致，特订立本

第2条　贷款用途及所购房产

借款人或抵押人从宁夏海亮房地产有限公司（以下简称“售房人”）

购买如下所示的房产，借款人向贷款人申请个人购房贷款用于支付购房款，贷款人同意提供贷款。

房产名称及处所：银川德胜工业园区商住区唐徕渠南侧“富上名居”续建工程第6-4幢1单元28层2801号房

建筑面积：118.22

购买价：534709.00

评估值：534709.00

房产买卖合同编号：宁海亮2014年第0447号

房屋产权证编号：

第3条　贷款币种与金额

人民币（大写）贰拾壹万元

第4条　贷款期限

贷款期限为300个月，即从2014年08月01日

贷款期限以借款借据为准。

第5条　贷款利率与利息

本合同项下贷款采用（以下二者择一，打“√”选择）：

固定利率√　□浮动利率

经审核与原件一致

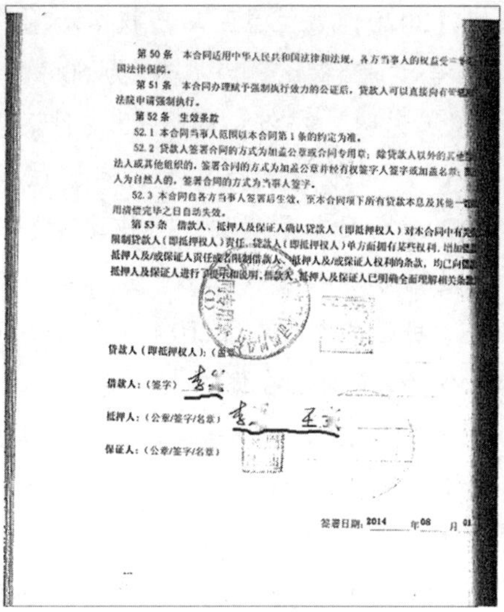

第50条　本合同适用中华人民共和国法律和法规，各方当事人的权益受中华人民共和国法律保护。

第51条　本合同办理赋予强制执行效力的公证后，贷款人可以直接向有管辖权的法院申请强制执行。

第52条　生效条款

52.1 本合同当事人范围以本合同第1条的约定为准。

52.2 贷款人签署合同的方式为加盖公章或合同专用章；除贷款人以外的其他当事人为法人或其他组织的，签署合同的方式为加盖公章并经有权签字人签字或加盖名章；当事人为自然人的，签署合同的方式为当事人签字。

52.3 本合同自各方当事人签署后生效，至本合同项下所有贷款本息及其他一切费用清偿完毕之日自动失效。

第53条　借款人、抵押人及保证人确认贷款人（即抵押权人）对本合同中有关免除或限制贷款人（即抵押权人）责任、贷款人（即抵押权人）单方面拥有某些权利、增加借款人、抵押人及/或保证人责任或者限制借款人、抵押人及/或保证人权利的条款，均已向借款人、抵押人及保证人进行了提示和说明，借款人、抵押人及保证人已明确全面理解相关条款。

贷款人（即抵押权人）：（盖章）

借款人：（签字）李×

抵押人：（公章/签字/名章）李×　王×

保证人：（公章/签字/名章）

签署日期：2014年08月01

附4　住房公积金提取申请审批表

证据文字说明：此表内容主要为王×于2016年4月提取公积金2万元，提取原因为还贷。

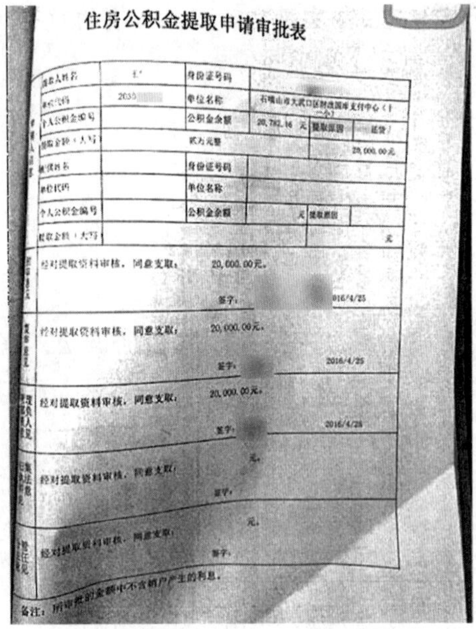

住房公积金提取申请审批表

提取人姓名	王×	身份证号码	
单位代码	2035	单位名称	石嘴山市大武口区财政国库支付中心（十一小）
个人公积金编号		公积金余额	20,782.16 元
提取金额（大写）	贰万元整		20,000.00元
配偶姓名		身份证号码	
单位代码		单位名称	
个人公积金编号		公积金余额	元
提取金额（大写）			元

经对提取资料审核，同意支取： 20,000.00元。 签字： 2016/4/25

经对提取资料审核，同意支取： 20,000.00元。 签字： 2016/4/25

经对提取资料审核，同意支取： 20,000.00元。 签字： 2016/4/25

经对提取资料审核，同意支取： 元。 签字：

经对提取资料审核，同意支取： 元。 签字：

备注：所审批的金额中不含销户产生的利息。

附 5　其他证据材料

（1）王×与李×的《结婚证》一本，记明 2012 年 12 月 12 日，李×与王×登记结婚。

（2）李×、王×与宁夏海亮房地产有限公司签订宁海亮 2014 年第××号《银川市商品房买卖合同》，合同落款处签名为李×、王×。

（3）宁（2020）贺兰县不动产权第××号《不动产权证书》一本，记明案涉房产权利人为王×、李×，产权比例为：李×为 60%，王×为 40%，共有情况为：按份共有。

（4）《情况说明》一份，记明王×支付案涉房屋的部分装修款 19 000 元。

（5）王×个人工资卡流水一套，申请法院调取的李×名下宁夏银行账户中自开户至 2020 年 12 月期间交易明细，对比之后，发现王×持续将个人工资存至李×所持账户中用于偿还案涉房产贷款、用于家庭共同生活等，共计 179 300 元。

（6）关于房款的交付：①2014 年 6 月 9 日，原告马×通过其名下中国农业银行卡号 6228××××××××××××××在案外人宁夏海亮房地产有限公司刷卡交付第一笔认购金 1 万元；②2014 年 6 月 19 日，原告马×在中国邮政储蓄银行银川市清和北街支行通过其名下中国邮政储蓄银行存折账号 6087×××××××××××××××取款 12 万元，存至被告李×中国邮政储蓄银行卡号 6217××××××××××××××××账户中，同日，原告马×使用被告李×中国邮政储蓄银行卡号 6217××××××××××××××××在案外人宁夏海亮房地产有限公司刷卡交付第二笔购房款 12 万元；③2014 年 6 月 23 日，原告马×使用其中国邮政储蓄银行卡号 6221××××××××××××××在案外人宁夏海亮房地产有限公司刷卡交付第三笔购房款 5991 元；④2014 年 6 月 25 日，原告马×使用其中国邮政储蓄银行卡号 6221××××××××××××××在案外人宁夏海亮房地产有限公司刷卡交付第四笔购房款 34 709 元；⑤2014 年 7 月

4 日，原告马×使用其中国邮政储蓄银行卡号 6221××××××××××××××、石嘴山城市信用社银行卡号尾号 8242（现为石嘴山银行 6231××××××××××××××）在案外人宁夏海亮房地产有限公司刷卡交付第五笔购房款 11 万元；⑥2014 年 7 月 5 日，原告马×使用其石嘴山城市信用社银行卡号尾号 8242（现为石嘴山银行 6231××××××××××××××）在案外人宁夏海亮房地产有限公司刷卡交付第六笔购房款 5 万元，以上共计 330 700 元。

实训材料三（刑事案件）

1. 基本案情

2017 年 11 月 23 日，被告人秦某某因琐事与其女友王某甲发生争执，秦某某一气之下便用酒瓶将自己脑部砸破，王某甲发现其左侧头部流血于是打车将秦某某送往 Y 市第一人民医院救治。2017 年 11 月 24 日 1 时许，被害人王某乙因醉酒被 120 急救车送至 Y 市第一人民医院急诊室观察区接受治疗。后被告人秦某某与被害人王某乙在就诊时发生冲突。

本案证据材料见案卷附件列表。

2. 实训操作提示

（1）分析犯罪嫌疑人的行为，如何认定本案中犯罪嫌疑人的主观方面？

（2）仔细思考，到案经过的证明目的是什么？

（3）仔细思考，调取被害人病案资料的目的是什么？

3. 附件材料

（1）被告人到案经过。

（2）公安机关对被告人的第一次讯问笔录。

（3）公安机关对被告人的第二次讯问笔录。

（4）公安机关对被告人的第三次讯问笔录。

（5）被害人询问笔录。

（6）证人（医生）第一次询问笔录。

（7）证人（医生）第二次询问笔录。

（8）第二位证人询问笔录。

（9）第三位证人询问笔录。

（10）鉴定意见。

（11）被害人病案资料。

具体附件如下：

附 1　被告人到案经过

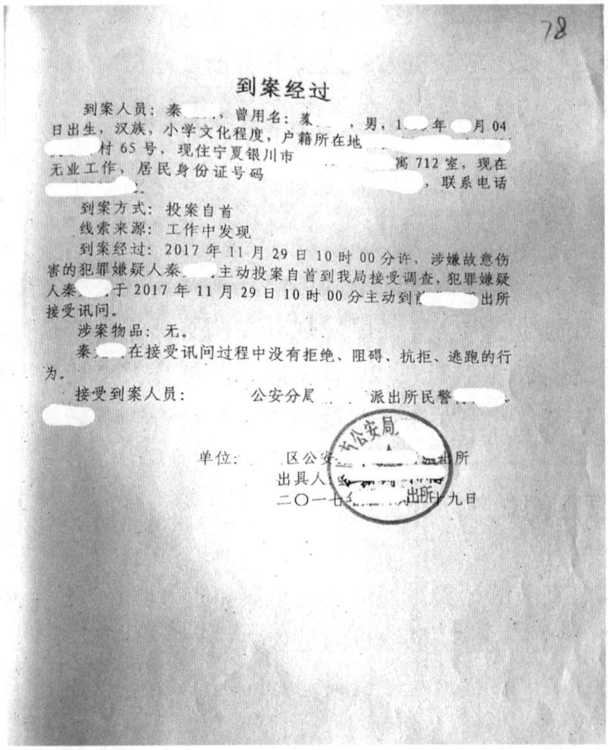

78

到案经过

到案人员：秦　，曾用名：秦　，男，1　年　月04日出生，汉族，小学文化程度，户籍所在地　村65号，现住宁夏银川市　寓712室，现在无业工作，居民身份证号码　，联系电话　。

到案方式：投案自首

线索来源：工作中发现

到案经过：2017年11月29日10时00分许，涉嫌故意伤害的犯罪嫌疑人秦　主动投案自首到我局接受调查，犯罪嫌疑人秦　于2017年11月29日10时00分主动到　出所接受讯问。

涉案物品：无。

秦　在接受讯问过程中没有拒绝、阻碍、抗拒、逃跑的行为。

接受到案人员：　公安分局　派出所民警　

单位：　区公安　出所

出具人：

二〇一七年　月　十九日

附 2　公安机关对被告人的第一次讯问笔录

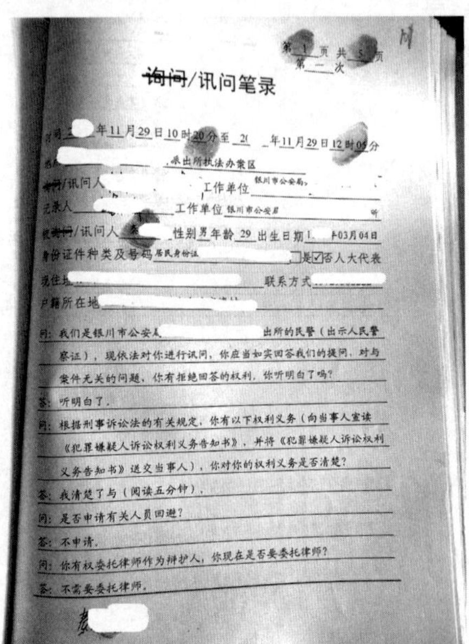

第 1 页 共 5 页

第 一 次

~~询问~~/讯问笔录

时间　年11月29日10时20分至20　年11月29日12时05分

地点　派出所执法办案区

~~询问~~/讯问人　工作单位 银川市公安局

记录人　工作单位 银川市公安局

被~~询问~~/讯问人 秦　性别 男 年龄 29 出生日期 1　年03月04日

身份证件种类及号码 居民身份证　□是☑否人大代表

现住址　联系方式　

户籍所在地　

问：我们是银川市公安　出所的民警（出示人民警察证），现依法对你进行讯问，你应当如实回答我们的提问，对与案件无关的问题，你有拒绝回答的权利，你听明白了吗？

答：听明白了。

问：根据刑事诉讼法的有关规定，你有以下权利义务（向当事人宣读《犯罪嫌疑人诉讼权利义务告知书》，并将《犯罪嫌疑人诉讼权利义务告知书》送交当事人），你对你的权利义务是否清楚？

答：我清楚了与（阅读五分钟）。

问：是否申请有关人员回避？

答：不申请。

问：你有权委托律师作为辩护人，你现在是否要委托律师？

答：不需要委托律师。

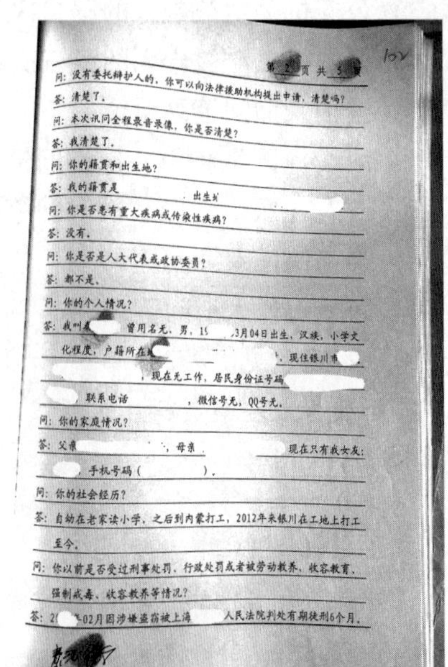

第 2 页 共 5 页

问：没有委托辩护人的，你可以向法律援助机构提出申请，清楚吗？

答：清楚了。

问：本次讯问全程录音录像，你是否清楚？

答：我清楚了。

问：你的籍贯和出生地？

答：我的籍贯是　出生地　

问：你是否患有重大疾病或传染性疾病？

答：没有。

问：你是否是人大代表或政协委员？

答：都不是。

问：你的个人情况？

答：我叫秦　曾用名无，男，19　3月04日出生，汉族，小学文化程度，户籍所在地　，现住银川市　，现在无工作，居民身份证号码　联系电话　，微信号无，QQ号无。

问：你的家庭情况？

答：父亲　，母亲　现在只有我女友：　手机号码（　）。

问：你的社会经历？

答：自幼在老家读小学，之后到内蒙打工，2012年来银川在工地上打工至今。

问：你以前是否受过刑事处罚、行政处罚或者被劳动教养、收容教育、强制戒毒、收容教养等情况？

答：2　年02月因涉嫌盗窃被上海　人民法院判处有期徒刑6个月。

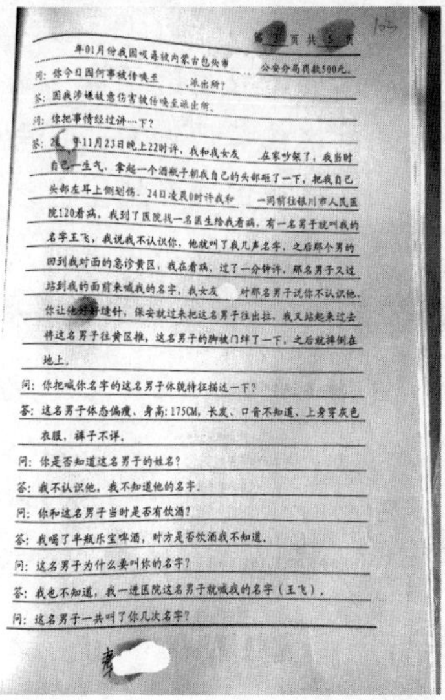

第 3 页共 5 页

年01月份我因吸毒被内蒙古包头市　　公安分局罚款500元。

问：你今日因何事被传唤至　　派出所？

答：因我涉嫌故意伤害被传唤至派出所。

问：你把事情经过讲一下？

答：2　年11月23日晚上22时许，我和我女友　　在家吵架了，我当时自己一生气，拿起一个酒瓶子朝我自己的头部砸了一下，把我自己头部左耳上侧划伤，24日凌晨0时许我和　　一同前往银川市人民医院120看病，我到了医院找一名医生给我看病，有一名男子就叫我的名字王飞，我说我不认识你，他就叫了我几声名字，之后那个男的回到我对面的急诊黄区，我在看病，过了一分钟许，那名男子又过站到我的面前来喊我的名字，我女友　　对那名男子说你不认识他，你让他好好缝针，保安就过来把这名男子往出拉，我又站起来过去将这名男子往黄区推，这名男子的脚被门绊了一下，之后就摔倒在地上。

问：你把喊你名字的这名男子体貌特征描述一下？

答：这名男子体态偏瘦、身高：175CM，长发、口音不知道、上身穿灰色衣服，裤子不详。

问：你是否知道这名男子的姓名？

答：我不认识他，我不知道他的名字。

问：你和这名男子当时是否有饮酒？

答：我喝了半瓶乐宝啤酒，对方是否饮酒我不知道。

问：这名男子为什么要叫你的名字？

答：我也不知道，我一进医院这名男子就喊我的名字（王飞）。

问：这名男子一共叫了你几次名字？

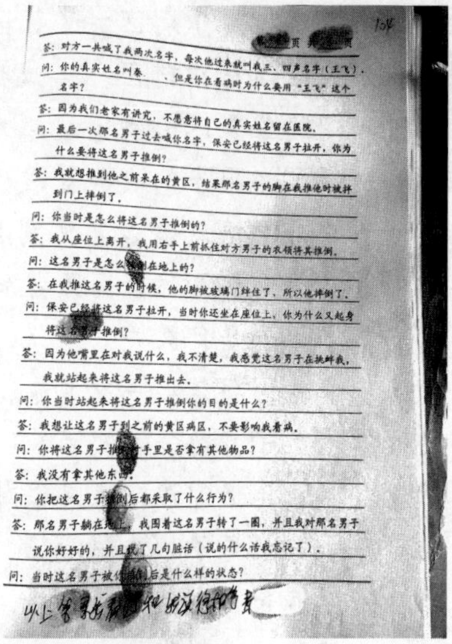

答：对方一共喊了我两次名字，每次他过来就叫我三、四声名字（王飞）。

问：你的真实姓名叫秦　　，但是你在看病时为什么要用"王飞"这个名字？

答：因为我们老家有讲究，不愿意将自己的真实姓名留在医院。

问：最后一次那名男子过去喊你名字，保安已经将这名男子拉开，你为什么要将这名男子推倒？

答：我就想推到他之前呆在的黄区，结果那名男子的脚在我推他时被绊到门上摔倒了。

问：你当时是怎么将这名男子推倒的？

答：我从座位上离开，我用右手上前抓住对方男子的衣领将其推倒。

问：这名男子是怎么　倒在地上的？

答：在我推这名男子的时候，他的脚被玻璃门绊住了，所以他摔倒了。

问：保安已经将这名男子拉开，当时你还坐在座位上，你为什么又起身将这名男子推倒？

答：因为他嘴里在对我说什么，我不清楚，我感觉这名男子在挑衅我，我就站起来将这名男子推出去。

问：你当时站起来将这名男子推倒你的目的是什么？

答：我想让这名男子到之前的黄区病区，不要影响我看病。

问：你将这名男子推　时手里是否拿有其他物品？

答：我没有拿其他东西。

问：你把这名男子推倒后都采取了什么行为？

答：那名男子躺在地上，我围着这名男子转了一圈，并且我对那名男子说你好好的，并且说了几句脏话（说的什么话我忘记了）。

问：当时这名男子被你推倒后是什么样的状态？

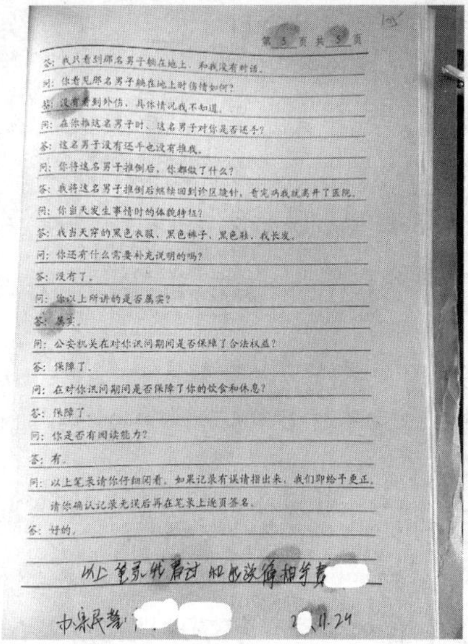

第 5 页共 5 页

答：我只看到那名男子躺在地上，和我没有对话。

问：你看见那名男子躺在地上时伤情如何？

答：没有看到外伤，具体情况我不知道。

问：在你推这名男子时，这名男子对你是否还手？

答：这名男子没有还手也没有推我。

问：你将这名男子推倒后，你都做了什么？

答：我将这名男子推倒后继续回到诊区缝针，看完病我就离开了医院。

问：你当天发生事情时的体貌特征？

答：我当天穿的黑色衣服、黑色裤子、黑色鞋，我长发。

问：你还有什么需要补充说明的吗？

答：没有了。

问：你以上所讲的是否属实？

答：属实。

问：公安机关在对你讯问期间是否保障了合法权益？

答：保障了。

问：在对你讯问期间是否保障了你的饮食和休息？

答：保障了。

问：你是否有阅读能力？

答：有。

问：以上笔录请你仔细阅看，如果记录有误请指出来，我们即给予更正。请你确认记录无误后再在笔录上逐页签名。

答：好的。

附 3　公安机关对被告人的第二次讯问笔录

第二次讯问笔录（摘要）

问：你讲一下，2017 年 11 月 24 日发生的事情。

答：2017 年 11 月 14 日 0 时许，我因与女朋友发生争执，我将自己头部左侧用酒瓶打伤，后我乘坐出租车，到达银川市第一人民医院急诊室就诊，在医生对我准备检查头部伤情时，一名陌生男子向我走来，喊着我挂号时登记的名字，然后我对他说我不认识你，你走开，我要看病，我身边的一名保安就将那名男子劝回到急诊黄区诊室，一两分钟后，那名男子再次走过来又喊着我的名字还用手比划着，但是没有碰到我，之后医生和保安将那名男子劝回去了黄区诊室，我准备接受医生（白医生）治疗时那名男子再次走到绿区诊室和前面一样喊我名字，其他说的我也听不懂，此时保安将那名男子劝到玻璃门的位置时，我也站起来将那名男子推往黄区诊室，我当时用手抓住对方的衣领，然后那名男子的右脚被玻璃门绊倒了，就摔倒在了地上，之后我用左手指着那名男子说你喝了酒就老老实实别惹事，还说了什么，我不记得了，我当时没有发现那名男子有什么外伤，我就离开去医生那里缝针，之后缝完针我就回家了。

问：你与那名男子是什么关系？

答：我不认识他，我是第一次见他。

问：你和这名男子当时是否饮酒？

答：我喝了半瓶乐堡啤酒，我感觉对方是喝了酒的。

问：你讲一下那名男子的体貌特征。

答：男，头发偏长，灰色西装一身，黑色皮鞋。

问：这名男子为什么叫你的名字？

答：我也不知道，我给白医生报姓名时，那名男子听到后就在喊。

问：你为什么挂号是用王飞这个名字？

答：因为我们老家有讲究，我不愿意将自己的真实姓名留在医院。

问：那名男子总共到绿区诊室找你几次，是否有肢体接触？

答：总共找我 3 次，只有第 3 次时，我与他有肢体接触。

问：那名男子是否还手打你？

答：没有。

问：你为何要推那名男子？

答：因为他总是来找我，喊我的名字，影响我看病，我想将他推回黄区诊室。

问：你讲一下你推对方的动作。

答：我用右手抓住对方的衣领，用力往后推他。

问：那名男子是怎么摔倒的？

答：我往后推他的时候，他的右脚绊到了玻璃门所以摔倒的。

问：那名男子被推倒后是怎样的状态？

答：那名男子倒地后，没有流血，也没有明显外伤，也没有和我对话。

问：你将那名男子推倒后都做了什么？

答：我用左手的指头，指着他骂了几句，还说你喝了酒就不要闹，不要惹事，然后我就离开了。

问：你讲一下你当天的着装。

答：我当天穿的黑衣服、黑裤子、黑色休闲鞋。

问：你身上的伤是如何造成的？

答：我的左侧头部和右手被我用啤酒瓶打伤，左侧头部缝合 5 针，右手中指缝合 2 针。

问：你还有什么补充没有？

答：没有。

附4　公安机关对被告人的第三次讯问笔录

第三次讯问笔录（摘要）

问：你因何事在何时被公安机关刑事拘留？

答：2017年11月24日0时许，在银川市第一人民医院，我将一名男子推倒致重伤二级，于2017年11月29日22时，被银川市看守所执行刑事拘留，我是因故意伤害被刑事拘留。

问：你因涉嫌过失致人重伤罪，经兴庆区人民检察院（银兴侦监批捕［2017］××号）批准对犯罪嫌疑人进行逮捕，你是否清楚？

答：清楚。

问：你讲一下，你推人的过程。

答：2017年11月24日凌晨，我去银川市第一人民医院看病，在急诊外科诊室看病时，有一名灰衣男子走过来，喊我的名字，之后被医院保安劝走了，第二次灰衣男子过来再次喊我的名字，我便用手抓住他的衣领推他，他的脚拌到了门上，他就倒地了。

问：那个灰衣男子目前的状况是怎样的？

答：我知道他被初步鉴定为重伤二级。

问：你对批准逮捕你的罪名过失致人重伤罪是否有异议？

答：无异议。

问：你还有什么补充没有？

答：没有。

问：你以上所讲是否属实？

答：属实。

问：你是否有阅读能力？

答：有。

问：以上笔录请你仔细阅看，如果记录有误，请指出来我们立即给予更正，请你确认记录无误后在笔录上逐页签名。

答：好的。

附 5 被害人询问笔录

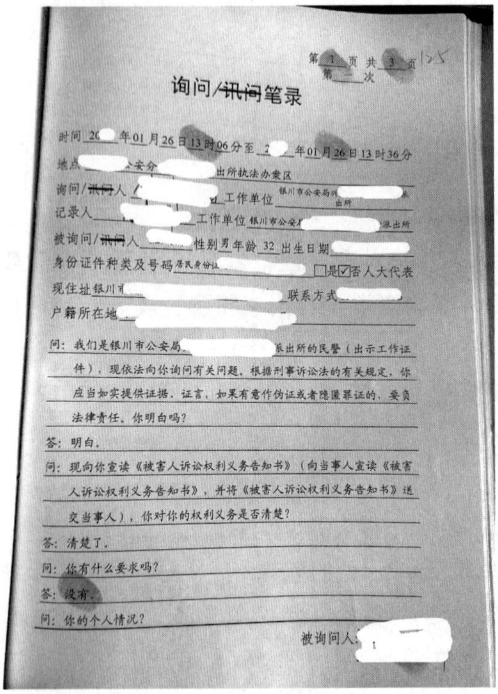

第 1 页 共 3 页 125

第 二 次

询问/~~讯问~~笔录

时间 20 年 01 月 26 日 13 时 06 分至 20 年 01 月 26 日 13 时 36 分

地点   公安分   出所执法办案区

询问/~~讯问~~人   工作单位 银川市公安局   派出所

记录人   工作单位 银川市公安局   派出所

被询问/~~讯问~~人   性别 男 年龄 32 出生日期

身份证件种类及号码 居民身份证   □是☑否人大代表

现住址 银川市   联系方式

户籍所在地

问：我们是银川市公安局   派出所的民警（出示工作证件），现依法向你询问有关问题。根据刑事诉讼法的有关规定，你应当如实提供证据、证言，如果有意作伪证或者隐匿罪证的，要负法律责任。你明白吗？

答：明白。

问：现向你宣读《被害人诉讼权利义务告知书》（向当事人宣读《被害人诉讼权利义务告知书》，并将《被害人诉讼权利义务告知书》送交当事人），你对你的权利义务是否清楚？

答：清楚了。

问：你有什么要求吗？

答：没有。

问：你的个人情况？

被询问人：

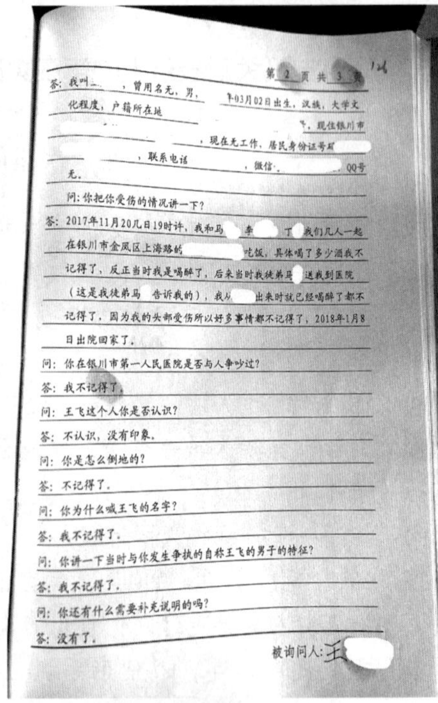

第 2 页 共 3 页 126

答：我叫   ，曾用名无，男，   年03月02日出生，汉族，大学文化程度，户籍所在地   ，现住银川市   ，现在无工作，居民身份证号码   ，联系电话   ，微信   ，QQ号无。

问：你把你受伤的情况讲一下？

答：2017年11月20几日19时许，我和马   、李   、丁   我们几人一起在银川市金凤区上海路的   吃饭，具体喝了多少酒我不记得了，反正当时我是喝醉了，后来当时我徒弟马   送我到医院（这是我徒弟马   告诉我的），我从   出来时就已经喝醉了都不记得了，因为我的头部受伤所以好多事情都不记得了，2018年1月8日出院回家了。

问：你在银川市第一人民医院是否与人争吵过？

答：我不记得了。

问：王飞这个人你是否认识？

答：不认识，没有印象。

问：你是怎么倒地的？

答：不记得了。

问：你为什么喊王飞的名字？

答：我不记得了。

问：你讲一下当时与你发生争执的自称王飞的男子的特征？

答：我不记得了。

问：你还有什么需要补充说明的吗？

答：没有了。

被询问人：王

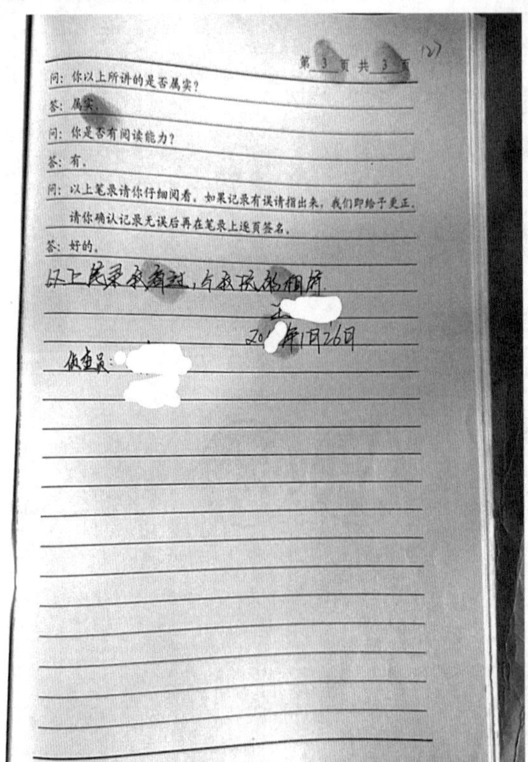

第 3 页 共 3 页 127

问：你以上所讲的是否属实？

答：属实。

问：你是否有阅读能力？

答：有。

问：以上笔录请你仔细阅看。如果记录有误请指出来，我们即给予更正。请你确认记录无误后再在笔录上逐页签名。

答：好的。

以上笔录我看过，与我说的相符

王

201 年1月26日

侦查员：

附 6　证人（医生）第一次询问笔录

第 1 页 共 7 页 132

第 一 次

询问/~~讯问~~笔录

时间 20 年11月24日10时07分至 20 年11月24日12时13分

地点 银川市公安局兴 所执法办案区

询问/~~讯问~~人 工作单位 银川市公安局 出所

记录人 工作单位 银川市公 派出所

被询问/~~讯问~~人 性别男年龄 出生日期

身份证件种类及号码 居民身份证 □是☑否人大代表

现住址 联系方式

户籍所在地 宁夏银川市兴庆区

问：我们是银川市公安局 出所的工作人员（出示人民警察证），现依法向你询问本案的有关问题，请你如实回答，对与本案无关的问题，你有拒绝回答的权利，你听清楚了吗？

答：听清楚了。

问：你要如实回答提问，陈述事实，诬告或者作伪证要负法律责任，明白吗？

答：明白。

问：这是一份《证人权利义务告知书》请你仔细阅看，如果你没有阅读能力我们将原文向你宣读，你是否清楚？

答：清楚了。（自行阅读5分钟）

问：你有什么要求？

答：没有。

第 2 页 共 7 页 133

问：你的个人情况？

答：我叫 曾用名无，男， 出生，汉族，大学文化程度，户籍所在地宁夏银川市兴庆区，现住宁夏银川市 ，现在宁夏银川市第一人民医院工作，居民身份证号为 联系电话 微信号无，QQ号无。

问：你与本案的当事人或证人有什么关系？

答：我都不认识，他们两人都是来医院看病的病人，我是医生。

问：20 年11月24日凌晨2时30分许，发生的打架行为你是否在场？

答：我全程在场。

问：你把当时的情况详细地说一遍。

答：2017年11月24日凌晨1时许，一名叫王飞（处于醉酒状态，自称，无法判断是否是真实姓名，深颜色夹克，男，黑色富士山发型，黑色皮鞋，175cm左右，体型中等）的病人因头部外伤来银川市第一人民医院急症室就诊，我询问他初步判断为头皮裂伤，右中指皮肤裂伤，建议其做相应的检查排除颅内损伤可能性，我就准备给王飞缝合伤口，在抢救室之前来的一名男子（王 男，170cm左右，体型偏瘦，穿灰色西装，黑中长发，灰色长裤，黑色皮鞋，王 是于20 年11月24日凌晨到达我们医院，具体时间诊室是有记录的）因听到王飞二字就非常兴奋，就大声喊王飞王飞，然后王 就从抢救室黄区走向绿区诊室，与王飞发生语言冲突，在两人即将发生肢体冲突时，我和马 还有王飞的女友把他们二人分开了，王 就回到了急症黄区；大约过了3分钟，我准备继续对王飞进行治疗，此时王 又在大喊王飞的名字，王 喝了很多酒（处于醉酒状

第 3 页 共 7 页 134

态），王飞就啊啊的应了两声，然后王 又走过来，王飞的女友说同名同姓的人很多你可能认错了，王飞就跳起来对王 说，我不认识你你叫我干什么，他们两人又往一起凑，我们又将二人分开，王 在绿区诊室与黄区诊室的门口站着，王飞就在我的办公桌旁边站着，我正在准备写治疗医嘱，王飞冲上去就对王 打了一下（具体我没看清楚，我们医院的保安马 应该看到了过程），然后就看到王 和王飞都倒在地上，我和马 王飞女友几人就把他们两个人分开了，把王 搀扶到黄区诊室的床上，王飞就和其女友去交钱取药缝合伤口，我就对王 的头部进行检查，发现王 左侧顶枕部有擦伤和血肿，我就问王 有没有不舒服，王 也说不清楚，我就准备对王 做进一步脑补检查，此时王飞回来了，我就对王飞的脑部伤口进行了缝合，在我发现王 左侧顶枕部有擦伤和血肿十几分钟后，蒋 医生就发现王 就昏迷不醒并伴有呕吐行为，ct检查（是我们医院的蒋 医生做的）发现王 颅内有淤血，我就将此情况告诉了总值班马 医生，我缝合完伤口后，蒋 医生告诉我王 病情可能很严重伴有颅内出血，我就告诉我们医院的护士让保安拦住王飞，不让他们走，当时马 冲出去一边报警一边追王飞，此时王飞已经跑了。事情的经过就是这样。

问：什么时间、什么地点发生的事情？

答：20 年11月 日凌晨 时30分许，在银川市第一人民医院急诊室。

问：打架的人是谁？

答：王飞和王 二人。

问：当时二人穿着如何，王飞女友穿着如何？

第 4 页 共 7 页 135

答：王飞处于醉酒状态，（自称，无法判断是否是真实姓名），深颜色夹克，男，黑色富士山发型，黑色皮鞋，175cm左右，体型中等；

王 ，男，170cm左右，体型偏瘦，穿灰色西装，黑中长发，灰色长裤，黑色皮鞋；

王飞女友（可能叫 ），女，深颜色毛衣，裤子不详，黑色短发，170cm左右，体型中等。

问：当时在场的有谁？

答：王 、王飞，王飞女友（可能叫 ）、我、马 。

问：他们为什么打架？他们有什么矛盾吗？

答：不清楚，当时我问王飞的名字时，王 听到王飞二字，王 就多次喊叫王飞的名字，然后就发生了口角冲突。

问：王飞与王 总共接触了几次？

答：三次，第一次和第二次都是言语间的冲突，第三次双方发生了肢体接触。

问：第一次王飞与王 具体当时如何发生的口角？

答：王 当时听见我说了王飞的名字就一直大声呼喊"王飞，王飞"，然后在绿区诊室与黄区诊室的门口站着，王飞当时就说："你认识不认识我就乱叫我名字"期间又说了些脏话，王 后来就没有说话，我和马 还有王飞的女友把他们劝开了。

问：第二次王飞与王 如何发生的口角？

答：几分钟后，王 继续喊王飞的名字，王飞就说："你不要再喊我了，我认识不认你，胡喊啥呢？"又说了几句脏话，王 继续没说话，我和马 还有王飞的女友把他们劝开了。

问：第三次王飞与王 之间是怎么发生肢体冲突的？

第 5 页 共 7 页　136

答：王　再没有说什么，在绿区诊室与黄区诊室的门口站着，王飞在我的诊台前坐着吗，他一直在说王　，后来就突然站起来冲向王　，后来我就看见双方都倒地了。

问：王飞与王　发生冲突前状态如何？

答：二者都是醉酒状态，在我看来王飞比王　要稍微清醒一些。

问：王飞当时为什么要离开诊台，去找王　？

答：我不知道王飞为什么突然就冲过去了。

问：肢体冲突发生后，你看到王飞和王　是什么状态？

答：发生冲突后我回头看，王　左半身着地，侧身仰躺着，王飞当时也倒地了，我当时没注意看王飞的状态。

问：双方倒地以后你们都做了什么？

答：马　和另一个保安把王　扶起来到病床前，王飞女友就一个人把王飞扶到收费处去交费了。

问：双方肢体冲突后王　什么部位受伤？伤势如何？

答：我初步检查发现王　左侧顶枕部有擦伤和血肿，并伴有呕吐现象，随后我把王　交给蒋　医生去做CT检查，蒋　医生发现其有颅内出血症状。

问：王飞与王　发生冲突你当时在什么位置？

答：我当时坐在急诊室绿区我的诊台前，他们就在我的右后方发生的肢体冲突。

问：王　最开始几点到的医院，当时他是否有伤，伤情如何？

答：王　是20　年　月24日凌晨1时许（具体时间医院有记录）到达银川市第一人民医院，此时我就对他进行了检查，他只是右侧眼角鼻根部有伤痕，再没有其他外伤。

第 6 页 共 7 页　137

问：王飞最开始几点到的医院，当时他是否有伤，伤情如何？

答：王飞是2017年11月24日凌晨1时许（具体时间医院有记录）到达银川市第一人民医院，此时我就对他进行了检查，他只是左额部头皮裂伤，右中指皮肤裂伤。

问：王飞在发生打架行为以后你再检查时他有无再受伤？

答：没有。

问：王飞什么部位被打？伤势如何？

答：我没看到王飞什么部位被打，我只看到王飞和王　躺在地上，检查后发现其除之前到达医院的伤口以外身上没有任何伤痕。

问：王飞和王　二人是怎么摔倒在地上？

答：这个过程我没有看清楚，我当时在电脑上处理医嘱。

问：当时是谁先动手打人的？

答：我当时看见王飞先冲了过去，我在看的时候就发现王飞和王　躺在地上了。

问：王　是否还手？

答：不清楚，我没有看到。

问：王飞女友（可能　）是否动手？

答：没有。

问：他们双方有无手持任何物品？

答：没有。

问：你还有什么需要补充说明的吗？

答：没有了。

问：你以上所讲的是否属实？

答：属实。

第 7 页 共 7 页　138

问：你是否有阅读能力？

答：有。

问：以上笔录请你仔细阅看，如果记录有误请指出来，我们即给予更正。请你确认记录无误后再在笔录上逐页签名。

答：好的。

以上笔录我看过与我所说相符。

询问人：

附 7　证人（医生）第二次询问笔录

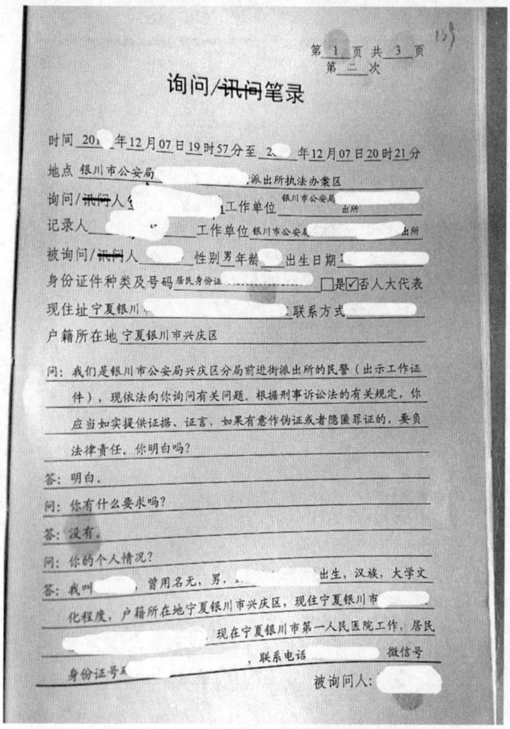

第 1 页 共 3 页

第 二 次

询问/~~讯问~~笔录

时间 201　年12月07日19时57分至 2　　年12月07日20时21分

地点 银川市公安局　　派出所执法办案区

询问/~~讯问~~人　　工作单位 银川市公安局　　出所

记录人　　工作单位 银川市公安局　　出所

被询问/~~讯问~~人　　性别 男 年龄　　出生日期

身份证件种类及号码 居民身份证　　□是☑否人大代表

现住址 宁夏银川　　联系方式

户籍所在地 宁夏银川市兴庆区

问：我们是银川市公安局兴庆区分局前进街派出所的民警（出示工作证件），现依法向你询问有关问题。根据刑事诉讼法的有关规定，你应当如实提供证据、证言，如果有意作伪证或者隐匿罪证的，要负法律责任。你明白吗？

答：明白。

问：你有什么要求吗？

答：没有。

问：你的个人情况？

答：我叫　　，曾用名无，男，　　出生，汉族，大学文化程度，户籍所在地宁夏银川市兴庆区，现住宁夏银川市　　，现在宁夏银川市第一人民医院工作，居民身份证号　　，联系电话　　微信号

被询问人：

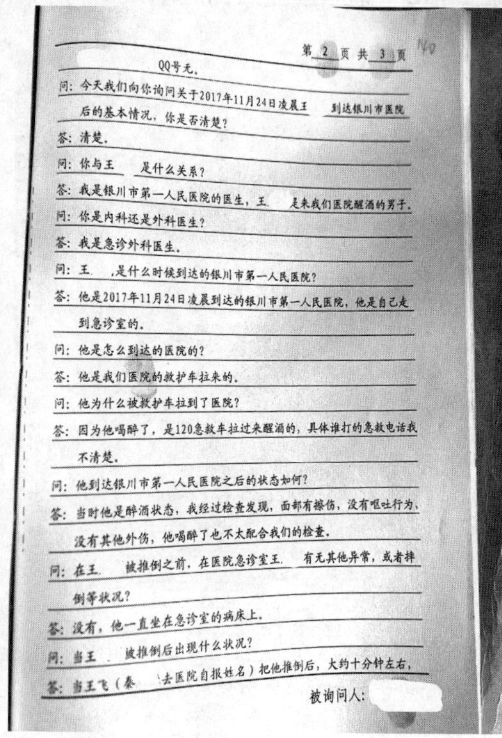

第 2 页 共 3 页

QQ号无。

问：今天我们向你询问关于2017年11月24日凌晨王　　到达银川市医院后的基本情况，你是否清楚？

答：清楚。

问：你与王　　是什么关系？

答：我是银川市第一人民医院的医生，王　　是来我们医院醒酒的男子。

问：你是内科还是外科医生？

答：我是急诊外科医生。

问：王　　，是什么时候到达的银川市第一人民医院？

答：他是2017年11月24日凌晨到达的银川市第一人民医院，他是自己走到急诊室的。

问：他是怎么到达的医院的？

答：他是我们医院的救护车拉来的。

问：他为什么被救护车拉到了医院？

答：因为他喝醉了，是120急救车拉过来醒酒的，具体谁打的急救电话我不清楚。

问：他到达银川市第一人民医院之后的状态如何？

答：当时他是醉酒状态，我经过检查发现，面部有擦伤，没有呕吐行为，没有其他外伤，他喝醉了也不太配合我们的检查。

问：在王　　被推倒之前，在医院急诊室王　　有无其他异常，或者摔倒等状况？

答：没有，他一直坐在急诊室的病床上。

问：当王　　被推倒后出现什么状况？

答：当王飞（秦　　去医院自报姓名）把他推倒后，大约十分钟左右，

被询问人：

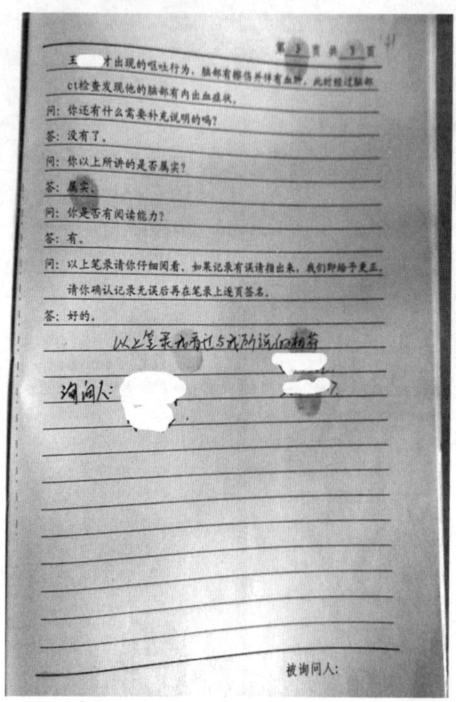

第 3 页 共 3 页

王　　才出现的呕吐行为，脑部有擦伤并伴有血肿，此时经过脑部ct检查发现他的脑部有内出血症状。

问：你还有什么需要补充说明的吗？

答：没有了。

问：你以上所讲的是否属实？

答：属实。

问：你是否有阅读能力？

答：有。

问：以上笔录请你仔细阅看，如果记录有误请指出来，我们即给予更正。请你确认记录无误后再在笔录上逐页签名。

答：好的。

以上笔录我看过与我所说的相符

询问人：

被询问人：

附 8　第二位证人询问笔录

第 1 页 共 5 页
第 次

询问/~~讯问~~笔录

时间 20 年11月 日14时09分至 年 月 日15时00分

地点 银川市公安局 出所执法办案区

询问/~~讯问~~人 工作单位 银川市公安局 派出所

记录人 工作单位 银川市公安局 派出所

被询问/~~讯问~~人 马 性别男年龄 出生日期

身份证件种类及号码 居民身份证 □是☑否人大代表

现住址 宁夏贺兰县 联系方式

户籍所在地 宁夏贺兰

问：我们是银川市公安局 出所的工作人员（出示人民警察证），现依法向你询问本案的有关问题，请你如实回答，对与本案无关的问题，你有拒绝回答的权利，你听清楚了吗？

答：听清楚了。

问：你要如实回答提问，陈述事实，诬告或者作伪证要负法律责任，明白吗？

答：明白。

问：这是一份《证人权利义务告知书》请你仔细阅看，如果你没有阅读能力我们将原文向你宣读，你是否清楚？

答：清楚了。（自行阅读5分钟）

问：你有什么要求？

答：没有。

被询问人：

第 2 页 共 5 页

问：你的个人情况？

答：我叫 曾用名无，男， 生，回族，初中文化程度，户籍所在地宁夏贺兰 ，现住宁夏贺兰 ，现在银川市人民医院保卫科工作，居民身份证号 联系电话 。

问：你今天来银川市公安局 派出所有什么事吗？

答：我今天来向你们派出所警察说明2017年11月24日凌晨2时30分许在银川市医院120急诊病区，有两名患者发生争执一事，讲明情况。

问：你与这两名患者是否认识，与他们是什么关系？

答：我不认识这两名患者，跟他们没有任何关系，我是急救120的保安人员。

问：你是否知道这两名患者的姓名？

答：我知道受伤的人叫王 、推到王 的人叫王飞。

问：2017年11月24日凌晨2时30分许，在你们医院发生病人与病人之间打架行为你是否在场？

答：我在急诊诊区，当时我看见了全部过程。

问：你把当时的情况详细地说一遍。

答：2017年11月24日凌晨1时许，120急救车拉来一名醉酒患者，当时我把王 扶到急诊病区，我上前询问得知他王 ，我想联系王 的家属，王 到医院后大约10分许，王飞也来急诊病区看病，当时王 在观察区和王飞中间隔着一道玻璃门，王飞在看病时王 听到大夫喊王飞的名字，王 当时特别激动，就从观察区追到就诊区喊王飞的名字，王飞的女朋友对王 说是同名同姓，你不认识他，我就过去把王 劝开了，王 坐了8分钟许，又追过

被询问人：

第 3 页 共 5 页

去准备抓王飞的手，但没有抓住，我又过去把准备将王 扶着离开急诊区，王飞突然从我身后冲过来抓住王 的衣服领子将其推到，我和我们同事陈 将王 扶起来坐在床边，王飞就又回到急诊病区看病，我回到急诊病区门口，发现王 有呕吐行为，我们医院蒋 和陈 将王 抬到病床车上做检查去了。检查结果出来后蒋 告诉我王 有脑出血，需要我赶紧报警，我报警后，王菲已经离开了医院。

问：什么时间、在什么地点发生的事情？

答：2017年11月24日凌晨2时许，在银川市第一人民医院急诊室门口王飞将王 推到。

问：王飞与王 是否认识？

答：他们之间不认识。

问：王 王飞二人当时来医院就诊时是否饮酒？

答：王 送来时就是醉酒状态，王飞因为头部受伤在看病时说自己喝酒了，给大夫说不用打麻药。

问：王 为什么要呼喊王飞的名字？

答：王 听到大夫喊王飞，王 就喊王飞。

问：王 一共喊了几次王飞的名字？

答：第一次王 过去喊王飞的名字，喊了两三遍，第二字王 过去准备抓王飞的手，但是没有抓住，我就上前去劝解，在走出急诊门口的时候，王飞突然上来就将王 推到。

问：王飞为什么将王 推到？

答：就是因为王 手喊王飞的名字。

问：王飞是怎么将王 推到的？

被询问人：

第 4 页 共 5 页

答：我正在扶王 准备出急诊门时，王飞上来从我身后将用手抓住王 的衣领将其推到。

问：王飞是用哪只手抓住王 的衣服领子？

答：这个情况我没有看清楚。

问：王飞将王 推到时，两人之间有没有什么对话？

答：没有对话。

问：王飞将王 推到时，是否还有其他行为？

答：王飞没有其他行为。

问：王飞将王 推到时，两人之间是什么表现、王 是否还手？

答：王 躺在地上用眼睛看着我，王飞又继续回去看病，王 没有还手。

问：王飞将王 推到时，手里面是否拿有其他物品？

答：王飞手里面没有拿东西。

问：王飞将王 推到后，是否有上来询问或对王 及时救治的表现？

答：王飞没有这些行为。

问：你把王飞及王 的体貌特诊描述一下？

答：王 身高174CM许、偏瘦、上身穿灰色中山装、下身没有注意、长发、银川口音。

王飞身高175CM许、比王 稍微胖一下，王飞的穿戴我没有注意，口音沙哑，头部左耳有受伤。

问：当时现场都有谁在？

答：王 、王飞、王飞（女友）、白大夫、保安陈 、还有我、还有一名女护士（姓名我不知道）。

被询问人：

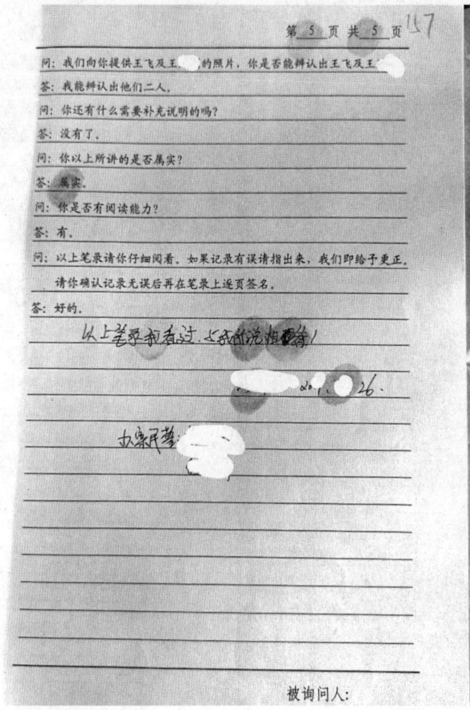

第 5 页 共 5 页

问：我们向你提供王飞及王的照片，你是否能辨认出王飞及王

答：我能辨认出他们二人。

问：你还有什么需要补充说明的吗？

答：没有了。

问：你以上所讲的是否属实？

答：属实。

问：你是否有阅读能力？

答：有。

问：以上笔录请你仔细阅看，如果记录有误请指出来，我们即给予更正。请你确认记录无误后再在笔录上逐页签名。

答：好的。

以上笔录我看过，与我说的相符！

26.

办案民警：

被询问人：

附 9　第三位证人询问笔录

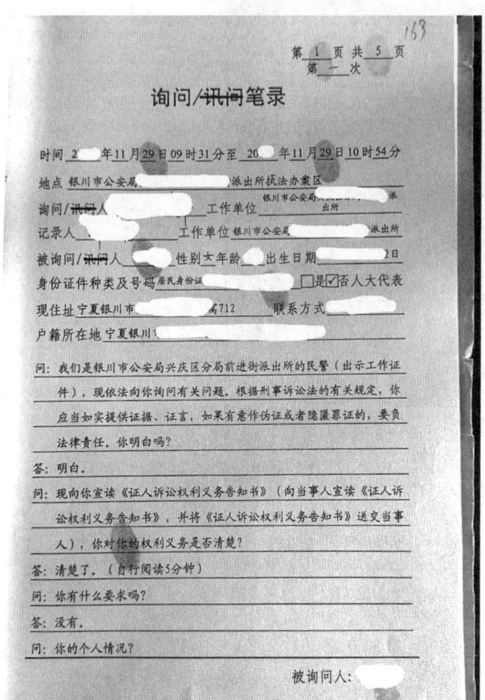

第 1 页 共 5 页
第 一 次

询问/~~讯问~~笔录

时间 2　年11月29日09时31分至 20　年11月29日10时54分

地点 银川市公安局　派出所执法办案区

询问/~~讯问~~人　工作单位 银川市公安局　派出所

记录人　工作单位 银川市公安局　派出所

被询问/~~讯问~~人　性别 女 年龄　出生日期　2日

身份证件种类及号码 居民身份证　□是☑否人大代表

现住址 宁夏银川市　712　联系方式

户籍所在地 宁夏银川

问：我们是银川市公安局兴庆区分局前进街派出所的民警（出示工作证件），现依法向你询问有关问题，根据刑事诉讼法的有关规定，你应当如实提供证据、证言，如果有意作伪证或者隐匿罪证的，要负法律责任。你明白吗？

答：明白。

问：现向你宣读《证人诉讼权利义务告知书》（向当事人宣读《证人诉讼权利义务告知书》，并将《证人诉讼权利义务告知书》送交当事人），你对你的权利义务是否清楚？

答：清楚了。（自行阅读5分钟）

问：你有什么要求吗？

答：没有。

问：你的个人情况？

被询问人：

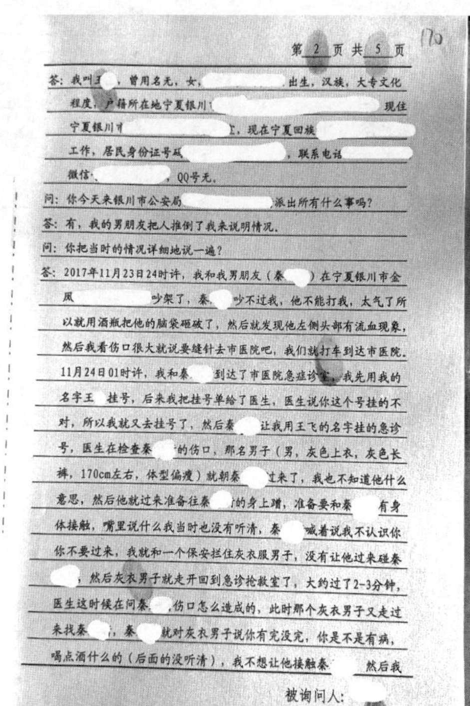

第 2 页 共 5 页

答：我叫王，曾用名无，女，出生，汉族，大专文化程度，户籍所在地宁夏银川　现住宁夏银川市，现在宁夏回族　工作，居民身份证号码，联系电话　微信，QQ号无。

问：你今天来银川市公安局　派出所有什么事吗？

答：有，我的男朋友把人推倒了我来说明情况。

问：你把当时的情况详细地说一遍？

答：2017年11月23日24时许，我和我男朋友（秦　）在宁夏银川市金凤　吵架了，秦　吵不过我，他不能打我，太气了所以就用酒瓶把他的脑袋砸破了，然后就发现他左侧头部有流血现象，然后我看伤口很大就说要缝针去市医院吧，我们就打车到达市医院。11月24日01时许，我和秦　到达了市医院急症诊室，我先用我的名字王　挂号，后来我把挂号单给了医生，医生说你这个号挂的不对，所以我就又去挂号了，然后秦　让我用王飞的名字挂的急诊号，医生在检查秦　的伤口，那名男子（男，灰色上衣，灰色长裤，170cm左右，体型偏瘦）就朝秦　过来了，我也不知道他什么意思，然后他就过来准备往秦　的身上蹭，准备要和秦　有身体接触，嘴里说什么我当时也没有听清，秦　喊着说我不认识你你不要过来，我就和一个保安拦住灰衣服男子，没有让他过来碰秦　，然后灰衣男子就走开回到急诊抢救室了，大约过了2-3分钟，医生这时候在问秦　伤口怎么造成的，此时那个灰衣男子又走过来找秦　，秦　就对灰衣男子说你有完没完，你是不是有病，喝点酒什么的（后面的没听清），我不想让他接触秦　然后我

被询问人：

171

第 3 页共 5 页

和一个保安就将他劝回去了，医生对秦　　说对方喝酒了，别理他我给你开药。然后我就准备去拿药，此时我已经走到急诊诊室的木门门口，对方那名灰衣男子再次过来找秦　　，我就看见秦　　把他往急症室里推准备把灰衣男子推回去，灰衣男子的右脚磕到了玻璃门处，然后那名灰衣男子就摔倒了，秦　　就指着灰衣男子说你喝点酒就不要在这闹事（大概就是这个意思），然后我就把秦　　拉走一起去取药，取完药后我就和秦　　还有医生去了急症手术室给秦　　缝针，缝完针后我就和秦　　打车回到了宁夏银川市金凤区　　　2的家。事情的经过就是这样。

问：事情发生在什么时间什么地点？

答：2017年11月24日01时许，在银川市第一人民医院急症室。

问：秦　　为什么在挂号的时候自称是王飞？

答：我也不清楚什么原因，秦　　让我挂王飞的名字。

问：你讲一下　　和灰衣男子的着装情况？

答：秦　　，男，身高173cm，体型中等，黑色运动服，黑色牛仔裤。

灰衣男子，男，身高170cm左右，体型偏瘦，穿灰色上衣，灰色长裤。

问：灰衣男子为何要去找秦　　？

答：不清楚，是灰衣男子主动过来的。

问：灰衣男子与秦　　总共接触几次？

答：总共三次，第一次和第二次没有身体接触只有语言上的交流。

问：灰衣男子有无碰到或者辱骂秦　　？

答：灰衣男子说的话我听不清楚，第三次的时候应该碰到了秦　　，但是没有打架。

被询问人：

172

第 4 页共 5 页

问：秦　　为何要推灰衣男子？

答：因为灰衣男子再次过来找秦　　，然后我就看见秦　　往急诊室方向推着灰衣男子，然后灰衣男子的右脚绊倒在玻璃门处摔倒在地上了。

问：秦　　的伤口是如何造成的？

答：秦　　脑部左侧是我们在宁夏银川市金凤区　　　家里吵架时，他自己用啤酒瓶砸伤的。

问：当时在场的有谁？

答：秦　　、我、医生、还有两个保安。

问：灰衣男子摔倒后受伤没有，伤势如何？

答：我不清楚，他摔倒之后我们就去取药缝针了。

问：你与秦　　是什么关系？

答：我和秦　　是男女朋友关系。

问：你是否认识灰衣男子？

答：不认识。

问：秦　　在2017年11月23日当晚是否饮酒？

答：当晚秦　　没有喝酒。

问：你还有什么需要补充说明的吗？

答：没有了。

问：你以上所讲的是否属实？

答：属实。

问：你是否有阅读能力？

答：有。

问：以上笔录请你仔细阅看。如果记录有误请指出来，我们即给予更正。

被询问人：

173

第 5 页共 5 页

请你确认记录无误后再在笔录上逐页签名。

答：好的。

以上笔录我已看过，与我说的相符。

　　　29日

侦查员：

被询问人：

附 10　鉴定意见

密级：

鉴　定　文　书

银公（物）鉴（临）字　　号

宁夏回族自治区银川市公安局

物　证　鉴　定　所

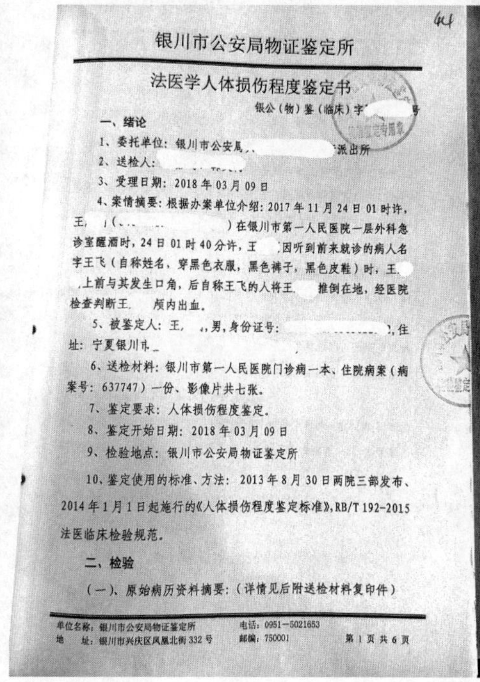

银川市公安局物证鉴定所

法医学人体损伤程度鉴定书

银公（物）鉴（临床）字　　号

一、绪论

1、委托单位：银川市公安局　　派出所

2、送检人：

3、受理日期：2018 年 03 月 09 日

4、案情摘要：根据办案单位介绍：2017 年 11 月 24 日 01 时许，王　（　）在银川市第一人民医院一层外科急诊室醒酒时，24 日 01 时 40 分许，王　因听到前来就诊的病人名字王飞（自称姓名，穿黑色衣服，黑色裤子，黑色皮鞋）时，王　上前与其发生口角，后自称王飞的人将王　推倒在地，经医院检查判断王　颅内出血。

5、被鉴定人：王　，男，身份证号：　，住址：宁夏银川市

6、送检材料：银川市第一人民医院门诊病一本、住院病案（病案号：637747）一份、影像片共七张。

7、鉴定要求：人体损伤程度鉴定。

8、鉴定开始日期：2018 年 03 月 09 日

9、检验地点：银川市公安局物证鉴定所

10、鉴定使用的标准、方法：2013 年 8 月 30 日两院三部发布、2014 年 1 月 1 日起施行的《人体损伤程度鉴定标准》，RB/T 192-2015 法医临床检验规范。

二、检验

（一）、原始病历资料摘要：（详情见后附送检材料复印件）

单位名称：银川市公安局物证鉴定所　　电话：0951－5021653

地　址：银川市兴庆区凤凰北街 332 号　　邮编：750001　　第 1 页 共 6 页

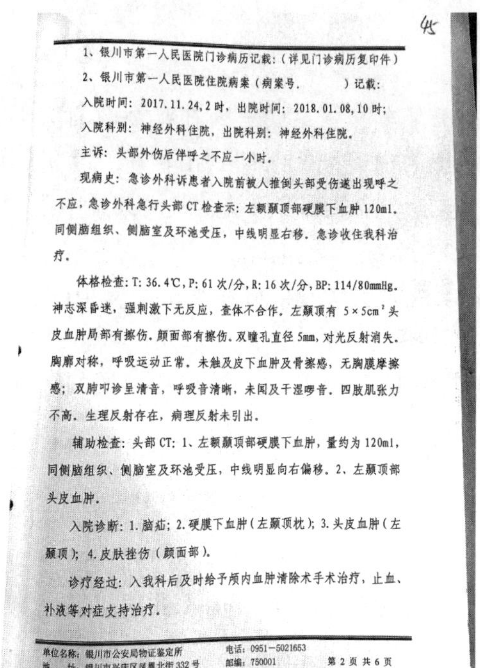

1、银川市第一人民医院门诊病历记载：（详见门诊病历复印件）

2、银川市第一人民医院住院病案（病案号.　　）记载：

入院时间：2017.11.24，2 时，出院时间：2018.01.08，10 时；

入院科别：神经外科住院，出院科别：神经外科住院。

主诉：头部外伤后伴呼之不应一小时。

现病史：急诊外科诉患者入院前被人推倒头部受伤遂出现呼之不应，急诊外科急行头部 CT 检查示：左额颞顶部硬膜下血肿 120ml。同侧脑组织、侧脑室及环池受压，中线明显右移。急诊收住我科治疗。

体格检查：T：36.4℃，P：61 次/分，R：16 次/分，BP：114/80mmHg。神志深昏迷，强刺激下无反应，查体不合作。左颞顶有 $5\times5cm^2$ 头皮血肿局部有擦伤。颜面部有擦伤。双瞳孔直径 5mm，对光反射消失。胸廓对称，呼吸运动正常。未触及皮下血肿及骨擦感，无胸膜摩擦感；双肺叩诊呈清音，呼吸音清晰，未闻及干湿啰音。四肢肌张力不高。生理反射存在，病理反射未引出。

辅助检查：头部 CT：1、左额颞顶部硬膜下血肿，量约为 120ml，同侧脑组织、侧脑室及环池受压，中线明显向右偏移。2、左颞顶部头皮血肿。

入院诊断：1. 脑疝；2. 硬膜下血肿（左颞顶枕）；3. 头皮血肿（左颞顶）；4. 皮肤挫伤（颜面部）。

诊疗经过：入我科后及时给予颅内血肿清除术手术治疗，止血、补液等对症支持治疗。

单位名称：银川市公安局物证鉴定所　　电话：0951－5021653

地　址：银川市兴庆区凤凰北街 332 号　　邮编：750001　　第 2 页 共 6 页

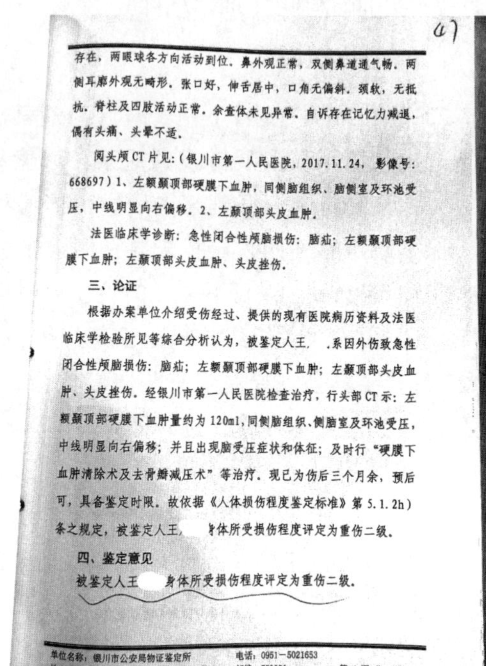

存在，两眼球各方向活动到位。鼻外观正常，双侧鼻道通气畅。两侧耳廓外观无畸形。张口好，伸舌居中，口角无偏斜。颈软，无抵抗。脊柱及四肢活动正常。余查体未见异常。自诉存在记忆力减退，偶有头痛、头晕不适。

阅头颅 CT 片见：（银川市第一人民医院，2017.11.24，影像号：668697）1、左额颞顶部硬膜下血肿，同侧脑组织、脑侧室及环池受压，中线明显向右偏移。2、左颞顶部头皮血肿。

法医临床学诊断：急性闭合性颅脑损伤：脑疝；左额颞顶部硬膜下血肿；左颞顶部头皮血肿、头皮挫伤。

三、论证

根据办案单位介绍受伤经过、提供的现有医院病历资料及法医临床学检验所见等综合分析认为，被鉴定人王　系因外伤致急性闭合性颅脑损伤：脑疝；左额颞顶部硬膜下血肿；左颞顶部头皮血肿、头皮挫伤。经银川市第一人民医院检查治疗，行头部 CT 示：左额颞顶部硬膜下血肿量约为 120ml，同侧脑组织、侧脑室及环池受压，中线明显向右偏移；并且出现脑受压症状和体征；及时行“硬膜下血肿清除术及去骨瓣减压术”等治疗。现已为伤后三个月余，预后可，具备鉴定时限。故依据《人体损伤程度鉴定标准》第 5.1.2h）条之规定，被鉴定人王　身体所受损伤程度评定为重伤二级。

四、鉴定意见

被鉴定人王　身体所受损伤程度评定为重伤二级。

单位名称：银川市公安局物证鉴定所　　电话：0951－5021653

地　址：银川市兴庆区凤凰北街 332 号　　邮编：750001　　第 4 页 共 6 页

附 11　被害人病案资料

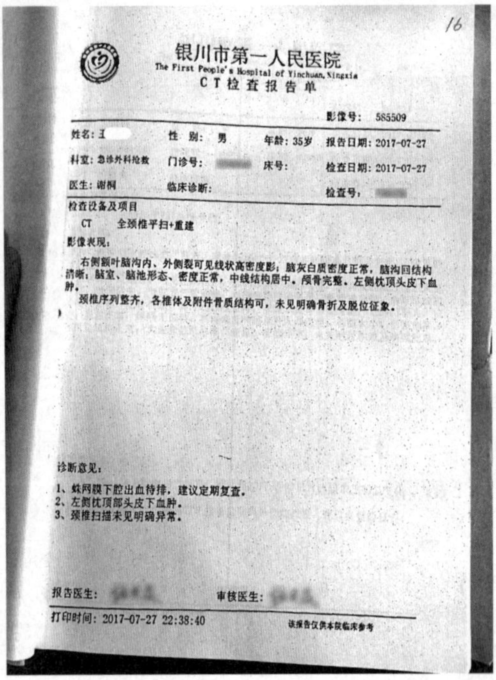
16

银川市第一人民医院
The First People's Hospital of Yinchuan, Ningxia
CT检查报告单

影像号：585509

姓名：王　　性别：男　　年龄：35岁　　报告日期：2017-07-27
科室：急诊外科抢救　　门诊号：　　床号：　　检查日期：2017-07-27
医生：谢桐　　临床诊断：　　检查号：

检查设备及项目
CT　　全颈椎平扫+重建
影像表现：
右侧额叶脑沟内、外侧裂可见线状高密度影；脑灰白质密度正常，脑沟回结构清晰；脑室、脑池形态、密度正常，中线结构居中。颅骨完整。左侧枕顶头皮下血肿。
颈椎序列整齐，各椎体及附件骨质结构可，未见明确骨折及脱位征象。

诊断意见：
1、蛛网膜下腔出血待排，建议定期复查。
2、左侧枕顶部头皮下血肿。
3、颈椎扫描未见明确异常。

报告医生：　　审核医生：
打印时间：2017-07-27 22:38:40　　该报告仅供本院临床参考

实训材料四（刑事案件）

1. 基本案情

2010 年 11 月 13 日下午 5 时许，刘某忠、王某军和张某明三人在某乡政府旁乘吴某智的出租车到某乡某村找到徐某，以索要赌债为由，把徐某叫到出租车上，进行殴打，并指使司机将车开到某渠坝边，继续殴打索债，徐某无力反抗，跳入某渠中溺亡。

徐某跳水后，四人寻找未果，便乘车逃离现场。

2010 年 11 月 14 日下午 8 时许，张某明到某乡派出所报案称徐某跳渠。2011 年 11 月 15 日，公安机关组织打捞出徐某尸体，经尸检鉴定结果为生前溺水死亡。2010 年 11 月 23 日，某县公安局对张某明刑事拘留。2012 年 1 月 10 日，刘某忠在家属的陪同下投案自首，王某军一直在逃。

2. 案例研判实训操作提示

（1）从犯罪构成四个要件的角度，根据下列证据材料，概括本案的主要案件事实。

（2）依照犯罪构成要件，对本案刘某忠、王某军和张某明及吴某智四人的行为分别作出评价。即他们的行为是否构成犯罪？构成何种犯罪？是否构成共同犯罪？有无主从犯之分？有无从轻减轻或免除刑罚的情节？应当如何量刑？

3. 附件材料

（1）案件受理登记表。

（2）公安机关对吴某智的第一次讯问。

（3）公安机关对张某明的第二次讯问。

（4）公安机关对张某明的第三次讯问。

（5）公安机关对刘某忠的第一次讯问。

（6）尸检报告。

案件材料附件如下：

附 1 案件受理登记表

某县公安局

受理案件登记表（回执）

<table>
<tr><td rowspan="3">报案人</td><td>姓名</td><td>张某明</td><td>性别</td><td>男</td><td>出生日期</td><td>1978. 9. 18</td></tr>
<tr><td>住址</td><td colspan="3">×县×乡×村×社</td><td>案件来源</td><td>报案</td></tr>
<tr><td>工作单位</td><td colspan="3">无</td><td>电话</td><td>139××××××</td></tr>
<tr><td colspan="2">移送单位</td><td>无</td><td>承办人</td><td>王某</td><td>电话</td><td>0951××××××</td></tr>
<tr><td colspan="7">报案内容：2011 年 11 月 14 日晚 8:00，张某明到某乡派出所报案称：刘某忠和王某军带着他乘坐吴某智的出租车去找徐某要债，把徐某带到某渠坝边，刘某忠和王某军殴打徐某，导致徐某跳渠，一直没找到人。</td></tr>
<tr><td colspan="2">办案单位意见</td><td colspan="5">受理初查。
受理日期：2010 年 11 月 14 日</td></tr>
<tr><td colspan="2">领导意见</td><td colspan="5">同意受理初查。</td></tr>
</table>

附 2 公安机关对吴某智的第一次讯问

讯问笔录摘要（第一次）

被讯问人：吴某智（其他情况略）

讯问时间：2010 年 11 月 23 日

问：你把那天的情况详细说一下。

答：那天下午，我把车停在乡政府门口，张某明让我拉他到某乡四队，因为我们还沾点亲，我就没好意思推辞。走到半路，又上来两个人。

问：这两个人你认识他们吗？

答：我知道他们俩是耍钱（赌博）的，一个叫刘某忠，一个叫王某军。

问：你继续说。

答：到了四队后，他们三个让我等一下，说接个人，还要去乡上。等了一会儿，他们把徐某拉到了车上，我就开车往乡里走。

问：徐某你认识吗？

答：也认识，都是一个乡上的人。

问：接着说。

答：路上，我听到刘某忠问徐某："有没有钱？"徐某说没钱，张某明就问徐某："你还有多少稻子？"徐某说："还有十几袋子了。"张某明说："那就晚上去拉你的稻子顶账。"徐某没吭声，刘某忠就打了徐某一个耳光，给我说："拉着到某渠坝上"。我看着天快黑了，就不愿意去渠坝，刘某忠说："你不走，把车给你砸了。"我没办法就把他们拉到某渠坝唐二所处了。刘某忠和王某军就下车折柳树条子去了，张某明在车上和徐某说："你就把钱给他们吧，要不还得挨打呢。"我也挺害怕的，也跟着劝说让把稻子给他们。说着徐某就把他拽下车，用柳条子在他身上抽打。

问：动手打人的都有谁？

答：就刘某忠和王某军，张某明和我就在车跟前站着。

问：接着说。

答：打着打着就听见扑通一声，徐某就跳进渠里了。我喊张某明赶紧拉，但没拉住，就看不到徐某了。因为天黑了，张某明让刘某忠去买两把手电，再找。买上手电后，我们又找了一会儿，没找到人。王某军说不找了，去县里吧，还让我也去县里。到了县里，刘某忠找了家馆子，我们几个吃饭的时候，他说今天这事谁也不许说出去，否则我杀他全家。吃完饭，他们让我把他们又送到了乡里，当时没给我车钱，张某明说三天后给我500元。

问：你还有什么补充没有？

答：没有了。我后来也没去找张某明要钱。

附3　公安机关对张某明的第二次讯问

讯问笔录摘要（第二次）

被讯问人：张某明（其他情况略）

讯问时间：2011年1月2日

问：你为什么和刘某忠、王某军去找徐某？

答：11月13日下午5:00多的时候，我去乡里的集上买菜，遇到他俩，因为我欠刘某忠的赌债，他俩问我要钱，我没有，他们就打了我两拳。他们说不跟我要钱了，让我把吴某智的车叫来，一起去四队找个人。到了四队，刘某忠问一个老头徐某在哪了，老头说在老常家呢。吴某智就把车开到老常家门口，我下车进去，看到徐某正和几个人打麻将呢，就和他说："刘某忠和王某军和你要钱呢。"他说现在没钱，过几天稻子卖了才有钱呢。说着我们就从老常家出来了。刘某忠过来就踢了徐某一脚，说赶紧还钱，顺手就把他推上了车，在车上，刘某忠又问徐某什么时候还钱，还打了徐某两个耳光。徐某说明天还，刘某忠说不行，明天就翻倍还。徐某说那就去家里拉稻子，他说不行，让司机把车开到渠坝上，给这俩（指我和徐某）紧紧螺丝（殴打）。

问：你认识徐某吗？

答：认识，有时候也一起打麻将。

问：刘某忠说下车打人的时候，王某军在干什么？

答：他也同意去渠坝打人要钱呢。

问：你继续说。

答：到了渠坝离桥大概50米的地方，把车停下了。刘某忠和王某军就下车折柳树条子去了，然后他们让我和徐某都下车，我是让刘某忠从头发上拽下去的，徐某是让王某军拖下去的。刘某忠打了我一条子，王某军说先不要打他了，他还找车了呢，他俩就都打徐某。

问：都打在什么部位？

答：一直打后背，后面换成粗的柳条打，徐某疼得直喊，就抱着头朝渠里栽下去了。在水里还喊了几声救命。王某军让我下水救人，还说人救上来就不要我的赌债了，我见徐某在水里已经看不见了，我也不敢下去，在边上喊了半天，也没有声音。

问：当时刘某忠和王某军在干什么？

答：他俩也没下水救人，就站在边上喘气，他俩下午都喝了不少酒。

问：吴某智在干什么？

答：他一直劝着说别打了，有事好商量，但他们不听。

问：你还有什么补充没有？

答：事情是11月13日晚上8:00多发生的，我当晚10:00多就给乡派出所邹所长打电话报警了，所长还不相信，第二天下午3:00，我又打110报警，5:00多，我又到乡派出所报警，还做了笔录。

附4　公安机关对张某明的第三次讯问

讯问笔录摘要（第三次）

被讯问人：张某明（其他情况略）

讯问时间：2011年1月17日

问：11月13日，刘某忠、王某军和你找徐某要的什么钱？

答：2010年10月徐某在陆某家打麻将，欠了陆某1000多块钱，后来陆某又欠刘某忠的赌债，陆某就把徐某的债转给刘某忠了。

问：陆某转债的事，徐某知道吗？

答：知道的，他们几个人当面说好的。

问：这事你是怎么知道的？

答：他们说的时候我虽然不在场，但因为经常一起打麻将，在麻将桌上听到的。

问：刘某忠、王某军找徐某要钱，为什么要叫上你？你和徐某是什么关系？

答：我欠刘某忠的赌账，他和我要，我手上没钱，他就让我帮着向徐某要账，徐某也欠他赌账了。徐某我也认识，也经常一起打麻将。

问：你把徐某被打的情况再详细说一下。

答：刘某忠和王某军用柳树条子打徐某的后背，徐某一直抱着头喊，我和吴某智劝不听，他俩都喝酒了，打着打着，徐某就一头栽到渠里了。

问：徐某究竟是怎么栽到渠里的？

答：是刘某忠和王某军用柳条子打的时候，徐某自己走进渠里的。

问：徐某走进渠里的时候有没有说话？

答：说了，他说别打了，我过两天给你们钱。

问：徐某进到渠里后，你们有没有施救？

答：我们找了，但天太黑了，没找到，刘某忠去买了两个手电，沿着渠坝找了好一会儿，没找到，就开车回县里了。

问：你以上讲的属实吗？

答：属实。

附 5　公安机关对刘某忠的第一次讯问

讯问笔录摘要（第一次）

被讯问人：刘某忠（其他情况略）

讯问时间：2011 年 1 月 17 日

问：2011 年 11 月 13 日，你和王某军、张某明为什么要去找徐某？

答：11 月 13 日下午 5:00 多，我和王某军从乡里的饭馆喝了酒出来，碰到了张某明，是他喊我去找徐某要钱的。他找来吴某智的车，我们三个一起去四队找的徐某。

问：你们找徐某要的是什么钱？

答：徐某赌博欠了张某明 2000 块钱，张某明又欠我 1000 块，徐某要是能给张某明还钱，张某明就能给我还钱，出于这个考虑，我就跟着张某明一起去找徐某要钱了。

问：徐某是谁从家里叫出来的？

答：是张某明一个人去把徐某叫出来的，我和王某军还有司机都在车上坐着呢。到车跟前，徐某说没有钱，看县城的亲戚家能不能借一点，我们正好也想去县城，就让徐某也上车了。

问：在车上，你们对徐某说了什么？

答：徐某说没钱，不行拿稻子顶账，我说不要稻子，就在他的肚子上打了一拳，然后我们就让车往某渠坝开，正好也是去县城的方向。

问：你们在渠坝上停车了吗？

答：停了，是王某军说停下车吓唬一下徐某，当时，我们五个人就都下车了。

问：王某军说用什么方式吓唬徐某？

答：他没说，他下车后就到路边柳树上折了两根柳条子，给了我一根，他拿着一根，说就用这个吓唬他。

问：你们怎么打的徐某？

答：我拿柳条打了徐某背部两下，王某军在徐某背部打了两下，我俩是同时打的。

问：徐某是怎么掉进渠里的？

答：我和王某军刚打了两下，徐某什么也没说，我们还没反应过来，徐某就一下跳进渠里了。

问：徐某跳渠后，你们采取了什么措施？

答：我们赶紧顺着渠两边去找，因为天有点黑，我还到商店里去买了两个手电筒，顺渠找，当时没找到我们就走了。当时想到他可能躲到什么地方了，没想到他会死。

问：你们打徐某时，有没有说威胁的话？

答：没有说，就是打着让拿钱。

问：张某明和吴某智有没有参与打人？

答：他俩没有打。

问：你以前被司法机关处理过吗？

答：没有。

附6　尸检报告（摘录）

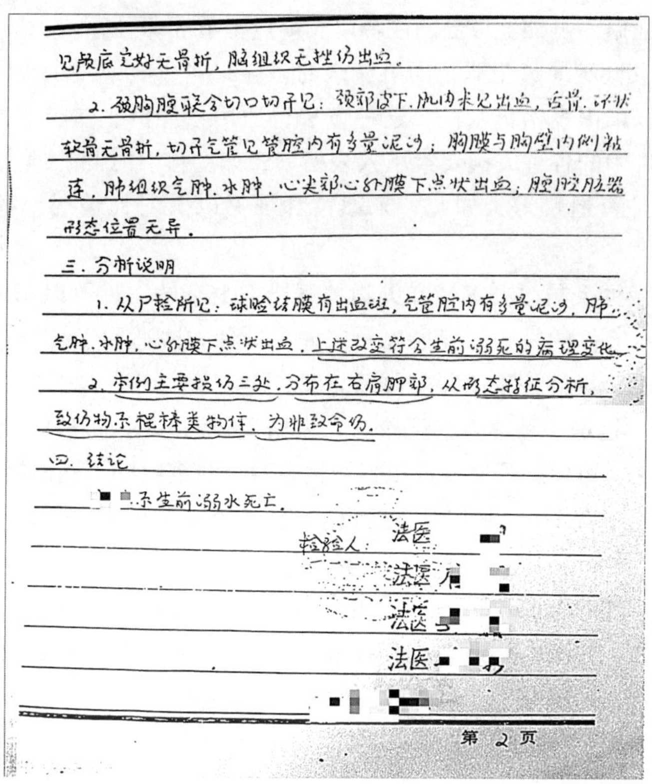

见颅底完好无骨折，脑组织无挫伤出血。

2. 颈胸腹联合切口切开见：颈部皮下、肌肉未见出血，舌骨、环状软骨无骨折，切开气管见管腔内有多量泥沙；胸膜与胸壁内侧粘连，肺组织气肿、水肿，心尖部心外膜下点状出血；腹腔脏器形态位置无异。

三、分析说明

1. 从尸检所见：球睑结膜有出血斑，气管腔内有多量泥沙，肺气肿、水肿，心外膜下点状出血，上述改变符合生前溺死的病理变化。

2. 本例主要损伤三处，分布在右肩胛部，从形态特征分析，致伤物系棍棒类物体，为非致命伤。

四、结论

[illegible]系生前溺水死亡。

检验人：法医 [illegible]

法医 [illegible]

法医 [illegible]

法医 [illegible]

第 2 页

五、综合案例研判实训操作要领指引

综合案例研判是法律职业人在工作中经常使用的一种全局性、综合性的工作方法。这种方法以了解案件事实为基础，以识别法律关系为前提，以为当事人解决实际法律问题为工作目的，并最终明确案件处理思路和结论，形成书面的《案件研判报告》。

进行案件研判，应当秉持全面、客观、精确、清晰的基本准则，在对案件事实进行研究、对法律适用作出判断的过程中，培养和强化案件的综合研判能力。

研判案件，重点把握如下三个要点：

（一）事实概括

事实概括是指通过对客观事实的梳理和整合，将其转化为案件事实的过程。对案件事实进行概括，应当全面、客观、准确，可以按照如下步骤进行：

1. 查阅案卷材料

在进行案件研判时，首先会面对当事人提供的或从司法机关等渠道获取的大量案件材料，我们把它统称为案卷材料，如何从大量的案卷材料中获取有价值的案件信息呢？以最为典型的刑事案卷为例，可以参考以下四种阅卷技巧：

（1）对一个犯罪嫌疑人只涉嫌一起犯罪事实的简单案件可以采用直接记录法。针对这类案件，阅卷人只需用言词的方法，直接摘录出案卷材料中有利或不利于当事人的事实、情节和证据，再加上自己的注释以及辩点提示等即可。

（2）对一般共同犯罪、犯罪集团所涉嫌的多起犯罪事实或一个犯罪嫌疑人涉嫌的多起犯罪事实可以采用表格记录法。这种方法也适用于经济犯罪类的案件。按照案件发生的情况把案件中的各种关键要素填入表格中，如主体、时间、地点、手段、金额、是否自首立功、是否退赃等，如此一来案情和证据以及对比情况、存在问题就一目了然。

（3）对于涉及的人员多、案情和人物关系错综复杂的案件可以用图画记录法。可以用显示图来展示案件的发生、发展以及走向。这种方法适用于《刑法》第二编第三章“破坏社会主义市场经济秩序罪”类的犯罪。

（4）综合法。这是一种集直接记录法、表格记录法、图画记录法于一体的阅卷方法，使用这种方法，可以方便阅卷人根据案情以及自身需要的不同而灵活选择。

阅卷时应养成随看随记的习惯，这些内容、思想火花可以刺激思维，帮助阅卷人形成辩护策略。

民事和行政案件的阅卷也可以参照本方法进行。阅卷笔录没有固定的格式，但整体上应当包含案卷中的关键信息。制作阅卷笔录，可参照如下格式与要素进行。本格式以刑事案件为例，民事案件和行政案件也可参照使用。

张某某盗窃案阅卷笔录

阅卷时间：××年××月××日

阅卷地点：某法院阅卷室

案卷号：张某某盗窃案刑事侦查卷第二卷

阅卷要点记录：

一、犯罪嫌疑人基本情况（全部被告人均需列名）

1. 犯罪嫌疑人基本信息。重点关注年龄看是否为未成年人、有无前科，看是否为累犯。

2. 归案过程。重点看有无自首、拘留、逮捕时间、羁押场所等。

二、犯罪嫌疑人的供述与辩解情况

看犯罪嫌疑人讯问笔录，重点关注第一次讯问的时间、程序是否合法，共进行了几次讯问，对比梳理每一次讯问的内容。

3. 证据构成。重点关注共有哪些证据，分别属于哪一类，证明的问题是什么。并对每一个证据进行简要记录，但有疑点的证据要着重详细记录。可以分类进行梳理：

（1）同案人供述，供述内容不同点应该是记录的重点。

（2）书证、物证是刑事案件中的重要证据，做到应记全记。

（3）证人证言，重点记录几个证人，分别证明什么问题，有什么疑点。

（4）视频资料、电子数据，多是案件的直接证据，需要认真查看，对其中可能存在的疑点做好记录。

四、事实认定及存在问题

要认真查阅相关法律文书，如逮捕决定书、起诉意见书等，对其中结论性的内容应重点关注。对其中的疑点要详细记录。

2. 明确案件争议主体、归纳案件事实

民事和行政案件可以按照案件发生、发展的一般规律进行概括，重点把握如下“七何”要素，即何时间、在何地点、有何主体、发生何事、产生何种争议、有何理由、造成何种结果。

在概括的过程中，尤其需要注意对案件主体进行梳理，如涉及多个当事人，可以用关系图的方式厘清他们之间的关系；如涉及法人、其他组织主体的，应对其设立运行中是否存在被注销、是否合法登记等特殊情况予以关注。还需注意梳理各方的争议和主张，起诉状是原告向法院提起诉讼的书面文件，答辩状是被告对起诉状进行回应的文件，在概括案件事实时需要仔细阅读起诉状和答辩状，了解并梳理双方的主张和争议焦点，有助于初步判断案件的基本事实。

刑事案件可以按照最高人民法院《关于适用〈中华人民共和国刑事诉讼法〉的解释》第72条所给出的事实框架去概括案件事实，即：

（1）被告人、被害人的身份。

（2）被指控的犯罪是否存在。

（3）被指控的犯罪是否为被告人所实施。

（4）被告人有无刑事责任能力，有无罪过，实施犯罪的动机、目的。

（5）实施犯罪的时间、地点、手段、后果以及案件起因等。

（6）是否系共同犯罪或者犯罪事实存在关联，以及被告人在犯罪中的地位、作用。

（7）被告人有无从重、从轻、减轻、免除处罚情节。

（8）有关涉案财物处理的事实。

（9）有关附带民事诉讼的事实。

（10）有关管辖、回避、延期审理等的程序事实。

（11）与定罪量刑有关的其他事实。

3. 审查判断证据材料

证据材料的审查判断是研判案件的核心。进行完整的证据分析，可以帮助拟定精准的证明目的或提出充分的质证认证意见。证据材料的审查判断应当全面、客观。

（1）表述固定证据。在对证据进行表述时，要列明证据名称、注明证据来源、证据形成时间、证据所涉当事人，并概括证据的主要内容。如一起商品房买卖纠纷中的《商品房买卖合同》这份证据，可以这样表述：

证据名称：《商品房买卖合同》。

签署时间：2018 年 1 月 1 日。

证据来源：案件买方张三提供。

证据形式：书证原件。

证明内容：2018 年 1 月 1 日，张三从万科某地产公司购买商品房的事实存在。

（2）审查证据内容。证据分析应围绕证据的来源、形式、内容、证明力等几个方面进行审查。首先，证据来源审查，应着重针对证据的形成时间、形成地点、形成过程等进行分析。其次，证据形式审查，应结合相关诉讼法的规定，充分考察证据是否具备法定的形式要件、是否存在原件、原物等进行分析。比如对于形成于境外的证据，是否经过相应的公证、认证程序；由单位出具的证明材料，是否由单位负责人及制作证明材料的人员签名或者盖章，并加盖单位印章等。再次，证据内容审查，应结合证据的具体内容，对证据的文义、上下文、表述方法、逻辑顺序等进行分析。最后，证据证明力审查，要逐一从证据的真实性、合法性、关联性、证明目的阐述其证明力。除了对三性予以逐一表述外，还应充分列明认可或不认可三性的具体原因、法律依据，即结合证据的来源、形式、内容阐述证据证明力。

（二）法律关系分析

法律关系是指法律规范在调整人们行为过程中形成的权利义务关系。民事和行政法律关系由法律关系主体、法律关系内容（权利义务）和法律关系客体三要素构成。刑事法律关系中重点分析犯罪的四个构成要件。

当事人之间产生纠纷后，通过诉讼手段解决问题时法律关系会进一步转化为诉讼法律关系。分析诉讼法律关系，也需从主体、客体和内容三个方面展开，但需要进一步具体化，其逻辑关系如下图所示：

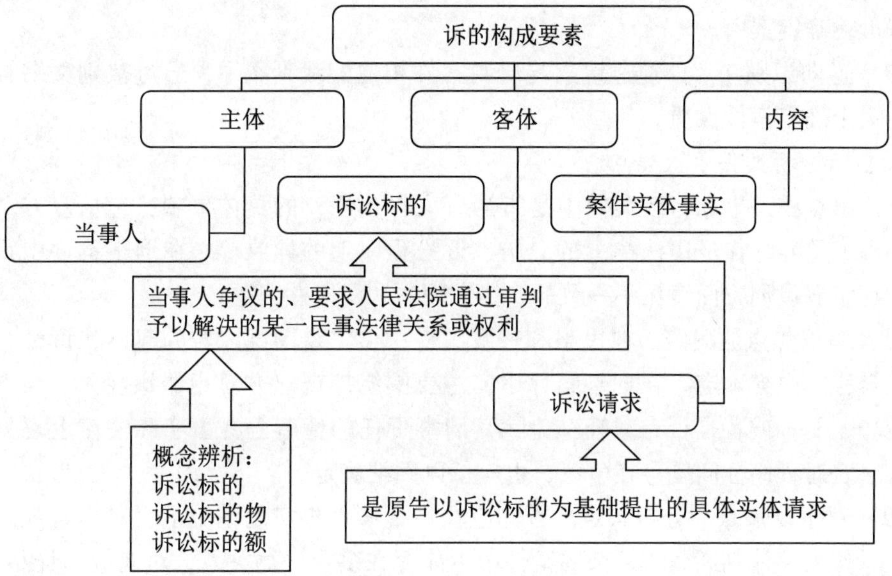

可以按照上图的框架来厘清法律关系，同时兼顾以下具体的方法：

1. 根据法律事实检索相关法律依据

（1）法律检索的方法。可以按照立法法所规定的法律渊源位阶顺位进行，也可根据案由检索相关裁判文书，整合类型化裁判文书中所引用的法律、行政法规、地方政府规章。但是司法解释的检索不受立法法规定的规范性文件位阶的限制，对于司法解释的检索，应紧接着法律的位阶进行。

（2）法律检索的工具选择。法律检索主要利用法律专业数据库进行，数据库的选择可根据自己使用习惯进行，但应充分注意规范性文件的效力。可以利用搜索引擎进行。利用“百度”“搜狗”等搜索引擎进行检索时，应该充分利用“inurl”“site”“and”“or”等检索词语，以提高检索效率和准确性。

（3）检索结果固定。应摘录检索到的与案件相关的规范性文件，附于《案例研判报告》正文之后。

2. 对案件属性（案由或罪名）进行正确识别

案件属性是法律关系的核心要素，事关案件的基本性质和方向。案件属性在民事和行政案件中被称为“案由”，在刑事案件中表现为“罪名”。识别案件属性可以采取如下方法：

（1）选择识别工具。最高人民法院以司法解释的方式规定了民事和行政诉讼案由，可以通过输入“最高人民法院关于民事案件案由的暂行规定”或“最高人民法院关于行政案件案由的暂行规定”来检索民事或行政案件的案由。刑事案件的罪名由刑法直接规定，可以通过检索刑法罪名来确定。

（2）顺查法。首先识别案件的法律性质。若锁定案件性质为民事案件，再识别民事案件类型，若属于债权法律关系，再按照“合同—侵权—无因管理—不当得利”的顺序来最终确定案由。

（3）逆向识别法。即通过检索与研判案件相似的裁判文书，通过裁判文书查询所援引的案由确定案件性质。

3. 概括分析案件争议焦点

争议焦点在民事和行政案件中是指当事人存在争议的具体事项，包括双方对案件事实的理解差异、在适用法律上的分歧、诉讼程序上的异议等。在刑事案件中是指控辩双方在定罪量刑方面意见不一致的实体性问题和程序性问题。

（1）争议焦点的确定。在民事和行政案件中，主要围绕原告的起诉状诉称与被告答辩状辩称的内容确定。在刑事案件中，主要围绕控辩双方对犯罪嫌疑人、被告人在是否无罪、罪轻或者是否有减轻、免除其刑事责任的情节等在事实和法律上意见相左的内容。若对程序性问题存在争议，也应予以归纳确定。

（2）对争议焦点的分析认定。首先应在概括案件事实的基础上，对当事人之间的法律关系作出整体判断。在复杂的案件中可能存在多重法律关系，对此应当详尽列举，并一一判断。其次应根据证据分析当事人的主张能否成立，证据材料是否形成证据链支撑当事人的诉求。最后应围绕焦点问题亮出观点，阐明立场。

（三）案件处理思路及结论

案件处理思路就是在案件事实概括及法律关系分析的基础上，就案件争议的问题给出的具体解决步骤与途径。案件结论则是结合确认的事实和相关的法律规定，针对当事人要解决的法律问题，得出的结果或对案件作出的总结性判断。在给出案件的处理思路和结论时，应把握如下原则：

（1）案件思路要切实可行。案件处理思路应当紧密围绕案件事实，结合相关法律问题，阐明具体步骤处理的核心问题。如在分析遗产分割案件时，就要围绕“遗产有哪些—谁是继承人—如何分配分割遗产”的思路来处理，才能解决当事人诉争的问题。

（2）案件结论要公平公正，明确具体，体现良好职业道德和法律素养，避免法律职业风险。案件处理结论应当兼顾事实和法律，全面考虑所有当事人的权益，站在公允的立场上作出公平的判断，这样才能经得住时间和人心的考验。同时案件结论要明确具体，具有实操性，便于具体贯彻实施。如遗产纠纷中“依法分割遗产”的结论就不具有实操性，而应当明确哪些遗产分给了哪些人，具体的分割标准，如某房屋价值200万元，张二、张三各分得1/2份额，其中房屋归张二所有，张二向张三支付100万元房屋价款。当事人可依据结论实际操作。再比如刑事案件的结论应围绕罪与非罪、此罪与彼罪、如何量刑等问题作出明确具体的判决，不能含糊不清。

案件结论不能显失公平、明显违反法律或损害某方合法权益，而应当充分体现良好职业道德和法律素养，考虑法律人做出不合理合法结论会带来的法律职业风险及后果，用审慎严谨的职业态度面对每一个法律结论。

六、综合案例研判的实训操作重难点提示

（一）事实概括的实训操作重难点提示

引导问题1：在查看案件材料时需要做阅卷笔录吗？

在面对复杂的案件时，案卷材料堆积如山，如果不及时进行记录，就可能遗漏案件的重要信息。重新从案卷中寻找材料，不仅耗时耗力，又影响对事实的准确把握。因此，做阅卷笔录是查看案件材料过程中不可或缺的工作。

引导问题2：制作阅读笔录有哪些注意事项？

（1）精准记录。在记录中，应尽可能精准，对于重要的信息，要做到一字不差地记录。

（2）思考着记录。遇到可能产生不同解释或评价的案件材料，应当在当事人、律师、法官的身份中不断地进行角色转换，思考其对于该信息可能产生的不同理解。

（3）对比着记录。在一些复杂的商事案件中，当事人往往会订立数份合同，不同合同的条款之间对于双方当事人权利义务关系的约定可能存在差异，此时就需要提取不同合同中的相似条款，以图表或其他方式进行对比，梳理当事人的磋商过程，以判断合同双方当事人的真实争议问题。

引导问题3：民事行政案件制作阅卷笔录的方式及其重点记录内容有哪些？

阅卷笔录可采用手写或电脑录入的方式，其目的在于放慢查看案件材料的速度，便于法律工作者在翻阅查看的同时进行思考，加深对重要信息的认知。

需要进行记录的内容至少应当包括有价值的重要信息、可能对案件有影响的信息以及存疑的信息，如合同之间的矛盾差异、数份遗嘱内容的差异、起诉状与答辩状中双方当事人的主张和矛盾点、关键证据存在与否等。记录存疑信息是为了在后续阅卷过程中迅速关联相关信息。阅卷时，也可以用画图、制表的形式记录案件的大致流程，为后续翻阅查看材料提供便利。

引导问题4：刑事案卷材料常见内容有哪些？

刑事案卷材料来源于刑事侦查卷宗，包括文书卷和证据卷。文书卷收录了立案、采取强制措施的法律文书，例如立案决定书、取保候审决定书等。证据卷收录了侦查机关所搜集的证据，例如讯问笔录、询问笔录、鉴定意见、辨认笔录等。在归纳概括案件事实时，应重点查阅笔录类证据。但对立案、采取强制措施、取证等行为的合法性存在质疑时，不可忽视文书卷。

引导问题5：刑事案件阅卷时，应重点掌握哪些案件事实？

刑事案件应围绕定罪量刑重点搜集案件事实。应掌握犯罪嫌疑人身份信息、作案时间、地点、动机、目的、手段、犯罪情节、危害后果、在共同犯罪中的地位和作用、犯罪嫌疑人作案后的表现等实体事实以及立案机关及时间、采取强制措施时间及方式、

侦查终结时间、提起公诉时间、讯问时长、羁押时长等程序性事项。

认定案件事实时，应特别注意证明该事实的证据是否确实充分，即证据是否合法取得、该事实是否在不同信息源的证据中得到印证、是否存在其他相矛盾的证据或事实。相反，如果某些事实缺乏证据证明或证据之间、证据与事实之间存在矛盾则不能认定。

（二）法律关系分析的实训操作重难点提示

引导问题 1：民事案件的主体应当如何确定？

民事案件的主体是与案件的结果有直接利害关系的人，即民事诉讼法上的当事人，包括原告、被告、第三人。民事案件的主体可以是自然人，也可以是法人或其他组织。

引导问题 2：应如何理解民事案件的诉讼标的和诉讼请求？

民事案件的诉讼标的和诉讼请求共同构成了民事诉讼的客体。诉讼标的是指当事人争议的、要求人民法院通过裁判予以确认的某一民事法律关系。诉讼请求是指原告以诉讼标的为基础提出的具体实体请求。

比如 B 打伤了 A，于是 A 对 B 向法院提起了侵权损害赔偿之诉，请求法院判决 B 向 A 赔偿医疗费 5 万元、精神损害费 2 万元。请问：此案的诉讼标的是什么？诉讼请求是什么？根据概念辨析可知，本案的诉讼标的是 A 与 B 之间存在的侵权损害赔偿法律关系；诉讼请求则是 A 基于诉讼标的所提出的要求 B 赔偿医疗费 5 万元、精神损害费 2 万元的具体实体请求。

引导问题 3：诉讼标的与标的额、标的物有什么区别与联系？

诉讼标的是当事人争议的、要求人民法院通过审判予以解决的某一民事法律关系。而标的物则是这一关系所指向的具体的物品，如对物的所有权有争议，此物就为标的物；而标的额则是标的物的价值，如此物价值为 20 万元，20 万元就是标的额。

引导问题 4：案件实体性争议焦点与程序性争议焦点是何关系？

实体性争议与程序性争议并非割裂的，二者可以同时存在或者互相转化。当对某个证据的合法性产生疑问后，可能会动摇该案件的证据链，从而回到实体性争议，认为该案件事实不清、证据不足。

引导问题 5：民事、行政如何概括提取案件争议焦点？

争议焦点的确定是有一定技巧的，首先应当判断诉讼中当事人是否适格、是否存在共同当事人或第三人、诉讼时效或除斥期间、诉讼程序是否存在瑕疵等程序性问题；其后应当进一步对实体问题进行分析判断，如在合同纠纷中，应仔细查明合同中当事人对于权利义务的约定和履行情况，可以原告的诉求为线索，寻找双方当事人产生纠纷的症结，并从中梳理出法律意义上的争议焦点；若案件已经经过了一审或二审，律师可以从原审裁判中寻找争议焦点，但原审可能对争议焦点产生遗漏或偏差，这就需要综合掌握全案事实，结合民商事实务与法律规范进行有机的概括提炼。

引导问题 6：刑事案件实体性争议焦点可从哪些方面确定？

刑事案件的争议焦点围绕定罪和量刑两个方面展开，可从以下几个角度进行归纳、挖掘：

（1）案卷材料中所说明的案件事实是否符合经验法则、逻辑规则，有无违背常情常理的地方。

（2）案卷材料中各证据之间是否存在矛盾。

（3）依据现有证据材料，所适用的法律是否正确，定罪量刑意见是否准确。

（4）案卷材料中是否有结论性的法律文书，如起诉意见书、起诉书或判决书，现有证据能否证明该文书中所认定的案件事实。

（5）结论性法律文书中是否遗漏相关定罪量刑的情节。

引导问题 7：刑事案件程序性争议焦点可从哪些方面确定？

《刑事诉讼法》《公安机关办理刑事案件程序规定》《人民检察院刑事诉讼规则》等相关法律法规对刑事案件侦查取证和诉讼程序均作了明确规定。程序性争议焦点主要集中在：

（1）案卷材料中的证据是否符合法定的形式要件，是否存在以暴力、威胁、引诱、欺骗等方式获取证据的情况。笔录类证据中着重审查时长、地点、讯问主体、内容是否一致以及是否签名画押等；物证、书证类证据着重审查证据的收集、固定程序，如勘验检查、搜查、扣押、查封是否符合法律规定；鉴定意见则可从鉴定机构资质、检材来源、结论是否告知当事人等方面提出疑问。

（2）若在案卷材料中发现应当为未成年犯罪嫌疑人提供法律援助而未提供、应公开审理而未公开、办案人员应回避而未回避等侵犯当事人诉讼权利的情形，可提出疑问。

（三）案件处理思路的实训操作重难点提示

引导问题 1：给出案件处理思路部分的要求是什么？

首先，应在分析案件事实的基础上给出案件分析结论，得出结论的依据应充分，案件结论应合乎逻辑。

其次，针对各方当事人提出纠纷解决建议，纠纷解决建议应该具有较强的可行性，同时应当考虑纠纷解决途径的多样化。

引导问题 2：案件结论如何体现法律人良好的职业道德，规避法律职业风险？

首先，作为法律人，应站在公平公正的立场上分析解决法律问题，在主观上不偏袒任何一方。不得为个人私利罔顾法律和事实，妄下法律结论。

其次，应保持严谨审慎的研判态度，充分而全面地考虑各方当事人的合法权益，让法律的天平始终保持平衡的状态。

在“错案终生追究”的制度背景下，要让自己做出的法律结论经得住时间的考验和社会的监督，才能从根本上杜绝法律职业风险的发生。

引导问题 3：刑事案件辩方的解决方案应如何确定？

从辩方立场提出解决方案的原则是依据事实与法律，确保犯罪嫌疑人、被告人利益最大化。最大限度维护犯罪嫌疑人、被告人的利益是比较复杂的问题，应当综合考虑当事人的意愿、案件事实与证据、法律规定及司法判例等案内外因素。

引导问题 4：刑事案件辩方的解决方案与争议焦点是何关系？

确定争议焦点不代表立即能确定解决方案，一个案件中可能存在多个争议焦点，经过综合考量取舍，可能仅会选取其中之一。例如，实践中，案卷材料中既有无罪的辩点，也有罪轻的辩点，是否选择无罪辩护既要征求当事人的意见，也要考虑败诉风险，某些情况下选择罪轻辩护更加稳妥。同时，在解决方案中也应涉及能够争取当事人解除羁押、提出申诉控告等维护诉讼权利的举措。

引导问题 5：辩方的解决方案应如何达到最好效果？

首先，辩方的解决方案需要获得当事人的认可和配合；其次，辩方的解决方案应当符合案件事实与法律规定，并符合社会实际，具有执行的可行性；再次，应将下一步的举措写入解决方案以争取更好效果，例如主动退赃退赔、达成刑事和解、认罪认罚等；最后，在必要时，应站在主审法官角度考虑问题，保证提出的解决方案做到情、理、法交融。

七、综合案例研判实训作业

（一）实训作业清单

（1）作业封面。

（2）目录。

（3）任务分配表。

（4）选取的实训任务。

（5）解决实训任务所依据的法律法规。

（6）案例分析报告。

（7）PPT 汇报文稿。

（8）实训书面总结。

（二）实训作业要求

（1）作业封皮：标明选取的实训任务案例序号、案由、小组成员、完成日期。

（2）案卷目录：具备序号、内容、页码、备注等目录的基本要素。

（3）实训书面总结：对实训过程进行反思，对真实收获与不足进行总结，全面体现所有小组成员的心得。

要求：观点鲜明、条理清晰、文字简练，力戒空话、套话、大话、假话。字数在 1500 字以内。

八、综合案例研判实训过程评价与反馈

案例分析考核标准

序号	项目		考核内容	分值	得分
1	综合案例研判报告	事实概括	案件争议主体归纳准确、案件事实概括全面、精准	10	
			证据材料分析全面、完整，证明内容阐述清楚	10	
		法律关系分析	案由识别准确	5	
			争议焦点概括分析全面、准确	10	
			案件法律依据检索快速、准确、全面	5	
		案件思路与结论	案件思路切实可行	5	
			案件结论公平公正，明确具体 体现良好职业道德和素养，无法律职业风险	5	
2	现场汇报整体表现		语言表达流畅、声音洪亮、法律术语运用准确	5	
			小组配合默契	5	
			呈现手段多样，运用 PPT、思维导图等	5	
			汇报内容完整清晰、逻辑性强	5	
3	实训总结		观点鲜明、条理清晰、文字简练	10	
4	作业形式		作业要素齐全	5	
			写作格式规范，校对仔细，无错别字	5	
			封面、目录制作规范	5	
			装订规范	5	
组别				100	